ÉTICA Y RESPONSABILIDAD EMPRESARIAL

Ildefonso Camacho Laraña
José Luis Fernández Fernández
Raúl González Fabre
Josep Miralles Massanés

ÉTICA Y RESPONSABILIDAD EMPRESARIAL

Ildefonso Camacho Laraña
José Luis Fernández Fernández
Raúl González Fabre
Josep Miralles Massanés

Cualquier forma de reproducción, distribución, comunicación pública y transformación de esta obra sólo puede ser realizada con la autorización de sus titulares, salvo excepción prevista por la ley.
Diríjase a CEDRO (Centro Español de Derechos Reprográficos –www.cedro.org–), si necesita fotocopiar o escanear algún fragmento de esta obra.

© Ildefonso Camacho Laraña, José Luis Fernández Fernández, Raúl González Fabre y Josep Miralles Massanés, 2013

© Desclée De Brouwer, S.A., 2013
  Henao, 6 - 48009 Bilbao
  www.edesclee.com
  info@edesclee.com

Equipo coordinador de la colección
Ildefonso Camacho
José Luis Fernández
Galo Bilbao
José Sols Lucia
Raúl González Fabre

Impresión
RGM, S.A. - Urduliz

ISBN: 978-84-330-2616-3

Depósito Legal: BI-2124-2012

Contenido

INTRODUCCIÓN 11

**PRIMERA PARTE:
ÉTICA, RESPONSABILIDAD SOCIAL Y EMPRESA**

CAPÍTULO 1: DIMENSIÓN ÉTICA DE LA ACTIVIDAD
    EMPRESARIAL 19
1.1. Introducción: Un contexto desalentador 19
1.2. Un malentendido que evitar 21
1.3. La ética como dimensión intrínseca a toda realidad
    humana 22
1.4. Las dimensiones organizacional y social de la ética 24
1.5. Los fines de la empresa y su dimensión ética 28
1.6. Conclusión: ¿Es rentable la ética? 35
    Para pensar y discutir 37

CAPÍTULO 2: LA EMPRESA EN LA ECONOMÍA 39
2.1. La dimensión ética de la actividad económica 39
2.2. Reflexión ética sobre el mercado 44
2.3. Conclusión: Desarrollar y complementar el mercado ... 54
    Para pensar y discutir 56

CAPÍTULO 3: LA RESPONSABILIDAD SOCIAL DE LA
    EMPRESA 59
3.1. Introducción 59
3.2. La empresa como organización 59
3.3. El impacto de la globalización económica y de la
    sociedad del conocimiento 61

3.4. La cultura de las organizaciones................... 67
3.4. La Responsabilidad Social de la Empresa............ 70
3.6. Enfoque *stakeholder* y RSE....................... 76
3.7. Conclusión: La responsabilidad social en la empresa ... 78
Para pensar y discutir........................... 80

CAPÍTULO 4: LOS INSTRUMENTOS DE LA ÉTICA Y LA RSE
EN LA EMPRESA............................... 81
4.1. Introducción: Institucionalizar la ética en la empresa ... 81
4.2. Dos enfoques de la institucionalización de la ética..... 83
4.3. Algunos instrumentos de institucionalización de la ética
en la empresa................................ 86
4.4. Los códigos de empresa......................... 91
4.5. Referentes éticos externos........................ 94
4.6. Conclusión: Interiorizar la ética en la empresa........ 98
Para pensar y discutir........................... 99

CONCLUSIÓN DE LA I PARTE: 20 TESIS SOBRE ÉTICA
EMPRESARIAL................................... 101

SEGUNDA PARTE:
LA EMPRESA Y SUS *STAKEHOLDERS*

CAPÍTULO 5: LA EMPRESA, SUS ACCIONISTAS Y
DIRECTIVOS.................................... 109
5.1. Introducción................................. 109
5.2. Los accionistas............................... 112
5.3. El problema principal-agente..................... 122
5.4. "¿Quién manda aquí?": agentes implicados en el
Gobierno Corporativo.......................... 127
5.5. El Gobierno Corporativo en la sociedad mercantil:
las funciones de los Consejos de Administración....... 130
5.6. El Gobierno Corporativo en España................ 133
5.7. El proceso directivo y sus implicaciones éticas........ 140
5.8. Siete principios éticos para la acción............... 146
5.9. Conclusión: Liderazgo eficaz y buenas estructuras
organizativas................................ 155
Para pensar y discutir.......................... 157

ÉTICA DE LAS PROFESIONES

CAPÍTULO 6: LA EMPRESA Y LOS TRABAJADORES 159
6.1. Introducción. 159
6.2. Trabajo y derecho al trabajo en la sociedad moderna . . . 160
6.3. Las relaciones empresa-trabajadores: los derechos de los trabajadores 166
6.4. Las relaciones empresa-trabajadores: negociación y conflicto. 185
6.5. Trabajo y derecho al trabajo en la sociedad postindustrial y en el marco de la globalización. 188
6.6. La gestión de la movilidad y de la diversidad cultural . . . 197
6.7. Conclusión: Nuevos y viejos desafíos en el mundo del trabajo 203
Para pensar y discutir 204

CAPÍTULO 7: LA EMPRESA Y LOS USUARIOS Y CONSUMIDORES 207
7.1. Introducción. 207
7.2. La responsabilidad del productor por su producto 208
7.3. El consumidor y sus derechos. 215
7.4. El precio. 222
7.5. Marketing y publicidad. 225
7.6. La defensa del consumidor. 236
7.7. Apéndice: El comercio justo. 238
Para pensar y discutir 242

CAPÍTULO 8: LA EMPRESA, SUS PROVEEDORES Y COMPETIDORES. 245
8.1. Introducción. 245
8.2. Relaciones de mercado. 246
8.3. Relaciones con los proveedores 250
8.4. Relaciones con los competidores 259
8.5. Conclusión: Mercados sanos y eficientes 269
Para pensar y discutir 270

CAPÍTULO 9: LA EMPRESA Y LA ADMINISTRACIÓN PÚBLICA 273
9.1. Introducción. 273
9.2. El papel del Estado en la economía. 274

9.3. Coordenadas básicas de una ética fiscal 284
9.4. La relación de la empresa con el Estado 291
9.5. Conclusión: Un talante ético de la relación con las
administraciones públicas 296
Para pensar y discutir 298

CAPÍTULO 10: LA EMPRESA Y EL MEDIO AMBIENTE 301
10.1. Introducción. 301
10.2. Hacia una sensibilización en temas medioambientales. . 301
10.3. Las dimensiones más significativas del problema
ecológico. 314
10.4. La responsabilidad de la empresa en relación con el
medio ambiente 321
10.5. Hacia un replanteamiento más de raíz 328
10.6. Conclusión: El servicio a la vida en el planeta 333
Para pensar y discutir 334

BIBLIOGRAFÍA 337
Bibliografía reciente en español 337
Referencias citadas. 341

Introducción

La ética empresarial, una grave preocupación social

El lector tiene en las manos lo que viene a ser, aun con un título diferente, la segunda edición aumentada y remodelada del libro *Ética de la empresa*, originalmente publicado en 2001 y varias veces reimpreso. Ese libro comenzaba notando que la ética empresarial estaba, en aquellos tiempos, de moda. La opinión pública se preocupaba por ella desde cuarenta años atrás debido a escándalos sonados que se sucedían en grandes corporaciones, y a ello correspondía un incremento de su tratamiento en la docencia, la investigación, la publicación, la operación empresarial y el asociacionismo de los diversos agentes económicos.

La década larga transcurrida desde entonces ha convertido aquella moda en preocupación severa de cada vez más ciudadanos, también de cada vez más empresarios, con crecientes repercusiones políticas. Pese al esfuerzo que acabamos de mencionar, la crisis económico-financiera que comenzó en 2007 ha mostrado la persistencia de problemas éticos muy severos en el tejido empresarial de Occidente, problemas con capacidad de agudizar la crisis y de destruir la credibilidad de sectores cruciales de la economía.

Por ello, no son pocos lo que se sienten incómodos ante la invocación insistente de la ética por el liderazgo empresarial, que contrasta con hechos reflejados cada día en los medios de comunicación. Sospechan que la ética sea poco más que un recurso fácil para mantener una imagen pública aceptable. No hay que ignorar este peligro, que muchas veces se advierte en ciertos discursos éticos de profesionales de la empresa o incluso de profesores universitarios. Pero tampoco conviene minusvalorar el desarrollo de la ética de la empresa –de todas las éticas aplicadas– que quizás debe ser interpretado como una reacción de la sociedad en busca de la recuperación de valores morales que parecían definitivamente excluidos de la vida económica.

Naturalmente la publicación de un manual de ética empresarial supone, en sus autores, el firme convencimiento de que el desarrollo de la ética en el mundo de la empresa es necesario. Por otra parte, las consideraciones que preceden nos hacen asumir la tarea de redactar este manual siendo conscientes de la ambigüedad que envuelve hoy todo discurso ético. El lector de estas páginas juzgará al final si nuestro enfoque logra mantener a la ética a salvo de toda posible instrumentalización o manipulación.

Un manual

Debe quedar muy claro que lo que ofrecemos en este libro es un manual. Y un manual, como son todos los que se publican en esta colección de textos de ética de las profesiones, tiene unas características muy concretas. Pretende ser una base para la enseñanza y el aprendizaje de la ética, y está pensado, en primer término, para quienes se preparan a desarrollar su actividad profesional en el mundo de la empresa y de los negocios. Por eso hemos añadido, al final de cada capítulo, algunas cuestiones que pueden ser tomadas como base para el trabajo personal o grupal de los estudiantes, en el aula o fuera de ella.

Esa orientación implica ciertas limitaciones. Porque no se trata de un libro de investigación, ni de un estudio exhaustivo de algún tema particular. En realidad, cualquiera de los capítulos de este manual daría para escribir un libro entero. Nosotros hemos optado por una visión de conjunto que ayude al estudiante universitario a captar las distintas dimensiones de la ética en la empresa. Más aún, las dimensiones de este texto están también condicionadas por la extensión que se concede a estos estudios en las actuales titulaciones universitarias relacionadas con la empresa.

Por otra parte, toda ética aplicada exige armonizar dos extremos que se desarrollan a veces de forma independiente: unos conocimientos adecuados sobre la actividad humana en cuestión (en nuestro caso, la económica y la empresarial) y una estructura básica de ética en general, como saber práctico que reflexiona sobre la calidad moral del comportamiento humano y de las estructuras sociales. En este manual damos por supuesto el conocimiento de la economía y de la empresa, y prestamos una mayor atención a la reflexión ética aplicada a esa realidad. Y en esta reflexión buscamos siempre en primer lugar descubrir la dimensión ética inherente a la actividad económica y empresarial (en cuanto actividades humanas que son). No se trata, por consiguiente, de someter esa actividad a los dictados de la ética, sino de identificar su componente ética consustancial para analizarla y valorarla.

Los contenidos

El enfoque de este libro responde a nuestra preocupación de no caer en los peligros, antes señalados, que acechan hoy a la ética empresarial. Por eso la obra ha sido dividida en dos partes bien diferenciadas.

En la primera nos ocupamos de algunos aspectos generales, que nos ayudan a situar la ética empresarial en lo que creemos su marco adecuado. Por eso comenzamos considerando el lugar que le corresponde a la empresa en la sociedad (capítulo 1). Esta perspectiva nos permite concebirla no como un ente aislado que tiene en sí mismo su razón de ser, sino como una institución dotada de una función social: identificarla es un presupuesto esencial para toda reflexión ética posterior. La función social de la empresa se capta mejor situando a esta en el marco más amplio de la actividad económica en general y de instituciones económicas más englobantes (capítulo 2). Acercándonos por fin a la realidad misma de la empresa, buscamos la concepción más adecuada de esta, para comprender mejor su responsabilidad social (capítulo 3). Seguimos con un recuento de los instrumentos más utilizados a fin de crear en la empresa una cultura ética capaz de asumir esa responsabilidad social (capítulo 4). Al final de esta primera parte hemos querido resumir nuestros puntos de vista en un apéndice que sintetiza las ideas fundamentales en 20 tesis.

En la segunda parte abordamos los distintos ámbitos de la ética empresarial, atendiendo a los *stakeholders* más significativos de la empresa. Comenzamos por la cumbre de las compañías: sus propietarios y directivos, la relación entre ellos, y el perfil moral necesario para llevar adelante el liderazgo ético de la empresa desde posiciones de dirección (capítulo 5). Luego estudiamos la relación de la empresa con los trabajadores (capítulo 6), con los clientes y consumidores (capítulo 7), con sus competidores y proveedores (capítulo 8), con el Estado y la administración pública (capítulo 9), y con el medio ambiente (capítulo 10).

Este esquema es semejante en concepto al de la primera edición, pero no en detalle. Así, hemos añadido un capítulo instrumental, hemos fundido los dedicados a accionistas y directivos, y hemos eliminado la introducción a la ética de las finanzas, que será tema de un próximo volumen en esta colección. Era necesario disminuir el número de capítulos del libro porque, al introducir el tratamiento de nuevos problemas y tendencias de la ética empresarial, cada uno de los restantes ha aumentado en longitud. Tratándose de un libro de texto, no debe extenderse mucho más allá de lo que puede tratarse en un semestre.

Por último, una novedad de este libro respecto a la anterior edición consiste en que hemos añadido en la Bibliografía una brevísima reseña de cada uno de los textos generales de ética empresarial y RSE publicados en España desde 2001 (hasta donde alcanzamos a conocer). Ello permitirá al lector orientarse sobre cómo y por quién está siendo abordado este campo intelectual, y elegir la dirección de su interés para ulteriores profundizaciones. Podemos adelantar que, dentro de esa literatura, nuestro libro se diferencia por la importancia que concede a la comprensión histórico-política de los grandes problemas de la ética empresarial y, por tanto, a las cuestiones de justicia en ellos.

Nuestra concepción de la empresa

Los contenidos que hemos presentado brevemente permiten entrever cuál es el concepto de empresa que subyace a todas nuestras reflexiones. Permítasenos todavía explicitarlo de una forma sucinta.

La empresa es una realidad compleja. De aquí que no pueda ser entendida solo como un patrimonio rentable, formado por las aportaciones de una serie de personas físicas o jurídicas. La complejidad, que es clave para toda reflexión ética sobre la empresa, puede entenderse desde las múltiples interrelaciones de esta con la sociedad:

- Globalmente considerada, la empresa tiene una función social, que es la perspectiva imprescindible de toda consideración ética de su funcionamiento o de sus actividades. Esta función consiste en producir bienes y servicios con un uso racional de los recursos empleados, a través de un proceso que generará una rentabilidad para todos los que contribuyen a él con su trabajo (del tipo que sea) o con su capital. Esta dimensión es considerada preferentemente en la primera parte del libro.
- Más en particular, en la empresa se encuentran implicados diferentes colectivos, que podrán influir (o de hecho influyen) sobre su marcha, o que pueden ser afectados (o de hecho son afectados) por sus actividades. Los intereses de estos colectivos no pueden ser ignorados en las decisiones que orientan el funcionamiento de la empresa, y habrán de ser tenidos en cuenta tanto más cuanto más estrecha sea la vinculación de esos intereses con la empresa. A esta dimensión responde la segunda parte del libro.

En suma, este libro concibe a la empresa como un nodo de relaciones de cooperación económica, una suerte de núcleo denso y estable de cooperación en el espacio social del mercado. Partimos por tanto de una valoración muy positiva de la naturaleza y las potencialidades éticas de la empresa, y nos preguntamos ante todo cómo conseguir que esa naturaleza se conserve íntegra y dé los frutos de que es capaz no solo en términos de bienestar económico, sino también de contribución a los proyectos legítimos de las personas y a la humanización de la sociedad.

Los autores

Quienes firmamos este libro hemos dedicado buena parte de nuestra actividad universitaria a la docencia de la ética empresarial. Esto lo decimos para justificar cuál ha sido la fuente más fecunda del manual que ahora ve la luz. En efecto, el contacto directo con los alumnos durante años, el vernos obligados a despertar el interés por estas cuestiones o a responder a los interrogantes que nos formulaban, obliga a todo profesor a revisar continuamente sus propios planteamientos y respuestas.

En las ediciones anteriores los tres autores que entonces intervinimos nos repartimos la materia de modo que cada uno trabajó preferentemente algunos capítulos del libro, aunque todos pudimos leerlo y criticarlo completo. La puesta al día del manual en la presente edición aumentada y remodelada ha corrido a cargo de Raúl González Fabre, aunque su trabajo ha sido revisado por los demás. De este modo hemos pretendido, como ya ocurrió con la primera edición, no sólo enriquecernos con los puntos de vista de los otros, sino también garantizar una cierta coherencia al conjunto que también había sido inicialmente concebido de común acuerdo.

Esperamos que nuestros lectores, alumnos universitarios u otras personas interesadas por la dimensión ética de la empresa, no sólo puedan aprovecharse del contenido de estas páginas, sino que contribuyan también a que en un futuro sigan siendo mejoradas.

Ildefonso Camacho Laraña
(Universidad Loyola Andalucía - ETEA, Sevilla-Córdoba)
José Luis Fernández Fernández
(Universidad Pontificia Comillas, Madrid)
Raúl González Fabre
(Universidad Pontificia Comillas, Madrid)
Josep Miralles Massanés
(ESADE, Barcelona)

Primera parte:
Ética, responsabilidad social y empresa

Capítulo 1
Dimensión ética
de la actividad empresarial

1.1. Introducción: Un contexto desalentador

En 2007 comenzó la crisis económico-financiera más profunda y extensa en setenta años, tal vez la más grave de la Historia moderna. En la raíz de la crisis se encuentra sin duda la dinámica intrínseca de los ciclos de negocios del capitalismo, pero también una serie de prácticas y actitudes que no acompañan necesariamente a la economía de mercado sino que la pervierten. Fraudes diversos, irresponsabilidades en la toma de riesgos, explotación de los más débiles o peor informados, imprudencias movidas por la ambición, lucro focalizado en los plazos más cortos con daño previsible a largo plazo, deslealtades de gerentes y ejecutivos hacia sus mismas empresas, apropiación de las ganancias y socialización de las pérdidas... han llevado a numerosas voces entre las fuerzas sociales, en la opinión pública y hasta en el universo empresarial, a calificar esta como una crisis ética.

La ética empresarial ha constituido una rama importante de la ética aplicada al menos desde la década de 1950. Entendida al principio como ética de los negocios, se ocupaba de la corrección moral de las diversas relaciones que la empresa entabla a su interior y con sus *stakeholders* inmediatos. Conforme la empresa ganaba poder social por razón de la acumulación creciente de capital, de su capacidad de innovación, de la proyección social de sus productos, del peso de sus decisiones sobre el empleo y la integración social, de su impacto sobre el medio ambiente... las propuestas éticas se extendieron hasta generalizar la idea de una responsabilidad social de la empresa más allá de la corrección de cada una de sus relaciones. Esa responsabilidad social requería asumir que la empresa contribuye decisivamente a la construcción social contemporánea, y por eso tanto ella como la sociedad misma deben preguntarse qué mundo quieren construir a través de la actividad empresarial.

Diseñar y promover la sociedad deseable era tarea que, desde el siglo XVI, venía encomendada a los Estados nacionales. Pedir a la empresa que asumiera parte de la tarea en diálogo con el Estado y con las organizaciones de la sociedad civil, constituía pues una importante novedad histórica. A partir de los años 80, con la globalización y la liberalización económicas en la mayor parte del mundo, se hizo patente que los Estados perdían capacidad para hacerse cargo del diseño social: la sociedad económica se volvía global y los Estados seguían siendo nacionales. El retroceso de los Estados en esa función de diseño social dejaba un vacío que debía ser llenado por la responsabilidad social de las empresas. Si el nuevo mundo que emergía con la globalización iba a resultar habitable, sería preciso que las empresas fueran más allá de los requerimientos legales y contribuyeran voluntariamente a humanizarlo. Ello se hizo aún más patente en los años 90, cuando la globalización de los mercados envolvió a los antiguos países comunistas y a otros que, como China o Vietnam, permaneciendo bajo regímenes políticos nominalmente comunistas, desarrollaron rápidamente economías capitalistas.

El núcleo de la ética social se encuentra en la cuestión de qué mundo queremos construir juntos, y cómo debemos actuar en consecuencia. Al asumir explícitamente su responsabilidad social, la empresa reconocía haber adquirido poder para influir sobre la respuesta a esa pregunta, tanto desde el punto de vista de las ideas como desde el práctico. Con el poder viene la responsabilidad.

Sin embargo, la crisis ha dejado al descubierto importantes fallos éticos en áreas cruciales de la actividad empresarial, incluso en sectores completos como el financiero o el inmobiliario. Grandes corporaciones con sonoras declaraciones y llamativos programas de responsabilidad social han fallado en la ética esencial de su modelo de negocio, en la manera en que ganan el dinero. Con ello, se ha extendido una suerte de escepticismo acerca de lo que es posible lograr a través del compromiso ético de la empresa y de sus gerentes. Crece en las poblaciones afectadas por malas prácticas empresariales la exigencia de más regulación, más legislación, más control del Estado sobre las empresas.

En muchos casos, ese escepticismo sobre la responsabilidad social empresarial se convierte en cinismo, cuando se razona que el Estado no puede controlar bien a las grandes corporaciones porque políticos y altos funcionarios están en realidad al servicio de ellas. El financiamiento de los partidos, la corrupción administrativa, el paso de ejecutivos del sector público al privado y viceversa, establecen vínculos que dificultan a los Estados promulgar las leyes necesarias y aplicarlas por igual a todos. Peor aún, las necesidades de financiamiento del sector público con préstamos del sector privado, la competencia entre las naciones por las inversiones de las grandes compañías transnacionales, y las dificultades sin cuento para producir y hacer cumplir una legislación económica internacional de cierta envergadura, parecen tener maniatados a los gobiernos a la hora de regular la actividad de los grandes capitales y de los mercados en que ellos operan.

Sin embargo, es preciso sobreponerse tanto al primer escepticismo sobre la posibilidad de un compromiso ético de la empresa, como al cinismo sobre la posibilidad de que ello ocurra en un diálogo constructivo con Estados atentos al bien común y con las sociedades civiles de las que esos Estados son o pueden ser instrumentos. Ello requiere, claro está, que la empresa y sus gestores comprendan bien la dimensión ética de su actividad, para que puedan reconocer el poder que han adquirido en el nuevo orden económico y las obligaciones morales que conlleva.

1.2. Un malentendido que evitar

Cuando se habla de ética, muchas personas la entienden como algo que se sobreañade a la realidad, como un conjunto de prescripciones impuestas de fuera. Quizás no llegarían a formularlo con esta precisión pero, en el fondo, presuponen que la realidad

–la realidad empresarial en nuestro caso– se puede estudiar en sí misma al margen de toda referencia ética, como algo completamente neutro; solo luego, en un segundo momento, cabe preguntar cuáles son los principios que podrían o deberían orientar su funcionamiento y el comportamiento de los que actúan en ese campo. Tal planteamiento convierte a la ética en un incómodo corsé que se impone a la realidad desde una autoridad moral exterior. Esto explica la reacción de muchos cuando se pretende hablar de ética empresarial: se sienten incómodos ante lo que viven como una injerencia desde una instancia externa que no saben en nombre de qué pretende actuar.

Esta concepción extrinsecista de la ética aplicada constituye un mal planteamiento. En realidad, la ética es una dimensión de toda realidad humana y social, que deriva de su propia esencia. Es, por consiguiente, en el análisis mismo de esa realidad y de su funcionamiento, donde se pueden encontrar los criterios éticos que deben inspirarla. Y esto, que vale para toda ética, afecta también a la ética empresarial.

1.3. La ética como dimensión intrínseca a toda realidad humana

Antes de adentrarnos en la ética propiamente empresarial, vayan las grandes líneas de la idea de ética que vamos a manejar:

1ª) *La dimensión ética es inherente a la existencia humana*, en la medida en que toda persona posee una determinada concepción de la vida, unas actitudes o un talante general ante la existencia, que inspirará luego sus actuaciones concretas. Dicha actitud ante la vida estará condicionada por las convicciones comunes o las ideas socialmente predominantes, pero estos condicionamientos no alcanzan a eliminar el carácter personal de la ética y la responsabilidad de la acción.

2ª) *Nadie puede eludir el problema ético*, porque ese problema consiste en qué tipo de persona queremos ser y qué tipo de mundo queremos construir con los demás. No somos robots que desarrollan un programa ni puros animales que actúan por instinto, sino que lo más importante de nuestra vida individual y colectiva permanece abierto esperando que decidamos cómo queremos que sea. Está indeterminado, pendiente de nuestras opciones libres. No solo podemos elegir cómo desarrollar nuestra vida personal y social, sino que no podemos no elegirlo. Si decidiéramos simplemente dejarnos llevar por el entorno, ello ya sería una elección libre nuestra.

3ª) *La ética no se reduce a un conjunto de normas recibidas de fuera* a las que el sujeto tiene que someterse. Lo que otorga sentido a las normas en la vida moral de cada uno es haber sido asumidas por convicción y no por imposición. Habría que decir, con otras palabras, que la ética es esencialmente autónoma, ya que radica en último término en las convicciones personales que dan sentido a las normas. Las normas existen, pero una ética vivida como conjunto de normas impuestas, lejos de dignificar al ser humano, lo infantiliza y lo mantiene en la inmadurez.

4ª) *La ética tampoco se reduce a un conjunto de prohibiciones*, aunque existan cosas que están éticamente prohibidas. Una división tajante entre lo prohibido (que es malo) y todo lo demás (que es indiferente) ignoraría los ideales y las aspiraciones de cada persona, que llenan de sentido su existencia. Esto permite hablar de valores morales, que son las instancias que movilizan las energías humanas para actuar de acuerdo con un proyecto personal propio. Frente a una ética negativa (solo de prohibiciones), es más adecuado a la realidad hablar de una ética afirmativa (de los valores, ideales y aspiraciones).

5ª) *La ética no es solo asunto de la vida privada*. Hay quienes limitan la ética a las relaciones familiares o conyugales, a los círculos de amistad..., pero la excluyen de la vida profesional y pública, donde piensan que la dura lucha por la existencia obliga a ser más pragmáticos. Pero esto es introducir una especie de esquizofrenia permanente, difícil soportar, porque la persona es única y proyecta sus aspiraciones e ideales más íntimos en todas las situaciones en que se encuentra. La persona es una y la misma en todas las dimensiones de su vida.

6ª) *Dondequiera que hay un poder humano, hay libertad para usarlo de una manera u otra, y por tanto responsabilidad por su uso*. Las empresas desarrollan mecanismos de poder en su estructura burocrática interna, y como señalamos, poseen también poder sobre la construcción social. Eligen libremente cómo usar esos poderes, y en tanto es su propia decisión, pueden ser llamadas a responder por ella ante los demás. Lo mismo puede decirse de cada miembro de una empresa, en la medida en que detenta un poder, grande o pequeño, formal o informal, dentro de la estructura empresarial.

1.4. Las dimensiones organizacional y social de la ética

Las empresas son organizaciones gobernadas por sus directivos bajo algún tipo de supervisión de sus propietarios. Cuando hablamos de ética de la empresa, cabría preguntarse si esta se reduce a la ética de los directivos que, finalmente, toman las decisiones cotidianas de la empresa, o si involucra a todos sus miembros individualmente considerados, e incluso en algún modo al conjunto de personas que componen la organización empresarial. En este segundo caso, estaríamos hablando de un sujeto ético colectivo. ¿Tiene ello sentido?

La pregunta no es banal porque nos hemos habituado a concebir la ética principalmente como una dimensión de la vida individual. En efecto, solo la persona puede poner verdaderamente en juego la libertad y la responsabilidad, que son los ingredientes indispensables de la ética.

Aceptemos, pues, que la ética por excelencia es la ética personal. Ético, en el sentido estricto de la palabra, es una cualidad que solo se puede aplicar a las personas, porque únicamente las personas son capaces de actuar libre y responsablemente. Sin embargo, hay otros aspectos de la ética que se fijan en dimensiones más allá del comportamiento individual y sus efectos directos. Dado que la vida humana posee una irrenunciable dimensión social, cabe pensar también en una dimensión social de la ética. Como una primera aproximación a esta distinción, que luego matizaremos, es válida la formulación que sigue:

Mientras que la ética personal tiene por objeto y contenido la acción que ejerce el sujeto sobre sí mismo y en sus relaciones para establecer un orden en su entorno inmediato, en armonía con un conjunto organizado de valores, la ética social tendrá por objeto la reflexión crítica sobre las estructuras sociales existentes, y la acción colectiva en pro de la reforma de las estructuras o de su sustitución por otras nuevas, siempre bajo una cuestión ética fundamental: qué tipo de persona queremos formar, qué tipo de sociedad queremos construir.

Lo que aquí se llama 'ética personal' se centra en la acción del individuo, y se caracteriza por que el sujeto actúa sobre sí mismo e interactúa intencionalmente con otros, queriendo realizar unos determinados valores por los que ha optado. En cambio, la 'ética social' se caracteriza por la desaparición de la conexión inmediata entre cada opción o acción personales y sus resultados prácticos. Dicho de otra manera, la opción de la persona por unos valores no puede traducirse fácilmente en una conducta operativa que los haga realidad, porque sus resultados no dependen solo de la acción de la persona sino también de la interacción con otros a través de estructuras sociales complejas. Sin embargo, esa opción personal sigue siendo válida en cuanto permite llegar a un juicio ético sobre las estructuras sociales: aunque no esté en nuestras solas manos adecuarlas a nuestros valores, tampoco son inamovibles y definitivas. Más bien al contrario, por el efecto conjunto de la acción de muchos, las estructuras sociales se encuentran en continua evolución y cambio.

Esta distinción entre ética personal y ética social, cuando se entiende de forma tajante, puede conducir a una cierta simplificación. Por eso es preferible hablar de una dimensión personal y una dimensión social de la ética. Así se subraya mejor la relación entre ambas. En efecto, cuando una persona hace un juicio ético sobre determinada realidad social, está poniendo en juego sus propias convicciones éticas personales; es más, sus tomas de posición refuerzan esas convicciones e incluso le inducirán a actuar personalmente en la dirección que ellas señalan, contribuyendo así a transformar la realidad social.

Por otra parte, la dimensión social de la ética presupone el reconocimiento de la existencia de las estructuras sociales como algo que no es controlado ni depende solo de la voluntad del sujeto que quiere obrar éticamente. Ahora bien, desde el punto de vista ético no puede ignorarse que, detrás de estas estructuras, late un determinado modelo de persona y de sociedad, que puede ser sometido a reflexión, crítica y transformación.

La realidad de las estructuras sociales tiene, por consiguiente, un enorme interés para la ética, y para la vida en general, al menos en dos sentidos: por las posibilidades de modificarlas y por su incidencia sobre los comportamientos individuales. Esto nos lleva a plantear las complejas relaciones que existen entre persona y sociedad. No cabe pensar que sean dos realidades independientes entre sí, ni que la sociedad consista en un mero agregado de individuos. Cabe utilizar aquí la formulación de Berger y Luckmann (1972: 84), en la que sintetizan una de sus principales obras: *la sociedad es un producto humano; la sociedad es una realidad objetiva; el hombre es un producto social*. Estas tres afirmaciones a primera vista parecen incompatibles. Sin embargo, cada una de ellas por separado no sería verdadera: necesita ser corregida dialécticamente por las otras dos. Solo del conjunto resulta una visión de la persona capaz de servir de soporte a una ética coherente con la doble condición personal y social de esta.

Dando todavía un paso más: ¿tiene la ética social que limitarse a tomar posición ante las construcciones sociales y someterlas a su juicio, o cabe plantearse también su transformación? Son muchas las personas que reaccionan con escepticismo ante la posibilidad misma de cambiar las estructuras de la sociedad. Y sin embargo creemos que no sería correcto excluirla. Pero abordar adecuadamente esta posibilidad, que a veces se convertirá en exigencia ineludible, no puede pensarse solo en la acción individual. Hay que hablar aquí de la acción colectiva y sus mecanismos. Esta es mucho más indirecta que la acción individual, mucho menos inmediata en cuanto a sus efectos. Incluye además una gran variedad de posibilidades: los procesos de la opinión pública; las iniciativas colectivas de sensibilización o de presión social; la educación de los niños y jóvenes; y, por último, la actividad política, cuyo objeto es la actuación directa sobre las instancias de poder y de gobierno.

Todavía es posible matizar más la contraposición entre lo personal y lo social. Para ello basta considerar distintos niveles de asociación o agrupamiento de personas: no es lo mismo un grupo informal (amigos) que una institución (la universidad) o una organización (una empresa) o la sociedad en general. En cualquiera de esos casos hay responsabilidades compartidas o incluso colectivas, pero siempre subsistirá la responsabilidad de las personas individuales, las cuales podrán contribuir a que el grupo al que pertenecen cumpla su función, pero podrán también erigirse en un obstáculo para ello.

En coherencia con este enfoque podría hablarse, no de dos, sino de tres dimensiones de la ética: la dimensión personal (siempre presente, puesto que siempre se trata de personas, solas o agrupadas), la dimensión organizacional (que abarca esos niveles intermedios donde la persona asume las funciones que le corresponden en una organización o una institución) y la dimensión social (repercusión del modo de ser personal y organizacional en la convivencia social y en las estructuras de la sociedad).

La ética moderna busca el equilibrio entre esas tres dimensiones. Para llegar a una aceptable armonía entre ellas nos parece útil sentar los siguientes principios:

1º) *La dimensión personal es la base irrenunciable de toda moral*, dándole verdadero sentido. No hay comportamiento moral si falta la persona que juzga, opta y actúa en función de sus convicciones morales (compartidas con otros, pero personalmente asimiladas).

2º) *Pero la autonomía de acción de la persona no es total.* Todo sujeto humano está condicionado por su historia, por su psicología, por los grupos sociales a que pertenece y por la sociedad en que se encuentra inserto. Condicionado no equivale, sin embargo, a determinado. Siempre es posible separarse de esos condicionamientos y tomar una distancia crítica respecto a la sociedad y a sus instituciones.

3º) *La dependencia entre sujeto humano y estructuras sociales no es unidireccional, sino recíproca.* Si la persona depende, aunque no totalmente, de las estructuras, también estas están condicionadas en parte por las personas, especialmente cuando actúan asociadas. Cabe hablar, por tanto, también de ética al referirse a la acción colectiva sobre las estructuras de la sociedad (ya sea para transformarlas, ya para conservarlas).

4º) *La inserción de la persona en instituciones, asociaciones y organizaciones, entre las cuales se encuentra la empresa, constituye un lugar privilegiado para su actuación por la mejora ética de la sociedad.* En efecto, las organizaciones poseen un poder de configuración social mucho mayor que el de la sola persona, y al mismo tiempo pueden ser influidas por la persona de manera más directa y eficaz que las grandes estructuras sociales.

5º) Tanto la acción del individuo sobre su propia existencia y relaciones inmediatas, como la que ocurre a través de su inserción institucional, y la que tiene por objeto las estructuras de la sociedad, están *siempre orientadas por un sistema de valores determinado*. Esos valores son los que hacen posible el juicio moral y las opciones concretas de actuación.

1.5. Los fines de la empresa y su dimensión ética

¿En qué sentido es posible hablar entonces de ética en la empresa? ¿Cuál es el ámbito de la ética empresarial? Más que de ética de la empresa, hemos preferido hablar de dimensión ética de la empresa. Con este matiz, que podría parecer irrelevante, queremos destacar que nos interesa partir de la realidad misma de la empresa e identificar lo que hay de irrenunciablemente ético en ella. Para eso será bueno preguntarnos por los fines de la empresa y por el papel que desempeña en la sociedad. Comenzaremos reproduciendo unas líneas de Milton Friedman (1970), en las que propone, con un estilo polémico, una forma de entender la empresa:

> ¿Qué significa decir que el ejecutivo de la empresa tiene una "responsabilidad social" en cuanto hombre de negocios? Si esa afirmación no es pura retórica, tal cosa significa que tiene que actuar de alguna manera que no corresponde a los intereses de sus patronos. Por ejemplo, que debe refrenar el aumento del precio del producto con el fin de contribuir al objetivo social de prevenir la inflación, aun cuando un incremento del precio favorecería los intereses de la empresa. O que debe hacer desembolsos para reducir la contaminación por encima de las cantidades que convienen a la empresa o de las exigidas por la ley,

para contribuir al objetivo social de mejora del medio ambiente. O que, a expensas de los beneficios de la empresa, debe contratar a desocupados sin oficio, en vez de a trabajadores mejor cualificados, con la intención de contribuir al objetivo social de reducir la pobreza...

En un sistema de libertad de empresa y propiedad privada, un ejecutivo es un empleado de los propietarios del negocio. Es directamente responsable ante sus patronos. Esa responsabilidad consiste en dirigir el negocio de acuerdo con los deseos de aquellos, que generalmente se reducirán a ganar tanto dinero como sea posible siempre que se respeten las reglas básicas de la sociedad, tanto las prescritas por la ley como por la costumbre moral[1].

No puede negarse que las palabras de Friedman reflejan una preocupación ética. Explícitamente terminan mencionando la ley y la costumbre moral como criterios de comportamiento para el ejecutivo de una empresa. Pero hay en ellas además otra referencia –y más interesante, por cierto– a la ética, esta vez implícita: Friedman afirma que la responsabilidad del ejecutivo se concreta en dirigir la empresa de acuerdo con la voluntad de sus patronos, que no es otra que conseguir el máximo beneficio. Es esta ética implícita la que despierta nuestras reservas: su crítica nos servirá para exponer una concepción alternativa de la ética de la empresa.

Dos preguntas suscita este planteamiento. Una primera: ¿es realmente siempre la voluntad de los propietarios de la empresa que los beneficios sean maximizados? Y una segunda, que va más al fondo: ¿es solo la voluntad de los propietarios del capital la que determina lo que debe ser la empresa?

a. ¿Es el beneficio económico el fin último de la empresa?

La respuesta que da Friedman a la primera pregunta – que los propietarios quieren siempre la maximización del beneficio– puede considerarse, cuando menos, simplificadora. Es cierto que tal enfoque se encuentra en no pocos tratados de economía, al me-

---

[1]. Las ideas fundamentales habían sido ya adelantadas en Friedman (1966). Posteriormente ha sido reproducido en diferentes lugares: por ejemplo en Chryssides-Kaler (1996: 249-254).

nos en sus planteamientos más elementales: como formulación inicial, resulta cómoda para una primera aproximación a la empresa y fácil para un razonamiento sencillo que se apoye en intuiciones accesibles a todos. Pero la misma ciencia económica termina por considerar insuficiente ese modelo de funcionamiento de la empresa como descripción de su actividad cotidiana.

Evidentemente la empresa busca el beneficio económico. Pero no solo porque redunda en bien para el propietario, sino también porque constituye el indicador más seguro de que su actividad productiva es aceptada por la sociedad. Ahora bien, esa búsqueda del beneficio por lo general se sitúa en un horizonte temporal más amplio. Se pasa así del corto al largo plazo. La maximización del beneficio se entiende entonces más bien como consolidarse en el mercado y garantizar la propia continuidad: mantenerse holgadamente, ganar cuota de mercado, mantener un ritmo de desarrollo tecnológico y organizativo acorde con los avances de la técnica y de la sociedad en general. Naturalmente, todo eso se refleja en los costes, y también en los resultados (beneficios); pero no cabe duda que la empresa queda ahora definida de forma más acorde con su realidad.

No es, por tanto, exacto decir que al propietario solo le interesa el beneficio máximo, al menos en el sentido más primario de la expresión. Eso no quiere decir que no haya hombres de negocios que busquen el beneficio rápido y abundante. Quizás en la economía contemporánea, tan ávida de negocios espectaculares, se dan muchos casos así: en este sentido el capitalismo anglosajón, que se fija más en el corto plazo, se impone sobre el capitalismo más atento al largo plazo (Albert 1993). Y, en todo caso, la sociedad también debe tener una palabra sobre esa concepción de la actividad económica, que a menudo se desarrolla a costa del bien social. Pasamos así a la segunda de las preguntas que nos surgía al leer el pasaje de Milton Friedman.

b. La empresa, ¿solo al servicio de sus propietarios?

Decía Friedman que los ejecutivos solo han de responder ante los propietarios de la empresa. Ahora bien, estos no son los únicos directamente implicados en su marcha e interesados en su éxito. Otros grupos tienen una implicación igual o mayor que ellos. Aunque volveremos luego a plantear esta cuestión con mayor amplitud, es necesario mencionar ahora al menos la realidad del trabajo.

En efecto, el presupuesto de Friedman es que la empresa pertenece a los propietarios del capital y a nadie más. Pero ese presupuesto resulta discutible: si la empresa es una unidad de producción, en ella desarrolla su actividad un conjunto de personas valiéndose de unos medios (instrumentos, maquinarias, instalaciones), financiados gracias al capital que aportan los propietarios, para producir unos bienes y servicios. No puede entenderse la empresa solo desde su relación con los propietarios, puesto que los trabajadores ponen algo muy importante de su vida en ella (algo más valioso que un patrimonio).

Es más, las personas que desarrollan su actividad laboral, del tipo que sea, dentro de la empresa dependen fuertemente de ella: su vida está en muchos aspectos condicionada por la marcha de la empresa. La tendencia, injustificada, a identificar empresa y capital nos hace olvidar que el trabajo tiene una vinculación efectiva equivalente, cuando no mayor, a la de los propietarios del capital. Esto exige que sus intereses sean también atendidos. Tales intereses son económicos, porque la retribución que reciben por su trabajo es generalmente la forma fundamental que tienen de acceder a la renta de la sociedad. Pero no son solo económicos: si el trabajo es una actividad humana, y no solo productiva, el trabajador exige que dicha actividad reúna ciertas condiciones para que resulte en verdad humana y humanizadora. El ejecutivo o dirigente empresarial, que participa en la coordinación y en el liderazgo de la marcha general de la empresa, no puede desentenderse de estas pretensiones legítimas. Su tarea consiste, no pocas veces, en armonizar intereses que, aunque legítimos cada uno de ellos, pueden ser divergentes entre sí, particularmente en el corto plazo.

c. La empresa, al servicio de la sociedad

Todavía podemos ampliar el horizonte de nuestras reflexiones, más allá de la consideración de los propietarios y los empleados. Porque la empresa es, además, una institución social: es decir, tiene una función en la sociedad. La actividad de la empresa no se agota en sí misma sino que se extiende en una relación de alteridad. Esa actividad redunda en bien de otros que no pertenecen directamente a ella: los bienes y servicios que produce responden a las necesidades de todos, y la renta que genera se distribuye entre todos los que contribuyen a la producción, dentro o fuera de la empresa (proveedores, administraciones públicas…).

Así, puede entenderse a la empresa como un nodo de relaciones de cooperación voluntaria, relaciones *gana-gana* en que se crea riqueza no solo para los propietarios del capital sino para todos los que se vinculan con ella de una manera u otra, e indirectamente para el conjunto de la sociedad. La actividad de la empresa es, entonces, social por su propia naturaleza y solo se comprende en el marco de la sociedad y de sus necesidades tanto a nivel de conjunto como de los individuos que la integran. Por otra parte, de ese servicio a la sociedad obtiene la empresa su legitimidad como organización, sin la cual recibiría rechazo social y quizás persecución legal (como ocurre con las empresas del narcotráfico o la trata de blancas, por ejemplo).

Y si además la empresa se esfuerza por producir cada vez en mejores condiciones de calidad y precio, de forma que sus productos respondan mejor a las necesidades de los ciudadanos, el servicio que presta a la sociedad es más valioso. Autores muy conocidos, como Joseph Schumpeter, destacaron la importancia de la innovación para el desarrollo económico de una sociedad, en el marco siempre de un sistema competitivo. Por eso, para él, el beneficio es el pago de la sociedad al empresario dinámico y capaz de innovar. Él supo como nadie relacionar el beneficio empresarial con el servicio a la sociedad.

Nosotros podemos traducir las ideas de Schumpeter a un contexto más actual, donde la atención se pone no tanto, ni en primer lugar, en la persona del empresario, sino en la totalidad de la empresa. Puede decirse que lo que justifica últimamente la obtención de unos beneficios económicos por parte de la empresa es el servicio que presta a la sociedad.

Desde este punto de vista pierde sentido la acusación clásica del marxismo de que el beneficio de la empresa no es más que el producto de la explotación que sufre el trabajador por parte del empresario capitalista: el beneficio sería la parte del valor añadido por el trabajo que el capital arrebata a los obreros. Para neutralizar esta acusación, hay que identificar a la empresa no solo con sus propietarios, sino con todos los que contribuyen al proceso de producción: el valor añadido es retribución de la sociedad a la empresa por su servicio, y debe ser distribuido luego entre todos los que participaron en su producción. De ahí que la distribución de la renta generada (valor añadido) sea otra de las funciones esenciales de la empresa en la sociedad.

Así pues, éticamente hablando, la rentabilidad que consigue la empresa debe ser considerada como el pago que recibe de la sociedad por el servicio que le hace: porque producir bienes, procurando hacerlo siempre en mejores condiciones, y distribuir renta son, efectivamente, servicios a la sociedad. Por consiguiente, objetivamente hablando y más allá de la conciencia subjetiva de sus propietarios o directivos, hay funciones esenciales que la empresa realiza en la sociedad.

Estamos, pues, ante un principio ético que debe presidir el desarrollo de todas las actividades sociales y empresariales. Los intereses económicos privados, activados mediante el libre juego de la iniciativa empresarial, nunca deberían ser el último criterio de la actividad económica aunque constituyan un importante motor suyo. Y la sociedad ha de organizarse de modo que las finalidades sociales de la empresa queden garantizadas y nunca perjudicadas por la pretensión lucrativa del capital. Ni en lo que produce, ni en la forma como lo produce, la empresa tiene derecho a prosperar si lo hace a costa del bien de la sociedad en que desarrolla su actividad.

d. *Ética y armonización de los fines de la empresa*

A modo de resumen, podemos concluir que la dimensión ética de la empresa se descubre y se concreta a partir de sus funciones sociales (Fernández Fernández 1996: cap. 6). Objetivamente hablando, de acuerdo con la naturaleza de dicha institución, los fines intrínsecos de la empresa son dos: la producción de bienes y servicios y la distribución de la renta económica generada. La calidad ética de la empresa será tanto mayor cuanto mejor realice estas dos funciones.

Pero la empresa busca también una rentabilidad económica para sus propietarios, con vocación de mantenerse en el tiempo. Este objetivo es éticamente correcto siempre que no entre en contradicción con las funciones que la sociedad encomienda a la empresa, dificultándolas o impidiéndolas.

Ambas categorías de fines son igualmente legítimos. La empresa es una institución económica y, por consiguiente, no puede excluirse de sus objetivos la búsqueda de un rendimiento económico: eso es precisamente lo que la distingue de cualquier otro tipo de organización. Pero este rendimiento no puede obtenerse a cualquier precio. No puede obtenerse al precio de un perjuicio notable para la sociedad, como sería la reducción del ciudadano a sumiso consumidor o de sus trabajadores a puros instrumentos de producción.

Todavía podríamos matizar más y decir: las finalidades de la empresa son la producción de bienes y servicios y la distribución de la renta, mientras que la obtención de una rentabilidad económica es condición necesaria de esa tarea. Quizás puede parecer que esta formulación relega a un papel muy secundario el beneficio económico, pero piénsese si esa jerarquización de los fines no es más razonable, y si no sería un excelente contrapunto moral en una sociedad tan obsesionada por la rentabilidad a corto plazo.

¿Son estos criterios éticos viables en nuestra sociedad? Su viabilidad dependerá de tres factores, complementarios entre sí. Ante todo hay que contar con la conciencia personal de los directivos y de todos los que desarrollan alguna actividad en la empresa, los cuales han de identificarse con estos valores y asumir los principios correspondientes. Luego, es de gran apoyo un compromiso ético concomitante de las contrapartes sociales de la empresa, sus *stakeholders*: clientes, proveedores, comunidades, opinión pública, administraciones, que aprecian a la empresa no solo por lo que obtienen de ella sino también por su contribución a la construcción de una buena sociedad. Por último, es muy conveniente el complemento de instrumentos legales para garantizar el respeto de unos principios éticos mínimos. Si faltara ese mínimo en organizaciones tan poderosas como la empresa, se haría imposible la convivencia en la sociedad. Las normas legales por sí solas nunca garantizarán que las personas actúen éticamente, pero el actuar ético en sociedades humanas se refuerza con ellas; en otro caso quedarían impunes quienes ignoraran los principios éticos fundamentales, e indefensa la sociedad ante ellos.

1.6. Conclusión: ¿Es rentable la ética?

Una pregunta que se hacen a menudo los directivos es si la ética resulta rentable para la empresa. Se trata de una pregunta lógica, cuando se piensa que los directivos son responsables de la rentabilidad de la empresa frente a los propietarios; pero dista de ser tan simple y directa como pudiera parecer. No se trata de una cuestión semejante a si es rentable la inversión en innovación, o la publicidad en internet.

Entendida desde el punto de vista de la toma de decisiones, la ética puede considerarse como una heurística, un conjunto de reglas, criterios y modos de razonar que permite eliminar rápidamente alternativas indeseables para concentrarse en aquellas más prometedoras. ¿En qué sentido son prometedoras las alternativas que la ética sugiere? Fundamentalmente, en el sentido de que producen relaciones genuinas de cooperación entre todos los involucrados, sin sacrificar sistemáticamente ningún interés legítimo de los que orbitan en torno a la empresa.

¿Resulta esto rentable? Sin duda, lo es a largo plazo, porque la empresa funciona mejor en la medida en que todos en torno a ella se benefician de su actividad, y tienen por tanto razones para seguirle ofreciéndole su cooperación y para procurar su continuidad. La calidad ética de su actividad otorga así gran legitimidad social a la empresa, controla la aparición de resentimientos y oposiciones fundamentadas, y genera un soporte social sin el cual cualquier organización se verá más pronto que tarde amenazada por la hostilidad social.

Sin embargo, justamente porque la ética requiere de la empresa un compromiso de cooperación genuina con todos sus *stakeholders*, puede implicar costes mayores a corto plazo. Por ejemplo, la ética exigirá a la empresa internalizar los costes completos de su actividad, evitando descargarlos sin compensación proporcional sobre otros grupos sociales o sobre el medio ambiente, evitando pues explotar a otros para obtener beneficios mayores en el corto plazo.

Por otra parte, la discusión sobre la rentabilidad de la ética puede ocultar trampas sutiles. Una consiste en desplazar el sujeto de la ética de la empresa a sus trabajadores, proveedores y clientes. Qué duda cabe de que a la empresa le conviene económicamente que los trabajadores empeñen su tiempo y su esfuerzo con dedicación, que respeten la propiedad de la empresa, que actúen según las normas. O que los proveedores cumplan rigurosamente con los estándares de calidad, que ofrezcan precios razonables, que entreguen en el plazo prometido. O que los clientes paguen con puntualidad, no hagan reclamos injustificados, y evalúen a la empresa con justicia. Esa ética de otros, sin duda, es rentable para la empresa en todos los plazos.

Pero si la empresa tiene derecho moral a requerir todo ello de sus contrapartes, ese derecho conlleva la obligación de actuar con ellas de manera igualmente correcta. Lo contrario violaría un principio fundamental de la ética: el de universalización. Si uno se adjudica la libertad de actuar según su propia conveniencia económica inmediata, entonces debe reconocer a los demás la misma libertad, porque nadie es más que otro ni tiene más derecho que otro. O, con el refrán popular: "la salsa que es buena para el pavo, también debe ser buena para la pava". En última instancia, por tanto, la empresa debe elegir si actuar siempre y solo por conveniencia inmediata, aun a costa de dañar la cooperación, y conceder que los demás pueden hacer lo mismo con el mismo derecho aun a costa de dañar a la empresa; o bien, debe actuar siempre y solo de manera que realice una genuina cooperación, y exigir lo mismo a sus contrapartes. ¿Qué resulta finalmente más rentable?

Una segunda trampa tras la pregunta por la rentabilidad de la ética consiste en que oculta que la ética es bastante más que rentabilidad. Si la ética plantea un problema a las personas y a las instituciones es porque nos enfrenta a situaciones donde ciertos valores, que en sí mismos considerados merecen nuestra adhesión, entran en conflicto entre sí. El conflicto de valores pertenece a la esencia misma del quehacer ético. Y la rentabilidad, admitida como valor, no está exenta de encontrarse en situaciones en que su realización supone la no realización o la negación explícita de otros valores.

Si admitimos que la rentabilidad, siendo un valor, no es el valor absoluto ni el que debe quedar por encima de los demás en todas las situaciones concretas, entonces hay un test moral decisivo para todo el que se aferra a la afirmación de que la ética es rentable. Se trata de una pregunta muy sencilla: *y en aquellos casos en que actuar éticamente no resultase rentable, ¿también estaría Ud. dispuesto a hacerlo?*

Para pensar y discutir

1. ¿Qué reflexiones éticas se te han ocurrido, o has oído, en torno a la crisis económico-financiera que comenzó en 2007?
2. ¿Qué valores fundamentales crees que deberían guiar la construcción social al nivel de las grandes estructuras económicas, políticas y culturales? ¿De qué maneras concretas se te ocurre que una gran empresa puede contribuir a esa construcción?
3. Un joven profesional puede, en pocos años, llegar a ser un ejecutivo medio. ¿Qué influencia puede tenerse sobre la ética organizacional de la empresa desde una posición así? ¿Qué tipo de acciones debería desarrollar este ejecutivo para ejercer tal influencia?
4. ¿Cómo distinguirías una empresa concentrada únicamente en producir beneficios para sus propietarios, de una que además haya asumido conscientemente las dos funciones sociales que se mencionan en el texto?

Capítulo 2
La empresa en la economía

Hecha una primera delimitación del ámbito de la ética empresarial procede ahora situarla en un contexto más amplio que nos ayude a comprender mejor su alcance y sus condicionamientos. Se trata de insertarla en el marco más general de la economía de mercado: si la actividad empresarial es una forma de actividad económica, no estará de más asomarnos a la economía para identificar su dimensión ética. Cabría repetir aquí lo dicho en el capítulo anterior, pero aplicándolo ahora a la economía: al ser esta una actividad humana, de nuevo encontramos en ella lo ético como un aspecto irrenunciable.

Este situar la actividad empresarial en un marco más amplio encuentra a veces resistencia en la gente de empresa, que piensa que todo lo que supera su estricta competencia tiene poco interés para ellos. Y consideran esta postura la más realista, desentendiéndose de lo que no está a su alcance modificar o controlar. Sin embargo, tal actitud significa privarse de un horizonte que aporta no poca luz para comprender la propia actividad y desarrollarla responsablemente.

2.1. La dimensión ética de la actividad económica

No es raro encontrar personas para las que no tiene sentido siquiera hablar de ética económica (o de ética empresarial, o de ética política). Casi cierran la posibilidad a toda ética aplicada porque piensan que tales expresiones encierran una contradicción: en su opinión, esas actividades tienen su propia lógica y se desenvuelven siempre al margen de la ética. Por eso es tan urgente descubrir la ética como una dimensión ineludible de toda actividad humana.

Centrándonos en la economía, lo que cuesta percibir es que, en medio de la técnica, detrás de los datos estadísticos, en el fondo de los estudios más concienzudos y sofisticados, hay siempre valores en juego y verdaderas opciones. Muchas veces esas opciones se presentan como el resultado de determinados cálculos, ante los cuales la libertad prácticamente no tiene ningún margen de actuación: es decir, se niega la posibilidad misma de optar. Ahora bien, si se analizan las cosas con mayor detenimiento, se descubre que si no hay más margen de acción, es porque ya se ha hecho una opción previa; solo que se trata de una opción no suficientemente explicitada.

Para ahondar en este componente ético puede ser útil tomar como base una definición de la economía. Por ejemplo esta: por actividad económica se entiende la cooperación social en torno a la gestión de los recursos escasos, con vistas a satisfacer necesidades humanas. Con leves diferencias ésa es una definición que se puede encontrar en cualquier manual de economía. Tres elementos interesa destacar en ella, que podrían encontrarse en cualquier otra: la cuestión de la satisfacción de necesidades; la escasez a la que esa satisfacción está sometida; y el hecho de que cooperamos unos con otros para producir y distribuir los bienes y servicios con que satisfacemos nuestras necesidades.

Comencemos por la escasez. La escasez es la diferencia entre lo que precisamos para llevar adelante nuestros proyectos personales y colectivos, y la disponibilidad de esos elementos. La escasez no consiste por tanto en la ausencia de bienes y servicios sino en su insuficiencia; podemos contar con muchísimos de ellos, y sin embargo requerir todavía más para nuestros proyectos. Sentiremos entonces que los bienes y servicios disponibles nos resultan escasos.

Hablar de escasez supone siempre la necesidad de optar. Si tuviéramos a nuestra disposición todo aquello que necesitamos sin ningún tipo de limitación, no tendríamos que optar. Pero cuando poseemos unos ingresos limitados con los que hacer frente a todos nuestros requerimientos y, por tanto, nos vemos obligados a elegir, estamos optando en función de unas prioridades o unos valores personales más o menos explícitos. Ellos orientan nuestra decisión de cómo utilizar los recursos disponibles. Pues bien, la reflexión ética debe ayudar, en primer lugar, a explicitar en función de qué valores actuamos –de una forma quizás inconsciente y precipitada, pero muy eficaz en todo caso– en un determinado sentido o en otro.

Esto, que es sencillo de ver a nivel del comportamiento de un individuo, debe aplicarse igualmente a los comportamientos colectivos. Porque también la sociedad dispone de recursos que son escasos, y hay que determinar a qué dedicarlos. Aunque el proceso decisional es más complejo, no por eso deja de comportar una opción. ¿Cómo se toma esta decisión? Pueden tomarla los gobernantes legitimados para ello, directamente o tras un debate parlamentario (piénsese en el debate anual sobre los presupuestos del Estado); pero siempre habrá un influjo de la sociedad a través del debate abierto o de la opinión pública. La mayor complejidad del proceso no debe ocultar, en todo caso, que se trata de una verdadera opción.

El segundo elemento ético de la definición de economía se refiere a la relación entre actividad económica y satisfacción de necesidades humanas. Las necesidades deben entenderse aquí por relación a los proyectos de las personas: lo necesario es necesario para realizar un proyecto de alguien. Hay por ello grados distintos de necesidad. Algunas cosas, como una alimentación suficiente, vienen a ser precisas para casi cualquier proyecto humano, por lo que su necesidad resulta más básica, más significativa. Otras cosas son necesarias solo para proyectos curiosos o intrascendentes, como en el caso de quien necesita unos zapatos verdes para disfrazarse en carnaval. No es difícil notar que las primeras necesidades deben satisfacerse antes que las segundas.

La actividad económica tiene como finalidad la satisfacción de las necesidades siguiendo un orden razonable de prioridades entre los diversos grados de necesidad. En la realidad que nos circunda, sin embargo, encontramos violaciones flagrantes de ese orden de prioridades; por ejemplo, se dedican muchos recursos a producir trastos de poca utilidad rápidamente destinados al basurero, mientras faltan recursos para la alimentación de los más pobres o para investigaciones médicas vitales. A menudo encontramos también una inversión entre los medios y el fin: en vez de producir para satisfacer necesidades, se inducen nuevas necesidades para colocar lo producido. Pese a todo ello, el principio de la subordinación de la actividad económica a las necesidades reales mantiene su vigencia y orienta (o debería orientar) muchas decisiones privadas y públicas.

Por otra parte, al producir se genera un valor económico o valor añadido, que consiste en la diferencia entre el coste de los factores a transformar y el precio del producto final transformado. Pues bien, la distribución de este valor económico es inherente al proceso mismo de producción. Los que han participado con sus recursos en la producción del valor son los que se benefician luego de él: lo hacen a través de los salarios que perciben por su trabajo, de los intereses por los créditos concedidos a la empresa, o de los beneficios por el capital que aportaron. Este valor añadido, en la medida en que vuelve a los ciudadanos mediante el proceso de distribución, permite a estos adquirir bienes y servicios para cubrir sus necesidades. Toda la actividad económica gira, pues, en torno a la satisfacción de las necesidades de la sociedad y de sus miembros.

La distribución del valor añadido entre trabajo y capital constituye uno de los puntos más conflictivos en la vida social, sobre el que habremos de volver en el capítulo 7. El origen de este conflicto suele estar en las diferentes aspiraciones de las partes implicadas. Pero existen también criterios que pretenden ser más neutrales y pueden ser impuestos por quien tiene un poder legítimo para regular la distribución del valor económico generado. Estamos, pues, de lleno en una cuestión de ética social.

Finalmente, nuestra definición de economía hacía referencia a la cooperación humana en torno a la gestión de los bienes escasos. Esa cooperación tiene lugar fundamentalmente dentro de tres tipos de estructuras sociales: comunidades como las familias o los círculos de amigos, donde predominan la solidaridad interpersonal y la benevolencia; los Estados, que deben garantizar cierta igualdad legal y material de derechos entre los ciudadanos; y los mercados, que funcionan por contratos basados en el acuerdo libre de las partes. Cada una de esas estructuras tiene sus reglas internas de gestión de la escasez, con significados éticos propios.

Típico de comunidades, como la familia, es que cada cual reciba según sus necesidades y contribuya según sus capacidades. La solidaridad y el cuidado de cada persona son los valores éticos fundamentales de las comunidades. Por eso resultan imprescindibles para atender a quienes no pueden contribuir gran cosa a la producción: los niños, los enfermos, los ancianos...

Por su parte, el Estado funciona con una lógica jerárquica que le permite imponer una cierta distribución de cargas y beneficios entre los ciudadanos. Esa distribución debe procurar el bien común, que incluye valores como la paz, la justicia, el respeto mutuo y otros propios de la convivencia en sociedad. Además, el Estado moderno se propone realizar la igualdad de las personas, tanto a través de un Derecho en que las reglas son iguales para todos, como a través de redistribuciones de riqueza que garanticen a todos unos mínimos precisos para su integración social con dignidad.

Finalmente, los mercados están constituidos por relaciones voluntarias en que se realizan valores como la libertad y la diversidad de los proyectos humanos. Tratándose de relaciones voluntarias, ambas partes deben ganar en cada transacción porque si no no entrarían en ella, así que son también propios del mercado valores como la creación social de riqueza y el hacerse bien mutuamente. Las empresas están organizadas internamente de manera jerárquica, pero recurren al mercado para contratar a sus trabajadores, adquirir los demás factores de producción, obtener créditos, y finalmente colocar sus productos.

Desde hace unas décadas, las relaciones de mercado han ganado importancia en la vida económica de las personas, mientras las relaciones comunitarias y las que ocurren a través del Estado han venido perdiendo peso lentamente. A ello corresponde el aumento del poder social de la empresa que notábamos en la introducción del capítulo 1. Por eso es oportuno que profundicemos un poco más en la dimensión ética del mercado.

2.2. Reflexión ética sobre el mercado

Trataremos aquí una cuestión crucial en toda la economía: los mecanismos que conducen los procesos de producción y de distribución. Hasta ahora hemos hablado de criterios o principios éticos; pero ahora utilizamos el término mecanismos. Evidentemente no es lo mismo una cosa que la otra: los criterios tienen una componente reflexiva y personal, mientras que por mecanismos entendemos más bien algo que funciona con cierto automatismo, independientemente de las voluntades humanas. ¿Son compatibles unos y otros? Es lo que pretendemos mostrar analizando el mercado como mecanismo de los procesos económicos de producción y distribución en nuestras sociedades.

En la teoría económica se habla de dos modelos distintos para estos procesos. Si dejamos que sea cada ciudadano (en cuanto agente económico) quien decida libremente lo que va a comprar o quiere producir y vender, entonces la producción y distribución social de la riqueza será la resultante de muchas decisiones individuales que tienden a ajustarse por tanteo: estamos ante el modelo de mercado. Pero si encomendamos esa compleja tarea a una instancia capaz de determinar qué producir y cómo distribuir atendiendo a las necesidades de todos y procurando conjugar sus intereses con cierta equidad, estamos ante el modelo de planificación central.

De hecho, sin embargo, esos modelos así descritos solo se hallan en los libros. Lo que encontramos en la realidad son sistemas mixtos, en los que se llega a un cierto equilibrio entre la libertad del mercado y la intervención de una autoridad que pone límites y canaliza de algún modo esa libertad.

Hoy concretamente ya no se discuten esos dos modelos como opciones alternativas. Ello se debe no solo al fracaso del colectivismo, simbolizado en la caída del muro de Berlín (1989), sino también a la crisis del Estado social, que constituía un modelo de capitalismo más suavizado con una fuerte intervención económica de los poderes públicos (que llegaron a gestionar hasta el 60% del producto nacional en los países escandinavos). Esta crisis ha sido atribuida por muchos a una excesiva presencia y protagonismo del Estado en la economía.

Por eso es frecuente encontrar hoy a muchos que abogan por la recuperación del espacio económico para el mercado y la libre iniciativa económica, restringiendo correlativamente el papel del Estado. En el extremo, hay quienes proponen una vuelta al mercado puro, al que consideran el sistema más adecuado para una asignación eficiente de los recursos. En realidad, se trata de un vaivén de la opinión pública: conforme el Estado muestra sus limitaciones de eficiencia, como ocurrió en los años 80, se pide más mercado; conforme nos topamos con fallos catastróficos del mercado, como ha sido el caso en la crisis de 2007 en adelante, vuelve el reclamo de más regulación e intervención estatal.

Puesto que estamos analizando el contexto en que se desenvuelve la actividad empresarial, es insoslayable dedicar algunas reflexiones al mercado, a sus posibilidades y a sus limitaciones.

El eje de nuestra argumentación habrá de ser el análisis y discusión de esa función que se encomienda al mercado de asignar eficazmente los recursos para ver si la realiza satisfactoriamente. Procederemos en tres pasos.

a. La asignación de recursos en el modelo de mercado

En efecto, supuesto que en la sociedad hay no solo necesidades y recursos, sino más necesidades que recursos para satisfacerlas, es conveniente disponer de un instrumento que asigne a la satisfacción de cada necesidad la menor cantidad de recursos posibles (o que, con una cantidad determinada de recursos, satisfaga el mayor número posible de necesidades). Eso lo hace el mercado adecuadamente: primero, porque deja la iniciativa a los particulares; segundo, porque estos deciden cómo emplear sus recursos, no solo en abstracto, sino teniendo en cuenta el coste de esa satisfacción a través de los precios que han que pagar. Frente a los consumidores, también los productores pueden organizar su actividad con libertad, aunque ateniéndose a las necesidades manifestadas por quienes compran los productos. En el mercado hay libertad para todos, hay libre iniciativa; por otra parte, el mercado suministra al que actúa en él lo que todo ser humano necesita para ejercitar su libertad: información. Esta información se transmite gracias a los precios, que indican continuamente a cada agente económico (productor o consumidor) el coste eventual de cualquier necesidad. Ahora bien, como ocurre siempre con la libertad en un mundo humano, su ejercicio está limitado por las libertades de los demás. En todo caso, se dice, el mercado es el sistema de organización económica que admite unas mayores cotas de libertad efectiva; garantiza, además, una suficiente eficiencia.

En síntesis, podemos decir que el mercado permite un conjunto de intercambios de bienes y servicios que se hacen en público, es decir con conocimiento de otros, y de forma repetida y en condiciones semejantes a otros intercambios de los mismos objetos. Lo esencial del mercado es el intercambio de información y el acuerdo en principio libre de voluntades que va configurando las dimensiones, la dirección y el ritmo del acontecer económico.

Pero para que todo esto suceda con regularidad es preciso que el mercado cumpla algunas condiciones. Podemos sintetizarlas en cinco:

1º) *Todos los compradores y todos los vendedores están puntualmente informados* de la naturaleza y calidad de los bienes, de sus precios y condiciones de venta vigentes en cualquier lugar donde esos bienes se ofertan. Es decir, la información debe ser completa y simétrica. Más aún, todos están en condiciones de acudir sin costes a aquel lugar en que las condiciones les sean más favorables. La transparencia del mercado es, por consiguiente, total.

2º) *El producto en cuestión es perfectamente homogéneo* en todas las partes donde se vende, y no existe en el mercado otro producto semejante que pueda servir de sustituto. Solo entonces el único determinante de la decisión del consumidor es el precio, y no otras circunstancias, tales como la marca, la calidad...

3º) *Tanto los compradores como los vendedores son tan numerosos que la decisión de cada uno de ellos no repercute significativamente* sobre los resultados colectivos del mercado: ninguno, aisladamente, puede imponer a los demás su voluntad sobre el precio u otras condiciones del intercambio

4º) *Todos los compradores y vendedores pueden entrar en el mercado o salir de él de forma libre e inmediata,* sin costes asociados a la sola entrada o salida.

5º) *Todos los costes de producir el bien son asumidos por su productor, y todos los beneficios de utilizar el bien son pagados por sus usuarios,* de manera que no hay externalidades ni positivas (se reciben beneficios por los que no se paga) ni negativas (se descargan costes sobre terceros, sin compensación).

Cuando todo esto se cumple estamos ante un mercado de competencia perfecta, donde la asignación de recursos se realiza con libertad y eficiencia. Pero, ¿se cumplen realmente estas condiciones en la mayoría de los casos?

b. Del mercado ideal a los mercados reales

En la medida en que todo lo que precede es verdad, no hay ninguna dificultad para la aceptación ética del mercado en cuanto institución económica. Evidentemente estamos aquí en el terreno de la ética social, que tiene por objeto la valoración de las estructuras e instituciones sociales. Nadie duda de que se puede actuar éticamente (desde el punto de vista personal) en un mercado no transparente ni competitivo. Pero esa no es la cuestión aquí: ahora nos interesa si la sociedad debe asumir el mercado como una institución adecuada para canalizar la actividad económica, si debe admitirlo sin más o conviene que le ponga ciertas restricciones.

Si todos los mercados funcionaran de acuerdo con el modelo descrito, tendríamos la garantía de que los recursos económicos se asignan eficientemente para satisfacer las necesidades de la sociedad. Desgraciadamente, sin embargo, la mayoría de los mercados reales no se ajustan a las estrictas condiciones que se han enunciado. El mercado de competencia perfecta constituye un modelo ideal. Su aceptación ética en cuanto institución no plantea problemas, pero de ahí no se puede deducir la aceptación de todos los mercados reales, los cuales no se atienen a las condiciones del mercado ideal. El juicio ético de cada mercado real dependerá del grado en que se acerque al paradigma ideal descrito.

Es fácil comprender que la primera condición es inviable en la práctica, aunque cabe aproximarse a su cumplimiento con medidas de diferentes tipos, sobre todo para garantizar la máxima transparencia. La segunda condición es rara: más frecuente resulta encontrar productos diferenciados y sustituibles entre sí, que, cuando son ofrecidos por un número suficiente de empresas competidoras, dan lugar a los llamados mercados de competencia monopolística. En ellos se paga la variedad con precios algo más elevados que si el producto fuera homogéneo.

Respecto a la tercera y la cuarta condiciones expuestas, cuando no se dan estamos en el caso del llamado monopolio (existe un solo productor, que puede fijar los precios y decidir las cantidades que maximizan su beneficio independientemente del máximo bienestar de los consumidores) o, más frecuentemente, del oligopolio (existen unos pocos productores que actúan de acuerdo, porque así todos se benefician más que compitiendo abiertamente). Estas fórmulas restrictivas de la competencia son casi siempre perjudiciales para el consumidor, porque subordinan sus necesidades a los intereses de los productores, quienes detentan poder para imponer sus condiciones en el mercado.

Por último, en muchos mercados son frecuentes las externalidades, que en el caso de las negativas reducen el coste del producto (porque parte de ese coste se descarga en otros o en el medio ambiente, sin pagar por ello) y en el caso de las externalidades positivas lo aumentan (porque algunos o muchos beneficiarios del producto no lo pagan). Cuando el coste del producto se reduce por las externalidades negativas, tiende a producirse y consumirse de él más que el óptimo social; cuando el coste aumenta por externalidades positivas, tiende a producirse y consumirse menos que el óptimo social. En ambos casos, el mercado arroja un resultado subóptimo en términos de eficiencia económica. Sobre esto nos detendremos en detalle un poco más adelante.

Frente a las formas imperfectas de competencia, la competencia perfecta sirve de modelo de referencia al que se pretende aproximar los mercados: eso justifica el que los poderes públicos intenten erradicar las prácticas anticompetitivas. La competencia perfecta no es un hecho sobre el que se pueda asentar sin más la aceptación ética del mercado, sino un horizonte y una tarea: un horizonte, porque constituye un ideal desde el que enjuiciar todo mercado real; una tarea, porque implica la exigencia de acercar cuanto sea posible la realidad al ideal.

La principal consecuencia de esta distancia entre el ideal y la realidad es que la libertad no queda igualmente garantizada para todos. Si la libertad supone acceso a la información y capacidad para elegir con las menores restricciones posibles, ella no se da del mismo modo para todos en los mercados reales. Por eso se dice, con toda razón, que el mercado es más eficiente para la producción que para la distribución de la renta producida. En la medida en que no se da verdadera igualdad entre quienes participan en él, el mercado beneficia a quien goza de una libertad efectiva mayor.

Los ejemplos que se pueden aducir son numerosos. Bastará con un par de ellos:

a. En el mercado laboral el exceso de oferta sobre la demanda de mano de obra en estas últimas décadas está presionando a la baja los salarios y otras condiciones laborales. El trabajador siempre será libre para firmar o rechazar un contrato de trabajo, pero le forzarán motivos económicos o psicológicos que hacen ineludible para él encontrar empleo. El que contrata sabe que, ante una oferta tan abundante, siempre habrá alguien dispuesto a admitir condiciones más bajas. Y si no lo hay en el país, queda a menudo la posibilidad de mover la operación productiva a otro lugar. La libertad del empleador es superior a la del trabajador, y esta diferencia redunda en un deterioro de las condiciones de trabajo. La experiencia reciente confirma con hechos la lógica de este razonamiento. Tal situación motiva a los trabajadores para asociarse en sindicatos con los que adquirir poder en el mercado laboral, limitar la libertad de los empleadores y obtener mejores términos de contratación.

b. En los mercados internacionales de materias primas y productos agropecuarios, los países industrializados y las grandes empresas radicadas en ellos tienen ventajas frente a los países más pobres. La dependencia que se da en estos últimos por la escasa diversificación de sus economías, por sus insuficiencias tecnológicas, y/o por el carácter estacional de sus exportaciones, restringe considerablemente sus márgenes de libertad y de negociación. También la historia de las relaciones Norte-Sur y el deterioro de los niveles de renta en los países más atrasados respecto a los más ricos, confirman que la renta mundial se distribuye perjudicando a los que gozan de menos libertad en el mercado. Ello ha movido a algunos países productores de materias primas a asociarse en carteles (el más importante de los cuales es el del petróleo, la OPEP) para, de nuevo, adquirir poder de mercado, limitar la libertad de sus compradores y obtener mejores términos de transacción.

Tanto los sindicatos como los carteles de las materias primas muestran que, donde no se dan las condiciones de la competencia perfecta, restringir todavía más la competencia puede ayudar en ocasiones a la equidad del mercado. Debe pues concluirse que a menudo es preciso introducir elementos correctores de la dinámica de los mercados reales, para paliar los efectos negativos y discriminatorios que se siguen de su funcionamiento espontáneo.

Aquí se inserta la discusión sobre la intervención del Estado en la marcha del mercado. El mercado no se puede eliminar porque genera información que es insustituible. Pero las autoridades públicas podrán regularlo para garantizar las funciones que el mercado en principio puede desempeñar bien; y tendrá que intervenir, sobre todo, para contrarrestar los perjuicios que se siguen de la propia dinámica del mercado, especialmente en materia de la distribución de la renta producida.

Este convencimiento ha conducido, sin embargo, a conclusiones indebidas: concretamente, a hacer una contraposición simplista entre mercado y poder público, que conlleva una cierta idealización de este último. Hoy, a raíz de la crisis del Estado social, estamos de vuelta de esas simplificaciones. La experiencia demuestra que el Estado no siempre cumple sus funciones regulatorias del mercado garantizando los derechos de todos y tutelando los intereses de los más débiles. Detallar esto nos llevaría a analizar la función de la actividad política, que explica el funcionamiento del Estado y los mecanismos de control que la sociedad establece sobre este[1]. Economía y política no son dos ámbitos ajenos entre sí en el funcionamiento de la sociedad, por más que mucha gente (y concretamente en el mundo económico y empresarial) parezca pensarlo así.

c. Las limitaciones del mercado ideal

Con lo dicho no se agotan las limitaciones del mercado. Hasta ahora hemos analizado limitaciones que afectan a los mercados reales. Ahora bien, hay casos en que ni siquiera el mercado ideal cumple convenientemente su función de asignación eficaz de los recursos. Dos son los aspectos más significativos: la demanda solvente y los bienes públicos.

Para que el productor responda a una necesidad es imprescindible que esta vaya acompañada de capacidad adquisitiva, de poder de compra. En consecuencia, lo que funciona en el mercado no es la necesidad sin más, sino la demanda solvente (necesidad acompañada de capacidad de pago). El mercado no sabe nada de la urgencia de una necesidad ni de su importancia; reacciona solo ante el consumidor dispuesto a pagar. Esto es evidente; pero con ello eliminamos del juego de mercado a quienes no tienen recursos para adquirir los bienes y servicios que de hecho necesitan.

Históricamente, la beneficencia de raíz comunitaria ha venido a llenar este vacío del mercado. La beneficencia consiste precisamente en salir al encuentro de las necesidades de quien carece de recursos para afrontarlas por sí mismo. La beneficencia se practica, por tanto, sin recibir nada a cambio: es decir, rompiendo la lógica del mercado. Y la practican no solo los par-

---

1. Para un tratamiento más extenso de este tema, véase en esta misma colección: Hortal, A. y Etxeberría, X. (2011), *Profesionales y vida pública*.

ticulares o las instituciones religiosas o humanitarias; también el Estado ha asumido estas tareas subsidiarias a través de subvenciones, transferencias, etc. ¿No se encierra ahí el reconocimiento implícito de que la satisfacción de las necesidades humanas no se puede dejar totalmente al mercado? La lógica del mercado debe ser complementada desde la sociedad con la solidaridad y la capacidad de compartir, y/o desde el Estado mediante instituciones que garanticen los bienes básicos a las personas excluidas de una participación suficiente en los mercados.

Hay un segundo caso en que el mercado –aun aceptando que, en principio, asigne bien los recursos– no responde óptimamente a la demanda de los consumidores. Y la razón es parecida: que el productor no se mueve por demandas que no van acompañadas de capacidad de pago. Pues bien, hay bienes que, aunque necesarios, no encuentran quienes esté dispuestos a producirlos porque no son apropiables en exclusiva. Son los llamados bienes públicos. El productor espera vender el producto, para lo cual es preciso que pueda excluir de su uso o posesión a quien no pague por él. Esto es lo que ocurre con la inmensa mayoría de los bienes y servicios económicos, pero no con todos. Si puede accederse al bien sin pagar, entonces el productor no encuentra incentivo económico para producirlo. Por ejemplo, cuando los habitantes de una gran ciudad se quejan de la contaminación producida por la aglomeración de viviendas, los humos de la calefacción, la combustión de los vehículos, etc., están indirectamente denunciando una de las mayores limitaciones del mercado. El aire que respiramos no es un bien privatizable, nadie puede comprar una cantidad para consumirlo en forma exclusiva; por eso, nadie está tampoco dispuesto a producirlo o, lo que es igual, a garantizar la pureza del medio ambiente.

¿Cómo suplir entonces esta otra deficiencia del mercado? Aquí habría que empezar hablando de concienciación social, de unos valores asumidos por todos que nos hicieran respetar más el medio ambiente. Ahora bien, en el contexto de la producción industrial, el ser más o menos respetuosos con el medio ambiente se traduce en menores o mayores costes de producción: no tratar convenientemente ciertos residuos de la producción significa abaratar costes y adquirir una posición competitiva más ventajosa. Por eso, no siempre bastará un esfuerzo de toma de conciencia por parte de los productores y consumidores: será preciso además que la sociedad se organice para prevenir conductas indeseables de los menos éticos en este campo. Y ello solo puede hacerse a través de alguna forma de poder público –por lo general el Estado, a veces directamente la misma comunidad organizada– dictando reglamentaciones que preserven el medio ambiente e imponiendo sanciones a los infractores.

Este último supuesto de los bienes públicos no es sino un caso particular de una situación más amplia: el mercado no asigna bien cuando hay divergencia entre costes y beneficios privados (que son los que intervienen en el mercado), por una parte, y costes y beneficios sociales, por otra parte. Se trata de la cuestión de las externalidades, que habíamos mencionado arriba.

Veamos un par de ejemplos más: en el comercio de drogas, el beneficio privado es mayor que el beneficio social (nulo o negativo); en la educación y en la formación el beneficio privado es menor que el beneficio total (todos nos beneficiamos de una sociedad con personas mejor formadas); en el caso de instalaciones con riesgo de accidente nuclear, el coste social es mayor que el coste privado, como vimos en el accidente de Fukushima, en Japón. En tales situaciones se impone introducir elementos correctores para que el consumidor y el productor se acerquen más a lo que se esperaría de ellos si incluyeran en su cálculo los beneficios y los costes sociales de su conducta.

Otro reciente ejemplo catastrófico de divergencia entre costes y beneficios privados y públicos lo encontramos en el sistema financiero. Tras la globalización de las finanzas, los mercados financieros funcionan, en principio, en condiciones no muy lejanas de las ideales. Hay numerosos oferentes y demandantes, la publicidad y condiciones de sus productos son accesibles a coste muy bajo por internet o en las redes informáticas de los mismos mercados, y las transacciones se realizan con gran libertad y a unos costes relativamente bajos para entablarlas. Sin embargo, las grandes instituciones financieras plantean lo que se llama un 'riesgo sistémico'. Si una de ellas cae, como se hizo patente en el caso de Lehman Brothers en 2008, puede arrastrar a otras y colapsar el crédito, que es vital para el buen funcionamiento de toda la economía. Ese riesgo sistémico fuerza a los Estados a emplear grandes cantidades de dinero público, extraído finalmente de los contribuyentes a través de impuestos, en rescatar a estas instituciones cuando están a punto de quebrar o ya han quebrado. Los beneficios privados obtenidos en ejercicios anteriores por los accionistas y ejecutivos de bancos y aseguradoras, permanecen en sus manos. Las pérdidas derivadas de sus imprudencias y errores en la asunción de riesgos, se socializan en su mayor parte. Esta posibilidad de retener los beneficios y transferir al Estado las pérdidas motiva a las instituciones financieras a tomar riesgos por encima del óptimo, lo que se llama 'riesgo moral' (*moral hazard*) convirtiendo la economía financiera en un mecanismo peligroso para toda la sociedad, en vez del mercado altamente eficiente en la gestión del crédito y los riesgos asociados que debería ser.

2.3. Conclusión: Desarrollar y complementar el mercado

El texto anterior ha debido mostrar que el mercado posee importantes virtudes como mecanismo de cooperación humana. En la medida en que se acerca a las condiciones de competencia perfecta, puede esperarse de él eficiencia en la gestión de la mayor parte, pero no todos, los bienes y servicios. Sobre una base de razonable igualdad social, el mercado puede constituir el lugar de ejercicio de una libertad real que alimente la diversidad de proyectos personales de una manera que ningún planificador central podría conseguir. La competencia del mercado favorece además la creatividad y la innovación que, si no se pervierten creando objetos nocivos o de poca utilidad y generando luego la necesidad psicológica de ellos, pueden enriquecer los medios materiales disponibles para llevar adelante los proyectos humanos, y hacerlos más accesibles a un mayor número de personas. Todo ello tiene un valor ético innegable.

Sin embargo, el mercado presenta también considerables limitaciones y riesgos que hacen necesario complementarlo y controlarlo con otras formas de cooperación humana. Parte de esa problemática aparece conforme los mercados se separan de las condiciones de competencia perfecta, haciéndose más opacos, menos libres y abiertos, más asimétricos en información y en poder. Otra parte deriva de las características de determinados bienes y servicios, que vuelven ineficiente y a menudo también injusta su gestión incluso por mercados competitivos. Por último, los mercados por sí solos no son capaces de dar una buena respuesta al problema de la desigualdad que, cuando es muy grande, convierte en ficticia la libertad económica generando expulsión de los mercados y marginalidad social.

Para desarrollar las virtudes de los mercados y controlar sus limitaciones y problemas desde el punto de vista del bien común, es precisa la intervención de otras instancias de cooperación social. Típicamente, esta función ha corrido a cargo del Estado, que posee los recursos políticos para imponer condiciones a la operación de los agentes en el mercado. En las últimas décadas se advierte también una creciente participación de organizaciones y movimientos de la sociedad civil, tales como asociaciones de consumidores y usuarios, ONG, corrientes de opinión pública, tendencias en las redes sociales... Estos movimientos carecen del poder coactivo del Estado, pero poseen un nuevo poder derivado de la soberanía del consumidor: pueden afectar para bien o para mal la reputación de muchos agentes de mercado, y por tanto favorecer u obstaculizar su construcción de marca.

La participación social en el control del mercado resulta muy necesaria porque, como indicamos en el capítulo anterior, la globalización económica ha modificado el balance de poder entre los Estados y los mercados a favor de estos últimos, particularmente de los grandes agentes de mercado como las compañías transnacionales de las finanzas, la producción y la comercialización. Esta debilitación relativa del Estado se ha visto agudizada en Europa por la crisis económico-financiera de 2007, que fue generada en los mercados pero viene disminuyendo severamente la capacidad de los Estados para poner condiciones a las empresas y para asegurar los servicios públicos universales y gratuitos, fundamentales para mantener unos mínimos de igualdad social.

Finalmente, conforme los mercados en crisis excluyen a más personas a las que un Estado en crisis tampoco es capaz de integrar socialmente, resalta con más claridad la importancia de las comunidades, en particular la familia. Quienes por su edad, por su situación física o psicológica o por el desempleo persistente, no pueden obtener medios para una vida digna del mercado ni del Estado, encuentran en la solidaridad familiar el último agarradero para seguir adelante. Cuando este falta, nos encontramos con la marginalidad extrema de los sin-techo que vagan por nuestras calles.

No solo los Estados vienen siendo afectados por el poder creciente de los mercados globalizados. Ello ocurre también con la familia, nuestra última red de salvamento para la integración social. El excesivo número de horas de trabajo necesarias para obtener un ingreso digno, los altos costes de la vivienda, la falta de apoyo para la crianza de los niños, las presiones de la sociedad de consumo y el endeudamiento... todos ellos generados en el mercado, están provocando que las familias hasta de clase media se limiten a uno o dos hijos, preparando un gigantesco problema de viabilidad demográfica para la sociedad europea del futuro próximo. Los mismos factores contribuyen a la inestabilidad afectiva incluso de estas pequeñas familias, donde los divorcios se multiplican, disminuyendo su capacidad futura para constituirse en apoyo para sus miembros.

Para que el mercado pueda ser desarrollado y complementado de manera que en verdad realice sus grandes potencialidades humanizadoras, es preciso que otras instancias de cooperación social, las destinadas a facilitar ese desarrollo y complementación, como el Estado, la sociedad civil y la familia, se mantengan también vigorosas. El mercado no debe, ni a largo plazo puede, expandirse con buenos resultados sociales a costa de destruir las demás formas de cooperación. Como agentes muy principales en los mercados, corresponde a las empresas la responsabilidad de actuar de manera que ello no ocurra.

Para pensar y discutir

1. ¿Eres capaz de identificar algunos mercados de bienes de consumo que se acerquen al modelo de competencia perfecta? Describe en qué sentido y hasta qué punto cumplen las cinco condiciones enunciadas en el texto.
2. Por el contrario, ¿eres capaz de identificar algunos mercados de bienes de consumo muy alejados del modelo de competencia perfecta? De nuevo, describe cómo se alejan de las condiciones de la competencia perfecta. ¿Están esos mercados regulados o intervenidos de alguna forma por el Estado? ¿Cómo?
3. ¿Qué enseñanzas crees que pueden extraerse de la crisis económico-financiera que comenzó en 2007, respecto al balance adecuado entre libertad de mercado y regulación estatal en nuestras sociedades?
4. ¿Qué instrumentos concretos piensas que deberían utilizar el Estado y la sociedad civil para ayudar a los mercados a producir libertad y eficiencia reales, y para evitar los daños sociales que los mercados, dejados a sí mismos, pueden producir?

Capítulo 3
La responsabilidad social de la empresa

3.1. Introducción

En el capítulo 1 se mostró con claridad que la ética no es algo superpuesto a la vida, sino una dimensión suya que aparece en todas las manifestaciones de lo humano y por lo tanto, también en la empresa. Como unidad de producción de valor, la empresa se encuentra orientada hacia el exterior, y puede plantearse entonces la cuestión de qué funciones debe desempeñar en la sociedad y ante quién es responsable.

En el capítulo 2, la empresa era vista como una pieza de un sistema económico más amplio, que en el mundo contemporáneo resulta ser la economía de mercado: ella determina el marco de actuación de las empresas aunque a su vez está, en parte, configurada por las mismas empresas.

En este tercer capítulo nos proponemos adentrarnos en la realidad de la empresa como organización. Esta perspectiva va a mostrar algunos aspectos decisivos de la dimensión ética de la empresa y de la responsabilidad social que debe asumir.

3.2. La empresa como organización

La finalidad económica de la empresa no debe ocultar su fundamento: la empresa es ante todo una organización: un sistema social que combina recursos humanos y materiales para el logro de una finalidad, mediante una adecuada división y coordinación del trabajo. Una empresa es una organización con finalidad económica, en el doble sentido de que debe proporcionar bienes y servicios a la sociedad, y debe hacerlo siendo "rentable", es decir manteniendo una buena salud económica que le permita captar recursos sociales y responder a sus compromisos.

Hablar de organización es hablar de las relaciones que permiten a un grupo de personas trabajar conjuntamente para conseguir determinados fines. Se trata por tanto de personas persiguiendo finalidades que, en cuanto humanas, deberían ser libremente asumidas, y de la responsabilidad de conseguirlas. Para ello es preciso actuar racionalmente poniendo los medios adecuados a los fines previstos, pero asumiendo que no todos los fines justifican cualquier clase de medios. Emerge así cierta libertad de elección en la determinación de fines y medios. En todo esto la ética tiene mucho que ver. Vamos a analizarlo despacio.

Los miembros de la organización empresarial interactúan en el interior de la empresa para ofrecer bienes y servicios a otras personas. Por tanto, la dignidad y los derechos de las personas se han de tener siempre en cuenta cuando se piensa en organizaciones. El concepto de dignidad es muy importante en este contexto. Hay una célebre formulación de Kant (1785 [1995]) que lo explicita con vigor: "En el reino de los fines todo tiene un precio o una dignidad. Aquello que tiene precio puede ser sustituido por algo equivalente; en cambio, lo que se halla por encima de todo precio y por tanto no admite nada equivalente, eso tiene dignidad". La dignidad es la base de los Derechos Humanos reconocidos en la Declaración Universal de 1948.

Pero además, ese conjunto de personas forman algo más que un agregado: la organización constituye un nuevo "sujeto", aunque en un sentido peculiar, con cierta libertad para fijar sus fines propios específicos. El "determinismo del mercado" es falso: empresas semejantes, en un mismo entorno, formulan líneas estratégicas que definen finalidades distintas, con consecuencias diferentes para las personas implicadas.

Así como hay cierta libertad para escoger los fines, tampoco los medios están predeterminados: las políticas concretas en que se desarrollan las grandes estrategias, pueden variar asimismo de una empresa a otra. Por ello, no hay una "ciencia del management" que fije los fines de las empresas y determine una única manera de conseguirlos (y que por lo tanto elimine la ética): ni la ciencia, ni la ley, ni el mercado dictan una vía única a la empresa, aunque sí le impongan fuertes condicionamientos, de modo análogo a como las personas deben asumir sus condiciones concretas de existencia al tomar decisiones que son propias y libres. Por ello, la empresa como tal, contradistinguida de las personas individuales que la forman, debe asumir la responsabilidad de sus actos y de las consecuencias de esos actos respecto a los distintos *stakeholders*.

En resumen, la empresa debe entenderse como una organización y esta es algo más que agregado de individuos: se trata de un "sujeto" con capacidad de decisión propia, aunque, eso sí, de una manera diferente a la persona individual. Por esto vamos a considerar los elementos que constituyen a la organización en sujeto ético, lo cual nos permitirá comprender que la ética afecta a todas dimensiones de la vida de la empresa. En primer lugar, reflexionaremos sobre las preferencias y los valores que actúan habitualmente en las organizaciones, es decir, sobre su cultura. La cultura identifica a las organizaciones y deja su impronta en la manera como se relacionan con sus *stakeholders*. La cultura define también el ámbito de realización humana de las personas que trabajan en la organización. En segundo lugar reflexionaremos sobre el poder de las organizaciones y la responsabilidad que implica. Y en el capítulo siguiente nos ocuparemos de los instrumentos con que las organizaciones pueden influir conscientemente sobre sí mismas para fijar tanto sus responsabilidades como los valores y el talante que quieren adquirir.

Pero antes de antes de analizar estas perspectivas de la empresa, deberemos recorrer los rasgos más característicos de las organizaciones económicas actuales, sometidas al impacto de las nuevas tecnologías y de la globalización económica.

3.3. El impacto de la globalización económica y de la sociedad del conocimiento

A partir de la crisis de los años ochenta (Castells 1997), las empresas han reaccionado buscando reducir costes de producción, aumentar la productividad, rentabilizar sus activos financieros y, sobre todo, ampliar mercados. En el intento de reducir costes, principalmente de personal, y aumentar la productividad, las empresas vienen introduciendo y renovando rápidamente nuevas tecnologías de la información y la comunicación, tanto en sus procesos internos como en su relación con el exterior. La reducción de costes y el aumento de productividad consiguiente las hace más competitivas, pero para rentabilizar estos procesos necesitan ampliar mercados. Por ello las grandes empresas se han convertido en adalides de los procesos de globalización de la economía: liberalización selectiva de mercados, disminución de las regulaciones nacionales que identifican espacios económicos relativamente cerrados (los países), y privatización de muchas actividades anteriormente llevadas a cabo por los Estados. Esta oleada globalizadora ha ocurrido así bajo dentro de un paradigma ideológico liberal.

Tales fenómenos macroeconómicos han tenido una gran repercusión en las empresas, precisamente en sus aspectos organizativos. Si por un lado las grandes corporaciones han empujado los procesos de globalización, por otra parte todas las empresas han tenido que adaptarse a ellos una vez puestos en marcha.

Desde una perspectiva organizativa, las empresas globales han tenido que compaginar una gran descentralización con una nueva manera de coordinarse con eficacia. Solo la descentralización permite la adaptación rápida a nuevas culturas, nuevas posibilidades de organizar la producción y nuevos mercados. Pero solo con una gran coordinación pueden las empresas competir globalmente con otras empresas también globales, en vez de disgregarse en unidades con políticas e intereses incongruentes entre sí. Las nuevas tecnologías de la información y la comunicación han jugado un papel decisivo en esta nueva manera de organización empresarial.

Se ha dicho que estamos construyendo una nueva sociedad que recibe nombres distintos, según dónde se ponga el acento: sociedad de la información, sociedad del conocimiento, sociedad de la innovación, sociedad del aprendizaje. En todas estas denominaciones se subraya el papel de la información, el conocimiento y la innovación en la nueva sociedad. En efecto, el conocimiento y la innovación generados a partir de la información constituyen el factor decisivo de crecimiento económico y también de cambio social y cultural. Las empresas compiten en innovación de procesos y de productos; compiten también buscando nuevas formas de organización más adecuadas al nuevo entorno. Esta innovación continua (propia y de los competidores) presiona a las empresas hacia una creciente flexibilidad. Deben adaptarse a un entorno geográficamente global y culturalmente plural, debido a la internacionalización de los mercados; pero también deben adaptase a un entorno continuamente cambiante de productos, procesos y formas organizativas, para responder a los desafíos de una competencia que surge en cualquier parte del mundo.

¿Qué tipo de persona y qué tipo empresa es adecuada para responder a estos nuevos desafíos? ¿Cómo responder a la presión competitiva global y a la continua innovación? ¿Cómo desarrollar las nuevas cualidades personales y organizativas que este tipo de entorno necesita, y cómo hacerlo de manera que no perjudique la calidad humana de las personas ni destruya el sentido social de las empresas? Estas preguntas, nada banales, son las que debe enfrentar una ética empresarial hoy.

En la nueva situación, las organizaciones prestan más y más atención a la gestión del conocimiento y de su capital intelectual, y para ello adoptan nuevos estilos de organización. En un mundo de conocimientos ultraespecializados, el trabajo en equipo es indispensable. Este trabajo en equipo se basa en la comunicación de saberes en orden a lograr una creatividad que permita una innovación y una flexibilidad continuamente ejercitadas.

Ello implica que las empresas piden continuamente a sus empleados que den "lo mejor de sí mismos". El trabajador rutinario puede ser sustituido por máquinas que automatizan la producción. Incluso admitiendo que los trabajadores rutinarios no son sustituibles totalmente como grupo (al menos en determinadas ramas de la producción), sí son sustituibles como trabajadores individuales (ya que todavía existe mucho paro en el mundo, principalmente de trabajadores poco cualificados). Por ello, el elemento decisivo son los empleados de alta cualificación, quienes realmente producen valor económico para la empresa con su capacidad de resolver problemas y de innovar productos y procesos.

La empresa se encuentra con el desafío de motivar adecuadamente a estos trabajadores de alta cualificación para que aporten sus capacidades de trabajo en equipo, de resolución de problemas, de innovación continuada. Más aún, la empresa debe pensar en cómo contratarlos, cómo retenerlos y motivarlos en el día a día, y cómo organizar su carrera profesional. En definitiva, en las nuevas condiciones de la globalización y de la sociedad del conocimiento, la empresa necesita de un compromiso mucho más profundo de sus empleados más cualificados, que por otra parte tienen continuas posibilidades de cambiar de organización.

Vemos, por tanto, que la implantación de nuevas tecnologías y los procesos de globalización empujan a las empresas a establecer nuevas relaciones con sus empleados: deben 're-organizarse'. Por ello, la literatura empresarial actual está llena de afirmaciones rotundas en el sentido de que "las personas son el activo fundamental de las empresas". Ello podría tener efectos positivos desde el punto de vista de la ética ya que las organizaciones se verían llevadas, aunque fuera por puro cálculo económico, a tratar a sus empleados como personas, respetando su dignidad y teniendo en cuenta su legítimo deseo de realización en el trabajo.

Sin embargo este panorama esperanzador tiene también su cara oscura. El discurso sobre la importancia de las personas se convierte con frecuencia en prácticas que las presionan tremendamente exigiendo de ellas una dedicación total a la empresa, resultados siempre óptimos y una capacidad continuamente renovada de competir. Por otra parte el discurso sobre la importancia de los empleados como "principal activo de la empresa" se convierte a menudo en pura retórica cuando se aplica solamente a los empleados que proporcionan un alto valor añadido a la empresa, mientras proliferan la temporalidad, los contratos basura, las jubilaciones anticipadas y otras formas de precariedad laboral para los empleados más fácilmente sustituibles.

Las organizaciones no solo se enfrentan a un entorno económico radicalmente nuevo. El entorno social y cultural también es muy distinto. La sociedad se ha vuelto consciente del gran poder de las empresas. Como hemos dicho arriba, no solo de su poder económico, sino también de su poder de 'constructoras de sociedad' en sus dimensiones social, cultural y medioambiental, y de la privilegiada influencia política que todo ello les da.

Por eso la sociedad, a través de movimientos sociales institucionalizados como las iglesias y las ONG, plantea nuevas demandas a las empresas. Les exige políticas de género acordes con el nuevo papel que las mujeres buscan legítimamente en la sociedad; políticas y prácticas coherentes con la nueva conciencia medioambiental; un nuevo respeto a las culturas en un mundo cada vez más consciente de su diversidad. Y les exige una participación leal en el juego democrático. La sociedad es consciente de que las empresas son las grandes creadoras de riqueza pero también lo es de que la distribución de renta no funciona bien en un mundo donde los informes del Banco Mundial (no sospechoso de radicalismos irresponsables) afirman la existencia de 1.289 millones de personas cuyo ingreso diario no llega a 1,25$ (año 2008). Por ello la sociedad exige a las empresas un compromiso serio con el desarrollo de todas las partes del mundo (incluida África, el "continente olvidado").

Las nuevas tecnologías, y especialmente internet, configuran un nuevo entorno social. Las nuevas posibilidades para la empresa, también lo son para la sociedad: gracias a internet, la sociedad se comunica, se informa y se organiza a una velocidad hasta ahora impensable. Por ello aparece un nuevo frente en la gestión de las empresas: la gestión de la reputación. Las empresas son conscientes de que su reputación es un activo importantísimo que puede quedar malparado como consecuencia de conductas irresponsables en el campo social, medioambiental, e incluso político.

Aunque lentamente, empiezan a aparecer signos de que las empresas asumen este nuevo entorno social y cultural. Síntomas de ello son los momentos en que aceptan el diálogo con la sociedad civil para ir más allá de lo que estrictamente hablando les exigen los Estados y las leyes.

Mirando con cierta perspectiva todo este panorama, nos damos cuenta de que nos hallamos ante un nuevo paradigma en la manera de entender las relaciones de la empresa con la sociedad. En una época en que las empresas no eran tan poderosas y bajo el impacto de la concepción de la empresa como agente del mercado, las empresas consideraban la sociedad como su entorno, aquello relevante que se encontraba a su alrededor. ¿Relevante para qué? Hasta ahora, los manuales de gestión daban por supuesto que el entorno era relevante para la supervivencia y el desarrollo de la empresa.

En la actualidad sucede un hecho paradójico: el enorme poder de las empresas hace que ya no puedan entenderse a sí mismas como un punto de un entorno social. Ese poder las ha convertido en protagonistas de la gran transformación social que vivimos hacia la sociedad de la información, el conocimiento y la innovación. Y precisamente porque son protagonistas, no pueden (o mejor, no deben) considerar la sociedad solo como su entorno: Deben verse como creadoras de nueva sociedad junto con otros protagonistas (sociedad civil, movimientos sociales, Estados, organismos internacionales). La magnitud y la importancia de la transformación que vivimos es tal que forzosamente el centro de las preocupaciones de todos los agentes de transformación social debería ser la sociedad en su conjunto, no cada uno de ellos individualmente tomado.

Este cambio de perspectiva ha modificado grandemente la concepción de la ética empresarial. En sus comienzos anglosajones, esta era entendida en términos de la vida interna de la empresa y de sus relaciones con sus interlocutores inmediatos. Ahora se abre paso, ciertamente en Europa y cada vez más también en Estados Unidos, la idea de que una ética de la empresa no está completa si no considera además el impacto de su actividad sobre la construcción social, sobre las tendencias fundamentales de la economía, la cultura y la política.

Desde esta perspectiva, la empresa se descubre como cotransformadora de la sociedad y por tanto como corresponsable de llevar a buen término esta transformación. Por ello, algunos autores empiezan a hablar de la empresa corresponsable de la sociedad como 'empresa ciudadana', empresa que asume sus deberes de ciudadanía respecto a la sociedad, que ciertamente van mucho más allá de conseguir los máximos beneficios.

En esta nueva situación, ¿qué empresa es adecuada para aprovechar las potencialidades humanizadoras de esta nueva sociedad? ¿Qué valores deben identificar a una empresa para que pueda responder a estos desafíos?

3.4. La cultura de las organizaciones

En su fundación, en su actividad cotidiana y en los momentos críticos en que se replantean su razón de ser, sus políticas y sus estrategias, las empresas hacen dos cosas: en primer lugar, obviamente, producen bienes y/o servicios. Pero en segundo lugar "se producen a sí mismas" (Lozano 1999).

Las transformaciones empresariales que la globalización pone en marcha muestran con nueva claridad que las empresas son proyectos organizativos que deben ser construidos conscientemente atendiendo no solo a sus aspectos técno-económicos sino también, y de manera especial, a su significado humano. Una empresa, en la sociedad del conocimiento, debe llegar a ser un proyecto compartido, un lugar de trabajo en equipo con el que uno puede identificarse.

Esto significa que las personas que trabajan en ella encuentran una cierta sintonía entre los valores personales y profesionales que para ellos son significativos e importantes, y los valores que funcionan realmente en la empresa. De esta sintonía con la identidad o la razón de ser de la empresa puede nacer y alimentarse el tipo de compromiso necesario en la cambiante sociedad del conocimiento. Obviamente tal sintonía en los valores deberían experimentarla no solo los trabajadores altamente cualificados, sino también los trabajadores con un bajo nivel de cualificación.

Tal afirmación puede resultar terriblemente ingenua para toda persona que haya analizado los conflictos estructurales de intereses que atraviesan la empresa en la economía de mercado. Al proponerla no queremos ignorar ni olvidar estos conflictos. Al contrario, pretendemos subrayar que la tarea de construir una organización alrededor de unos valores es difícil, pero no imposible si hay capacidad de negociación por parte de todos y, por parte de la dirección, una decidida voluntad de alcanzar consensos en los que todos hayan participado.

Al pensar en cómo construir este proyecto compartido hemos de analizar la 'cara subjetiva' de la empresa, la que permite, en cierto modo, equipararla a un sujeto humano. La reflexión sobre la cultura empresarial ilumina esa cara subjetiva y abre el camino para comprender una dimensión ética frecuentemente olvidada.

En efecto, toda ética se pregunta en qué consiste un buen comportamiento, en este caso, de las empresas. Sin embargo la ética no debe reflexionar solamente sobre lo que debemos hacer. La ética ha querido siempre ser un saber práctico que motiva y hace capaz de actuar adecuadamente. En este sentido se ha definido la ética personal como 'formación del carácter' entendiendo por carácter una "configuración estable de sentimientos y actitudes que orientan de manera habitual la conducta de las personas" (Cortina, 1994). Aquel que se forma un buen carácter se orienta espontáneamente hacia una manera correcta de actuar.

Si hacemos una transposición al campo de la empresa, nos damos cuenta que la cultura empresarial constituye, en cierta manera, su carácter. La cultura de una empresa es el conjunto de valores, intereses, juicios sobre la realidad y preferencias habituales que, siendo compartidas, definen la identidad real de la empresa y, correlativamente, definen el tipo de persona que puede identificarse con ella o que como mínimo se adaptará a ella con facilidad.

Hablar de valores en la empresa puede parecer abstracto e idealista: con frecuencia se piensa que lo que realmente funciona dentro de las empresas son los intereses más crudos, sean económicos o de poder. Sin embargo, al hablar de valores no estamos hablando de ideales abstractos y retóricos sino de contenidos orientativos y motivadores, de maneras de pensar, sentir y percibir situaciones, de criterios y preferencias que actúan en la toma de decisiones del día a día, en los hábitos y estilos de conducta. Se trata por tanto de las preferencias realmente operativas en los momentos de tomar decisiones que generan cursos alternativos de acontecimientos.

Sin embargo, la cuestión anterior continúa pendiente: ¿Los valores son importantes en las empresas, o solo lo son los intereses? ¿Qué distingue unos de otros?

Podríamos decir que los intereses son necesariamente particulares, de una persona o un grupo. Sin embargo, cuando defendemos nuestros intereses no lo hacemos simplemente por la fuerza; intentamos dar razones para convencer a los demás de que esos intereses son universalmente válidos y legítimos (es decir, en cierto modo valiosos también para ellos). En el momento en que intentamos convencer a otra persona del valor y legitimidad de nuestros intereses, invocamos valores que hace a nuestros intereses valiosos y defendibles a los ojos de los demás. Por ejemplo, cuando en una discusión sindical los empleados proponen un determinado horario de trabajo, defienden algo que entra dentro de sus intereses, pero normalmente invocarán valores que suponen válidos para todos: la familia que debe ser atendida, la salud que debe ser tenida en cuenta. Y es posible que si la empresa quiere implantar un horario más flexible, invoque otro tipo de valores: la libre elección por parte de los clientes, la competitividad que permitirá asegurar el porvenir de la empresa, etc. Por tanto, la discusión y contraposición de intereses implica siempre una diferencia en los valores.

En la vida habitual de la empresa continuamente se ponen en juego valores y preferencias que son muy distintos en empresas diferentes, configurando culturas empresariales diversas. La reflexión sobre estas culturas introduce una problemática de enorme interés ético. En la medida en que la cultura de las empresas se puede trabajar y modificar, se abre la posibilidad de incorporar valores éticos a la manera de obrar espontánea de la empresa. La cultura sería así a la empresa como el carácter al individuo. Igual que una persona puede trabajar su carácter a lo largo de la vida, las empresas se plantean actualmente si pueden mejorar su cultura interna, y cómo hacerlo.

El trabajo sobre la cultura de la empresa posee gran relevancia ética porque marca profundamente el comportamiento de quienes se desenvuelven en la organización. En efecto, los sociólogos y psicólogos han demostrado la interacción entre la cultura y las personas: situada en una cierta cultura, la persona adquiere fácilmente determinados hábitos y normas de conducta. Por ejemplo, en un contexto en el que la corrupción es habitual, resulta difícil mantener la integridad. En cambio, en un contexto en el que la palabra dada es algo sagrado, se hace difícil acostumbrarse a la mentira. Desde esta perspectiva, la cultura empresarial constituye un instrumento de socialización moral de las personas, que pueden encontrar en la empresa un lugar donde les sea más fácil (o más difícil, según el tipo de cultura) crecer éticamente.

Hay también un aspecto económico en el valor ético de la cultura empresarial: todo lo que hemos dicho arriba sobre la necesidad de las empresas de motivar a los empleados (su principal activo en una sociedad globalizada del conocimiento), encuentra su lugar propio en el trabajo sobre la cultura. Porque la cultura da identidad a la empresa, y por tanto hace que los trabajadores puedan identificarse con ella. Así, los empleados altamente cualificados solo se encontrarán a gusto en una empresa en que determinados valores (diálogo, trabajo en equipo, participación, flexibilidad, etc.) sean realidades vividas y no simples proclamas.

Sin embargo, las mismas oportunidades que el trabajo sobre la cultura de la empresa abre a la ética, se pueden también convertir en amenazas cuando la cultura empresarial se utiliza como un modo sutil de control totalitario y de manipulación de las personas. A través del trabajo sobre la cultura, las empresas podrían aspirar a moldear no solo el comportamiento exterior de sus empleados sino también su interioridad. Hay algo que siempre será la piedra de toque de la honradez de la empresa con sus empleados: el compromiso real con sus vidas y su desarrollo profesional y humano. Solo si este compromiso es auténtico, la empresa actuará honestamente al apelar a determinados valores éticos para motivar a sus empleados y requerir un compromiso igualmente genuino de estos con los objetivos de la empresa.

Todo lo dicho hace pensar que una empresa moralmente excelente no es solo una empresa que resuelve bien los dilemas morales que se le puedan presentar. Es sobre todo una empresa dinámica en continuo proceso de aprendizaje, que elabora y construye valores para conformar su carácter, su identidad y su razón de ser; y busca procedimientos concretos de incorporar estos valores a los procesos ordinarios de gestión.

3.5. La Responsabilidad Social de la Empresa

a. La raíz de una responsabilidad

Acabamos de decir que las empresas se construyen definiendo sus propios valores y preferencias éticas. Pero enseguida hay que añadir que esta construcción de valores no puede hacerse en el vacío porque las empresas, debido a su poder, son responsables de las consecuencias de sus actos en las sociedades donde actúan. En la construcción de su proyecto empresarial y de los valores asociados a él, las empresas deben escuchar las voces de aquellos que experimentan las consecuencias de sus acciones. La empresa debe asumir su responsabilidad ante ellos.

En el ámbito individual es fácil entender que las personas con poder han de reflexionar antes de tomar ciertas decisiones que afectarán a la vida de otros para bien o para mal. Así, las decisiones de un jefe de gobierno afectan a mucha más gente que las de un modesto empleado. Lo que decimos de las personas, se puede decir análogamente de las organizaciones. Las organizaciones tienen un gran poder sobre la vida de sus empleados, de sus accionistas, de las comunidades donde tienen sus instalaciones, de sus clientes y proveedores.

En efecto, el poder de las organizaciones en nuestra sociedad es inmenso. Llama la atención el poder de las grandes transnacionales, cuyos presupuestos superan con frecuencia el producto anual de muchos países del mundo y que tratan de tú a tú con los gobiernos para decidir las condiciones de inversión o de localización de sus factorías. Pero, por otra parte, el poder de las organizaciones va mucho más allá de las empresas transnacionales. Se ha dicho, con razón, que vivimos en una sociedad de organizaciones y que estas constituyen el marco de nuestra vida cotidiana, definiendo a la vez las posibilidades que realmente se nos abren. Las organizaciones establecen los productos y servicios a los que tenemos acceso; definen no solo qué consumimos, sino el modo como nos educamos (organizaciones educativas), la manera como somos atendidos en nuestras enfermedades (organizaciones sanitarias) y sobre todo definen las condiciones, ritmos y recompensas del trabajo cotidiano con que nos ganamos la vida. La integración social de la mayor parte de las personas en las sociedades contemporáneas depende de su relación con organizaciones.

Atendiendo específicamente a las empresas, estas tienen un gran poder económico, social y cultural que depende, evidentemente, de su tamaño y de si se asocian o no para defender sus intereses.

En primer lugar tienen poder económico, ya que deciden sobre la inversión que producirá riqueza, sobre la localización de tales inversiones, sobre los bienes y servicios que se van a producir, sobre las direcciones y los ritmos de la innovación tecnológica. Tienen un gran poder social, porque sus beneficios y escalas salariales determinan la estructura social de un país: según sean los beneficios repartidos por las empresas y la distancia de ingresos entre sus empleados, la sociedad resultará más o menos desigual y polarizada. Las empresas tienen también un gran poder cultural. No solo porque su oferta y su publicidad crean una cultura del consumo enormemente influyente en la vida cotidiana de las personas; además, las empresas marcan los ritmos de trabajo, la vida de los hogares (según las mujeres entren más o menos en el mercado laboral) y condicionan decisivamente la educación de los niños (que reciben de sus padres el tiempo y la dedicación que les permitan sus ocupaciones laborales). Sin embargo todas estas dimensiones del poder empresarial no deben oscurecer una dimensión, obvia pero con frecuencia negada, de su poder: la influencia sobre los partidos políticos y los gobiernos. El poder político de las empresas está ampliamente documentado; un poder que, en la última crisis financiera, ha llegado hasta el punto de comprometer economías nacionales completas para cubrir las pérdidas finales de operaciones con las que accionistas y ejecutivos obtuvieron previamente grandes ganancias privadas.

Se puede decir que la responsabilidad es correlativa del poder. Cuanto mayor es el poder de una organización, mayor es el alcance de su responsabilidad. Toda la reflexión que haremos sobre la responsabilidad no debe hacer olvidar el hecho fundamental del poder, de la capacidad de las empresas de influir en la vida de personas y sociedades.

Otra manera de enfocar el sentido de la responsabilidad de las empresas es recordar la formulación del filósofo Xavier Zubiri (1986): jugando con la palabra 'carga', Zubiri dice que las personas debemos *cargar con la realidad, hacernos cargo de ella* y finalmente *encargarnos de la realidad*. "Cargar con la realidad" significa no negar nuestro poder de tomar decisiones que afectan a los demás. Aplicado a la empresa, implica que esta no debe escurrir el bulto ante los efectos (deseados o no) de sus propias decisiones: por ejemplo, una empresa que contamina un río debe cargar con este hecho y plantearse cómo conseguir sus fines sin impactos contaminantes. Pero las organizaciones no harán esto si no "se hacen cargo" de la relación que establecen con los demás. Hacerse cargo evoca la simpatía con la que comprendemos los problemas de los demás, nos ponemos en su lugar e intentamos compaginar nuestros propios fines con el respeto que les debemos. Este hacerse cargo, en el caso de las organizaciones, aludiría a reconocer en los afectados una categoría humana, una dignidad y unos derechos que no permiten reducirlos a simples medios al servicio de los intereses de la organización. Finalmente, al hablar de "encargarnos de la realidad" estamos subrayando los efectos positivos de nuestra acción y nuestra voluntad de conseguir determinados objetivos. Decimos que los padres se encargan de la educación de los hijos en el sentido de que se responsabilizan de hacer lo necesario para que sus hijos lleguen a crecer adecuadamente como personas. De modo semejante las organizaciones deben plantearse cómo se encargan del conjunto de responsabilidades que asumen ante la sociedad.

b. Obligación legal, obligación moral y responsabilidad social

Si en el apartado anterior discutimos las razones de fondo por las que las empresas deben reconocer su responsabilidad hacia el conjunto de la sociedad, en este nos preguntamos por el alcance y los límites de esa responsabilidad. ¿Cuál es el campo propio de la responsabilidad social de la empresa (RSE)? ¿Cómo se delimita lo que corresponde a la RSE de otras actuaciones de la empresa también con impacto social?

Una primera aproximación puede obtenerse del Libro Verde de la Unión Europea sobre RSE (2001), que constituye un importante marco de referencia común. Allí se define la RSE en estos términos:

> La mayoría de las definiciones de la responsabilidad social de las empresas entienden este concepto como la integración voluntaria, por parte de las empresas, de las preocupaciones sociales y medioambientales en sus operaciones comerciales y sus relaciones con sus interlocutores. [LV, 20]

Ser socialmente responsable no significa solamente cumplir plenamente las obligaciones jurídicas, sino también ir más allá de su cumplimiento invirtiendo «más» en el capital humano, el entorno y las relaciones con los interlocutores. [LV, 21]

En estas definiciones, la RSE queda delimitada por las obligaciones legales de las empresas. Lo que va más allá de ellas en materia social y medioambiental, expresa la asunción voluntaria de una responsabilidad de la empresa por la construcción social; reflejará por tanto los valores con los que está comprometida y por los que quiere ser reconocida.

Esta definición presenta un problema, sin embargo. La obligación legal de la empresa, en sí misma, no constituye un hecho moral sino más bien un hecho positivo derivado del ejercicio de los poderes públicos. Si una determinada práctica nociva no ha sido prohibida en la legislación, evitarla no pertenece al campo de la obligación legal. ¿Significa ello que esa práctica debe ser considerada moralmente opcional, y su evitación voluntaria, como se nos dice que es la RSE? No, en realidad. Además de la obligación legal, hay también una obligación moral. Como la crisis financiera nos ha mostrado (de nuevo), quien es lo bastante imaginativo para encontrar resquicios en la ley, puede todavía hacer enorme daño social con prácticas inmorales –imprudentes, injustas– pero legales.

Además, la legalidad de cada práctica empresarial concreta, ¿cómo se determina? No basta con ver la práctica, leer la norma legal, y evaluar si la una se ajusta a la otra. Es preciso que ese trabajo lo haga un juez, dentro de un procedimiento con las debidas garantías procesales. Mientras no ocurra la sentencia condenatoria, no puede decirse que la práctica sea ilegal; a lo más, será 'presuntamente ilegal'. Esta es una diferencia fundamental entre el campo de lo positivo, donde los hechos adquieren su calidad (en este caso, legal o ilegal) solo por acción de un poder jurídicamente habilitado para ello, y el terreno de lo moral, donde los hechos tienen la calidad que sea (morales o inmorales) desde el mismo momento en que ocurren.

Esta diferencia abre un terreno gris que la definición del Libro Verde no considera. ¿Y si la decisión final de los jueces sobre una práctica cuestionable toma años o décadas en producirse? Sin sentencia, no hay ilegalidad: ¿puede entre tanto la empresa continuar legítimamente con esa práctica?

O bien, ¿y si la diferencia de poder entre la parte demandante y la empresa demandada es tan grande que esta puede obtener una sentencia a su favor incluso cuando todo hace pensar que, objetivamente hablando, la práctica en cuestión debería ser declarada ilegal? Ello puede ocurrir, por ejemplo, porque la empresa tenga capacidad de contratar bufetes de primera mientras su adversario solo dispone de un abogado normalito; o porque la empresa cuente con influencias políticas capaces de traducirse en presiones sobre los jueces; o directamente porque soborne al juez.

Podríamos pensar que, salvo el primero, estos son casos raros en Europa, donde en general el poder judicial es independiente y no está en venta. Quizás sea así, sobre todo en casos sin mayor significación política, pero las grandes empresas globalizadas trabajan a menudo en regiones del mundo donde lo contrario es habitual: muchos jueces venden sentencias, y el poder ejecutivo puede ejercer una presión difícil de resistir sobre las decisiones judiciales. En ocasiones, las grandes corporaciones poseen incluso capacidad de obtener del Parlamento leyes que sancionen prácticas cuestionables, especialmente en los terrenos social, medioambiental y de la competencia.

Si la legalidad efectiva depende tanto de la calidad de las instituciones públicas del entorno donde opera la empresa, ¿puede decirse entonces que la responsabilidad social de esta consiste en aquellas acciones *voluntarias* suyas que van más allá de lo legalmente exigido? A la definición del Libro Verde de la Unión Europea le falta así un elemento de primera importancia: la obligación ética de la empresa, parte de la cual será obligación legal efectiva, y otra parte podrá no serlo, porque aún no se haya legislado o porque, incluso estando escrita en la ley, la empresa puede eludir por un procedimiento u otro una sentencia condenatoria.

Cuando se introduce la obligación moral en el cuadro, el contenido de la responsabilidad social de la empresa –entendida como aquello que va más allá de lo legal– cambia. Incluye, por una parte, las obligaciones morales que no son obligaciones legales efectivas, sea porque no están en la ley, sea porque la ley puede eludirse. Estas obligaciones morales no son voluntarias: como el mismo término indica, son moralmente obligatorias aunque no lo sean desde el punto de vista legal. Y, por otra parte, está el componente también éticamente voluntario al que se refiere el Libro Verde: aquellas iniciativas de la empresa para mejorar el mundo en aspectos como los sociales y los medioambientales, que suelen elegirse para proyectar a la sociedad los valores con los que la empresa quiere ser identificada.

3.6. Enfoque *stakeholder* y RSE

Ya hemos aludido varias veces al 'enfoque *stakeholder*', bien conocido por los estudiantes de Empresariales. Este enfoque, sistematizado por Edward R. Freeman, concibe la empresa a partir de sus relaciones con todos los agentes sociales que afectan a las operaciones empresariales o son afectados por ella. Generalmente se contrapone al más tradicional 'enfoque *shareholder*', que piensa a la empresa a partir de la pura iniciativa del capital.

Desde el punto de vista descriptivo, tal contraposición no es tajante. La empresa típica del capitalismo contemporáneo surge, en efecto, por iniciativa del capital, o de un emprendedor que convoca al capital, lo que se ajusta bien al enfoque *shareholder*; pero solo tiene éxito sostenido en el tiempo si acierta a mantener relaciones de cooperación con muchos otros agentes sociales, sin suscitar una oposición radical de ninguno de ellos, sus *stakeholders*.

En el capítulo 1 vimos que, en una época en que el enfoque *shareholder* de la empresa predominaba, Milton Friedman pensaba que la responsabilidad social de la empresa debía limitarse a las obligaciones legales y a la costumbre moral del lugar. Todo lo demás, en su opinión, era filantropía que los directivos de la empresa podían realizar, si así lo deseaban, con su propio dinero, pero no debían realizar con el de los accionistas.

El enfoque *stakeholder* de la empresa, al abrir el compás, nos permite ver más allá, comprendiendo la RSE no como filantropía corporativa realizada con los beneficios de la empresa, sino como equilibramiento de intereses legítimos en la operación misma de la compañía, para asegurar que todos los *stakeholders*, incluso los más grandes y difusos como la sociedad en general y el medio ambiente, entran en relaciones gana-gana de largo plazo con la empresa. La RSE podrá así incidir en un sentido u otro sobre los beneficios a corto plazo, pero pone las bases de la sostenibilidad de la empresa a plazo más largo porque supone cuidar relaciones que, en último término, resultan fundamentales para que la empresa pueda seguir operando y generando ganancias para sus accionistas.

Esta idea es, de todas formas, criticada tanto desde la concepción *shareholder* como desde una más izquierdista (o, si se quiere, estatalista). La crítica *shareholder* vendría a repetir lo que ya había dicho Milton Friedman: las acciones de RSE o bien contribuyen a aumentar los beneficios, o los disminuyen. Si los aumentan, la RSE es irrelevante porque esas acciones deberían tomarse en todo caso. Si los disminuyen, no importa con qué justificaciones, la RSE equivale a la filantropía corporativa que Friedman criticaba como desleal hacia los accionistas.

Esta crítica, sin embargo, presenta un punto débil: no considera bien el decurso temporal de la vida de la empresa y su implantación. Y es que, incluso en el caso de que las acciones de RSE supongan una reducción de los beneficios a corto plazo, hasta los accionistas entienden que, si están bien diseñadas, tales acciones redundan en una mejor implantación social de la empresa. Esa implantación, como toda buena relación de largo plazo, no puede cuantificarse fácilmente en términos de beneficios; y, sin embargo, efectivamente contribuye a posicionar mejor la empresa hacia el futuro, a reducir la incertidumbre, y a procurarle legitimidad y apoyo social. Incluso si cuesta dinero y no puede cuantificarse su retorno, cabe concebirla en último término como inversión.

La crítica desde la izquierda apunta a que, al proponer que la empresa contribuya a resolver problemas sociales y medioambientales más allá de su obligación legal, la RSE distrae la atención del hecho de que esos problemas solo pueden ser abordados seriamente desde el poder público del Estado. Por así decirlo, la RSE crearía una falsa esperanza de que el sector privado resolverá lo que sólo puede resolverse a nivel político, ocultando el hecho de que muchos de esos problemas son generados por las mismas empresas, y tal vez inhibiendo la presión ciudadana para que el Estado actúe sobre los grandes problemas sociales y medioambientales.

Esta crítica no está mal encaminada, y en el siguiente epígrafe trataremos de una condición imprescindible para que la RSE no caiga de lleno en la trampa, constituyéndose en cortina de humo para ocultar el rol de la empresa en la generación de problemas sociales y medioambientales. Sin embargo, lo cierto es que en una sociedad económica globalizada, el Estado nacional tampoco puede resolver por sí solo todas las cuestiones sociales y medioambientales. Más que actuar por su sola fuerza, al Estado le corresponde liderar la acción colectiva de toda la sociedad en torno a los grandes problemas. Y, como hemos indicado repetidamente, el poder que ha adquirido el tejido empresarial hace que no pueda prescindirse de su compromiso con la mejora de la sociedad. A la hora de abordar sus mayores problemas, la sociedad gana más viendo a la empresa como un aliado con cuya potencia contar, que como un sospechoso al que debe atar corto.

3.7. Conclusión: La responsabilidad social *en* la empresa

Si, como mostramos en el epígrafe 3.5, la responsabilidad social de la empresa deriva de su poder acrecido sobre la construcción social, y si incluye tanto un componente moralmente obligatorio como otro voluntario, el lugar del organigrama corporativo donde se sitúe nos dirá mucho sobre el compromiso real de la empresa con ella.

Es frecuente encontrar la RSE asociada a los departamentos de marketing, relaciones públicas o relaciones institucionales. Forma entonces parte de la estrategia de proyección de imagen de la empresa a la sociedad: construcción de marca, gestión de la reputación, diplomacia corporativa... Situaciones así en el organigrama implican cierta exterioridad de la RSE al modelo de negocio de la empresa: en ese caso, la responsabilidad social no tiene el rango de una dimensión constitutiva de la forma en que la empresa gana su dinero, sino que se reduce a algo que la empresa hace con parte del dinero que ya ha ganado. A menudo se confunde con la beneficencia o filantropía empresarial: financiar iniciativas sociales presumiblemente beneficiosas o ayudar a colectivos en algún tipo de dificultad, no además sino en lugar de contribuir a la mejora de la sociedad con las operaciones centrales de la empresa.

¿Qué pasa entonces cuando la empresa gana menos dinero o se ve en apuros, como suele ser el caso en tiempos de crisis económica, general o sectorial? Suele revelarse el carácter marginal de la RSE así concebida. Se reducen los fondos y se recortan las plantillas, si es que no se elimina directamente el departamento. Y, sin embargo, las situaciones de crisis no solo ponen en cuestión la viabilidad del modelo de negocio de la empresa, sino que también plantean nuevas cuestiones sobre su relación con la sociedad. Quizás hay que despedir personal, externalizar o vender parte del negocio, deslocalizar la producción, cobrar a deudores humildes tales como familias o pequeñas empresas afectadas por la misma crisis, endurecer la posición en los mercados... Justamente ante decisiones de este tipo, que se encuentran en el núcleo de un modelo de negocio problematizado por la crisis, la reflexión sobre la responsabilidad social de la empresa, el diálogo con los *stakeholders*, la vuelta a la misión de servicio específico a la sociedad que la empresa asume, deben iluminar la actuación corporativa que busca recuperar la imprescindible viabilidad económica. Ello no es fácil si se ha reducido la RSE a una forma de filantropía sustancialmente exterior al modelo de negocio de la empresa, ornamental en último término.

Peor aún, una acusación recurrente y con frecuencia fundamentada, que mencionamos en el epígrafe anterior, señala que esta RSE marginal tiene como función auténtica servir de cortina de humo a fallos éticos graves en el núcleo del negocio. Se trata entonces de construir una imagen de 'buen ciudadano' para esconder prácticas explotadoras de clientes, trabajadores, y/o proveedores, prácticas predatorias del medio ambiente, limitadoras de la competencia en el mercado, o manipuladoras del poder político. De esas prácticas obtiene la empresa ganancias acrecidas, una pequeña parte de las cuales destina, con gran proyección publicitaria, a ganar legitimidad social para un negocio que, si fuera conocido en detalle por el público, sería sin duda juzgado como moralmente ilegítimo. Parte de ese dinero mal habido se emplea, quizás, también para financiar, bajo capa de contribución al desarrollo social, a instancias tales como medios de comunicación, gobiernos locales, ONG, universidades e iglesias, potencialmente críticas con la empresa, para ganar su silencio obsequioso hacia las prácticas éticamente más problemáticas.

Todo ello, obviamente, entraña una adulteración del concepto de responsabilidad social de la empresa que hemos desarrollado en este capítulo. La RSE solo tiene sentido si deriva de una visión ética que impregna los elementos centrales del modelo de negocio de la empresa (los planes estratégicos, las políticas, las actividades y decisiones cotidianas con que la empresa obtiene sus beneficios), y también la forma en que aborda las crisis de ese modelo. La RSE bien entendida es, por tanto, parte y concreción de la ética empresarial. Un lugar central en el organigrama de la empresa debe reflejar esto.

Para pensar y discutir

1. Piensa en una organización en la que participas; por ejemplo, la universidad donde estudias. ¿Cómo caracterizarías su cultura organizacional? ¿Qué valores dice querer realizar? ¿Qué valores realiza en realidad? ¿Son los mismos, o distintos? ¿Cómo se reconocen los valores que en verdad están incorporados en la cultura organizacional?
2. Si has encontrado un desajuste entre los valores proclamados por la organización en el caso anterior y los valores que su cultura realmente promueve, ¿cómo puedes actuar tú, solo o en asociación con otros, para cerrar la brecha?
3. ¿Puedes poner ejemplos de obligaciones morales de una empresa (imagínala en el sector que prefieras) que no constituyan obligaciones legales en tu país?
4. ¿En qué posición de un organigrama empresarial situarías al departamento de RSE? ¿Qué atribuciones le conferirías?

Capítulo 4
Los instrumentos de la ética y la RSE en la empresa

4.1. Introducción: Institucionalizar la ética en la empresa

En el primer capítulo discutimos la compleja relación entre tres niveles de la ética: el personal, el organizacional, y el social o sistémico. Allí señalamos que el sujeto moral en sentido más propio es la persona; pero indicamos que cabe hablar también de la organización, la empresa en nuestro caso, como un sujeto ético colectivo que desarrolla sus propias actitudes y espontaneidades de acción a través de lo que, en el capítulo 3, describíamos como su cultura organizacional. La actividad de la empresa se inserta, a su vez, dentro de un marco social más amplio, en nuestro caso la economía del capitalismo de mercados globales de la que nos ocupamos en el capítulo 2.

Aceptando que en la mayor parte de los casos el poder de la empresa para transformar por sí sola el sistema social es muy limitado, sin embargo la cultura de la empresa siempre puede ser 'trabajada' de manera que resulte en la realización cotidiana de los valores que la empresa ha asumido como propios. Si esos valores han sido adecuadamente escogidos, definidos e interiorizados en la operación de la empresa, su operativización cotidiana resulta en una contribución positiva de la empresa a la sociedad, que concreta su responsabilidad social.

En este capítulo no nos ocuparemos de en qué consiste una cultura organizacional éticamente valiosa, de qué problemas debe ocuparse y qué respuestas pueden considerarse razonablemente adecuadas a esos problemas. A ello se dedica la segunda parte del libro. Aquí nos preguntaremos cómo implementar las correspondientes opciones éticas en la estructura operacional de la empresa.

Nuestro punto de partida es, pues, que la regulación de las conductas empresariales desde afuera (por la ley, la opinión pública, etc.) no solo no basta para cubrir todos los aspectos importantes de la actuación empresarial, sino que además llega a menudo tarde (sigue a la alarma social, no la previene) y resulta en último término poco operativa si falta una autorregulación sólidamente asentada en una cultura ética compartida en el interior de la empresa.

Asumir esa tarea de autorregulación es importante por varias razones adicionales:

1º) *Facilita la cohesión organizacional de la empresa*, tanto al interior de la misma como en la relación con los diferentes *stakeholders*. Si la calidad moral de cada contacto, dentro de la empresa o con ella desde fuera, depende únicamente de la ética personal del empleado con quien se hace el contacto, será muy difícil prever el resultado de la relación. Los estándares son necesarios para asegurar que cada intercambio en la empresa o con ella resulta gana-gana para los participantes. Así, estos desearán mantener o incrementar sus relaciones con la empresa.

2º) *Facilita la socialización en la empresa de los nuevos trabajadores*, explicitando con claridad lo que se espera de ellos. Quien se incorpora a una organización necesita saber no solo qué debe hacer (su *job description*) sino también cómo debe hacerlo (*know-how*). Parte importante de ese cómo la constituyen los valores y estándares éticos con los que la empresa está comprometida.

3º) *Protege a la empresa de comportamientos irregulares de sus empleados* que pueden acarrear una responsabilidad penal no solo para ellos y sus supervisores, sino para la misma empresa. La Ley Orgánica 5/2010 reformó el Código Penal español introduciendo esta figura de la responsabilidad penal de la empresa, común en el derecho anglosajón pero desconocida entre nosotros. Una empresa puede ser incluso disuelta cuando sus empleados han cometido un delito grave en ausencia de la debida supervisión.

Realizar consistentemente unas determinadas opciones éticas en la empresa y a través de ella, requiere, por tanto, institucionalizarlas dentro de la estructura funcional y los procedimientos de la organización.

4.2. Dos enfoques de la institucionalización de la ética

La institucionalización de la ética en la empresa puede (y seguramente debe) llevarse a cabo desde dos enfoques complementarios (Lozano Aguilar 2007).

El primero es de tipo inspiracional. En la literatura anglosajona se le llama enfoque de integridad (*integrity approach*). Se dirige al miembro de la empresa como sujeto moral capaz de reconocer valores, pidiéndole su compromiso personal con los que la empresa quiere realizar tanto en su vida interna como en su relación con los *stakeholders*. No promete recompensas ni amenaza con sanciones, sino que llama al empleado y al directivo a una excelencia en el desempeño de sus funciones y en las relaciones informales que implica no solo calidad técnica de su trabajo sino también calidad humana de sus relaciones y su misma persona. Su poder deriva de la fuerza interna que dirige a cada uno de nosotros hacia hacer las cosas bien, hacerlas porque son buenas, y así hacernos buenos a nosotros mismos.

El segundo enfoque se basa más en el control de las conductas. Se trata del enfoque del cumplimiento (*compliance approach*), que procura evitar, a través de un sistema interno de normas y sanciones, comportamientos que afecten negativamente a la empresa o sus *stakeholders*. Persigue en último término la alineación de los intereses de cada miembro de la empresa con los intereses organizacionales, haciendo que actuar mal no compense. Para ello, cuando la actuación indeseable ocurre debe ser identificada y sancionada. Este enfoque produce por tanto algo así como una pequeña legalidad interna de la empresa, con sus normas, sus mecanismos de denuncia y enjuiciamiento, sus garantías para las partes, sus sanciones en caso de encontrar culpa.

La siguiente tabla resume algunos elementos diferenciales de estas dos aproximaciones a la institucionalización de la ética en la empresa:

Cumplimiento	Integridad
La persona actúa correctamente por constricciones exteriores	La persona actúa correctamente por motivaciones interiores
Objetivo: Prevenir conductas problemáticas	Objetivo: Motivar comportamientos responsables
Liderazgo: Jurídico	Liderazgo: Recursos Humanos
Supuesto: Las personas se guían por su propio interés	Supuesto: Las personas se guían también por valores
Mecanismos: Códigos, auditorías, normas, oficialías éticas...	Mecanismos: Credos, formación ética, diálogo interno, identificación simbólica...

Elaborado a partir de Lozano Aguilar (2007) y Fernández Fernández (2007).

Podría cuestionarse cuál aproximación resulta preferible. En la práctica, es necesario combinar ambas cuidadosamente. Por una parte, el enfoque del cumplimiento tiende a generar en efecto una legislación interna de la empresa, que opera por coacción sobre los empleados. Presenta por tanto todas las limitaciones para encarnar realmente una ética que mencionamos en el capítulo 3 respecto a las obligaciones legales: depende del buen funcionamiento y la incorruptibilidad de los mecanismos represivos; es susceptible de manipulación por quienes poseen más poder en la organización; solo alcanza hasta donde llegan las normas y la vigilancia sobre su cumplimiento.

Cuando un sistema de este tipo se muestra ineficaz por una razón u otra, la tendencia suele ser aumentar el número de normas, estrechar el control y agravar las sanciones. Ello puede interferir con la operación normal de la empresa, haciéndola más lenta y farragosa. Y casi con seguridad desmotivará a los empleados, quitándoles espacios de acción autónoma y haciéndoles sentir que la organización desconfía de ellos.

En realidad, un sistema de cumplimiento solo funciona bien en la medida en que refleja un compromiso ético personal de la inmensa mayoría del personal de la empresa, empezando por los directivos y por los encargados de hacerlo valer. Este enfoque resulta más apto para manejar las excepciones que para cambiar la cultura corporativa, si no hay un convencimiento interno generalizado sobre la conveniencia del cambio.

Por su parte, el enfoque de la integridad presenta también sus limitaciones. La más obvia es que desconoce la heterogeneidad moral de las personas, y puede por tanto resultar ingenuo. No es realista pensar que 'to er mundo é bueno' y basta con presentar convincentemente una colección de valores corporativos para obtener una adecuada alineación de las motivaciones y los comportamientos. Fácilmente ocurrirá que algunos miembros de la empresa no compartan esos valores a nivel de convencimiento; o que, estando convencidos de su bondad, sin embargo se dejen llevar por intereses o pulsiones más inmediatas. Además, incluso entre quienes aceptan la propuesta ética de la empresa y actúan en consecuencia, pueden aparecer fenómenos de contagio si ven a otros sacar ventaja del incumplimiento sin recibir advertencia ni sanción ninguna.

Puede concluirse entonces que un buen sistema de institucionalización de la ética corporativa debe basarse fundamentalmente en el enfoque inspiracional, por el que se moverán la mayoría de los miembros de la empresa y deben hacerlo especialmente los directivos para que su ejemplo motive y confirme a los demás. Se trata de un enfoque que habla en positivo a la interioridad moral de las personas, crea buen ambiente en la empresa y construye equipo en la identificación con los valores corporativos. Sin embargo, debe ser complementado por un sistema de cumplimiento que se ocupe de mantener como excepcionales las conductas éticamente inaceptables. Para ello, esas conductas deben ser enunciadas, identificadas y sancionadas.

En buena política de construcción de la cultura empresarial, este sistema de cumplimiento debe permanecer siempre como secundario, complementario del sistema inspiracional, al que se confía el grueso de la alineación moral de los miembros de la empresa con los valores de esta. Si ocurre lo contrario, y la calidad ética de la cultura de la organización acaba dependiendo sustancialmente de un conjunto de normas, controles y sanciones, entonces quizás, si el sistema funciona muy bien, mejoren las conductas, pero no habrá habido genuino progreso ético en la empresa. Su cultura se empapará de legalismo, no propiamente de valores.

4.3. Algunos instrumentos de institucionalización de la ética en la empresa

Pasemos ahora revista rápida a algunos de los instrumentos que las empresas utilizan con más frecuencia para intentar crear una cultura ética en su interior y en sus relaciones con los *stakeholders* exteriores. A pesar de que la tabla que propusimos arriba sugiere que puedan clasificarse según el enfoque al que responden (integridad o cumplimiento), no intentaremos esa clasificación aquí. La razón es que muchos de ellos pueden ser diseñados e implementados para que combinen ambos enfoques, o de manera que uno de ellos resulte predominante. Todo depende de cómo se inserten en una estrategia de creación de cultura empresarial.

Cada vez más empresas están desarrollando procesos de transformación de su cultura basados en el diálogo entre todos los miembros de la organización. Se trata de descubrir consensos actuales y posibles en los valores vividos y practicados, y poner en marcha procesos de mejora a partir de la realidad misma de la empresa. Esos procesos que parten de un consenso libremente asumido, son profundamente motivadores y consiguen el compromiso de los empleados en la transformación de la cultura empresarial (Sauquet y Lozano, 1999).

Dejamos para un examen más detallado en el siguiente epígrafe los códigos de empresa, que constituyen quizás el recurso de institucionalización de la ética más popular en el medio empresarial español. Recontemos ahora otros recursos que las empresas utilizan con ese objetivo:

a. Los *credos corporativos* recogen la visión ética por la cual la empresa quiere regirse. Suelen contener tres elementos, separados o fundidos en un solo texto:

Un enunciado de *misión* de la compañía, que expresa cómo quiere añadir valor a la sociedad con su negocio. Este es el primer título que la empresa posee para reclamar legitimidad social: su contribución al bienestar y la construcción social.

Un enunciado de *visión*, que suele recoger lo que la compañía quiere ver realizado en la sociedad en un horizonte temporal de largo plazo, y la forma en que quiere ser vista por la misma sociedad, ambas cosas como consecuencia de su actividad.

Una lista de *valores* que la compañía quiere reflejar en su operación cotidiana. Se trata de los valores que le permitirán realizar su misión de manera excelente, y que fundamentarán el reconocimiento con que espera ser vista por la sociedad. Los credos corporativos no necesitan ser 'realistas', porque no constituyen referencias operativas inmediatas sino más bien aspiraciones a partir de las cuales se orientan otros mecanismos más concretos de institucionalización de la ética en la empresa.

b. Los *seminarios de formación ética* y los *círculos de discusión ética* tienen por objetivo principal promover una asimilación activa de los valores que la empresa quiere realizar, entre sus empleados y a veces también entre algunos otros *stakeholders* (frecuentemente, los proveedores).

En ellos se presentan documentos internos y otros estándares aplicables (por ejemplo legales, o del sector) que reflejan los principios, normas y procedimientos que la empresa asume con el propósito de promover comportamientos éticos; se discuten casos sucedidos y situaciones comunes en la operación habitual de la empresa; y se recogen críticas y sugerencias de los participantes con la finalidad de hacer más eficaces y realistas tanto el diseño como la implementación de esos documentos internos.

c. Los *informes de responsabilidad social y/o de sostenibilidad* recogen anualmente la actividad tanto interna como externa de la empresa para realizar la responsabilidad social que reconoce y asume, y para promover la sostenibilidad económica, social y medioambiental de su modelo de negocio.

Su estructura típica incluye un capítulo que declara los principios con que la empresa se compromete en materia de responsabilidad social y medioambiental, y luego capítulos específicos para cada una de las líneas concretas de trabajo, interno y hacia el exterior, con las cuales intenta realizar esos principios. En esos capítulos no se contienen solo la filosofía de cada línea de trabajo y sus objetivos, sino también un recuento de las actividades realizadas a lo largo del año y mediciones de indicadores que muestran el progreso alcanzado en el tiempo.

Este tipo de informes constituyen documentos solemnes de presentación del compromiso ético de la compañía con la sociedad. Suelen por ello ir introducidos y firmados por el principal ejecutivo (*CEO*, gerente general). Si ese compromiso tiene las características que habíamos mencionado al final del capítulo 3 (incluye al núcleo del modelo de negocio y se extiende por todas las operaciones fundamentales de la empresa en todas sus áreas funcionales), los informes pueden constituir un poderoso orientador e inspirador de los empleados, y al mismo tiempo contribuir a obtener de la sociedad el reconocimiento moral que la empresa persigue según su enunciado de visión.

d. Los *oficiales de ética* y los *comités de ética* son figuras dentro del organigrama corporativo que pretenden incidir sobre la toma de decisiones cotidianas de la empresa. El oficial de ética es normalmente una posición dedicada (a veces una oficina completa); mientras que los comités de ética suelen estar formados por directivos de diversas áreas funcionales, personas con otra ocupación principal por tanto, a veces incluyendo expertos externos.

Ambas figuras pueden tener un papel más proactivo, si entre sus atribuciones se encuentra iniciar procedimientos ante la sospecha de comportamientos inapropiados de empleados o de la misma empresa; o más reactivos, si su función se concentra en realizar informes de evaluación ética de estrategias, políticas, proyectos, procedimientos, etc.

La extensión y la índole de las atribuciones formales de estas posiciones son muy variables de una empresa a otra. La idea, sin embargo, es siempre la misma: establecer un control ético experto sobre la actividad regular de la empresa.

e. Las *ombudspersons (defensores del usuario, de la comunidad...)* y las *líneas de denuncia ética (ethical hotlines)* tienen por objeto principal recoger y procesar las quejas y denuncias de los *stakeholders* tanto internos como externos de la empresa.

A veces actúan en tándem con los oficiales o los comités de ética, de manera que el poder de resolución se encuentra en estos, mientras la relación con el *stakeholder* en cuestión se lleva a cabo a través de las *ombudspersons* y las líneas de denuncia ética. En otros casos tienen poder ejecutivo para llamar a cuenta al área funcional generadora del problema, e incluso para tomar decisiones de corrección de las prácticas problemáticas y de compensación a los perjudicados.

f. La *auditoría ética* es un instrumento esencial de la *gestión ética* o *gestión basada en valores* (Lozano Aguilar 2007). Consiste en evaluar detalladamente cada una de las áreas funcionales de la empresa y de sus relaciones con los diversos *stakeholders*, buscando establecer extremos como: la índole y los montos de los daños y beneficios que la empresa realiza (particularmente como externalidades); el cumplimiento de los estándares éticos asumidos por la empresa y el respeto de los derechos de los diversos *stakeholders*; la realización y la proyección a la sociedad de los valores de la empresa; la existencia de normas, procedimientos y mecanismos funcionales adecuados para garantizar la eficacia de la organización en todo lo anterior.

El objeto de la auditoría ética no es solo la actividad cotidiana de la empresa, sino también sus estrategias y planes, su estructuración funcional, los elementos informales de su operación, y en general cualquier aspecto que pueda tener impacto sobre la calidad ética de la acción de la empresa.

Como otras auditorías, las éticas pueden ser internas o externas. Las segundas son recomendables si se sospecha que una auditoría interna podría verse afectada en su completitud o imparcialidad por las relaciones previas entre departamentos o personas clave en la empresa.

En todo caso, la auditoría debe:

- *partir de unos estándares explícitos, claros y completos,* que correspondan en verdad a los compromisos éticos que la empresa ha asumido, y a las exigencias sociales a las que debe responder;
- *utilizar procedimientos justos e imparciales,* que den a los auditados la oportunidad de presentar sus aclaraciones y explicaciones;
- *alimentarse de toda la información disponible* sobre la operación y relaciones de la empresa, contando con recursos para generar nueva información necesaria donde esta no exista ya.
- *concluir en recomendaciones concretas* para mejorar de manera estructural y por tanto continua en el futuro, los aspectos problemáticos que hayan emergido. (Lozano Aguilar 2007).

g. La utilización de *criterios éticos en la selección y evaluación del personal*, basados no en lo que persona dice sino en sus acciones, que debe extenderse hasta los directivos y el mismo ejecutivo principal. Ello responde a una realidad fundamental de la vida moral: con sus acciones y opciones de cada momento, las personas construyen hábitos morales positivos o negativos. Quien ha robado, mentido o abusado en el pasado, es más probable que lo haga en el futuro, porque la segunda (o la tercera, o la enésima) vez resulta siempre más fácil que la primera. Y, por el contrario, quienes han demostrado capacidad de sacrificio por el bien del grupo o de los más vulnerables en una situación, también encontrarán más fácil volverlo a hacer en el futuro.

Por ello, los antecedentes éticos de cada persona deben ser requeridos de sus empleadores anteriores y considerados en la selección de personal. Y los fallos éticos dentro de la empresa deben ser advertidos y anotados para futuro seguimiento. Todo esto debe hacerse incluso si se trata de asuntos de poca monta y consecuencias intrascendentes, porque lo esencial no es si la persona no pudo hacer mucho daño o mucho bien porque tenía poco poder, sino qué ocurrirá cuando adquiera más.

Ello no significa que las personas no puedan cambiar a mejor (o a peor). El arrepentimiento y la reforma de los hábitos es también una realidad de la vida moral. Pero, para evitar el oportunismo en el arrepentimiento, resulta necesario hacer seguimiento a la persona, una vez advertida, dándole ocasión de demostrar en lo pequeño que efectivamente ha cambiado y es ahora más confiable, antes de promoverla a posiciones de mayor poder. Una empresa que evalúa a sus empleados solo por los resultados económicos que obtienen, sin preguntarse cómo los están obteniendo, abona el terreno para problemas serios más adelante.

Repasados someramente estos instrumentos de implementación institucional de las opciones éticas de la empresa, pasamos ahora a tratar en más detalle los códigos de empresa que, como mencionamos arriba, constituyen quizás el mecanismo más frecuente en el panorama empresarial español.

4.4. Los códigos de empresa

En muchas compañías se ha querido orientar la cultura realmente vivida mediante la promulgación de códigos de empresa por parte de la dirección general. Los códigos son generalmente documentos prescriptivos formales y oficiales, centrados en algún tipo de cuestiones especialmente problemáticas para cada empresa en concreto.

Para ser eficaces, requieren la implicación de la gerencia, empezando por el principal ejecutivo, tanto en su elaboración como en su implantación. Sin embargo la cultura no se transforma mediante la promulgación de unas normas; la cultura, o se transforma libremente y también desde abajo, o no se transforma en absoluto. Por ello, un grado relevante de participación de toda la empresa es necesario para que el código tenga un impacto real sobre la calidad ética de la organización.

Esa participación es todavía más importante cuando se trata de revisar el código. Aunque lo esencial perdure, el contexto cambia planteando nuevos desafíos, y la experiencia de toda la organización con el código existente ofrece luces que deben ser recogidas acerca de su utilidad, sus límites y los posibles problemas sobrevenidos. El código de empresa debe ser una referencia estable pero no estática sino dotada de un dinamismo de actualización que asegure su vigencia conforme cambian las circunstancias.

Cada vez son más las empresas que formulan su propio código. Esto es importante desde el punto de vista de los empleados y directivos, que al formar parte de la empresa aceptan el compromiso moral de asumir ese código en su conducta profesional. Suele pedirse a los empleados que lo lean y firmen al incorporarse a la empresa. Muchas empresas incluyen en sus procesos de inducción para nuevos empleados un seminario donde se desgrana el código atendiendo a los detalles de sus significados prácticos.

El contenido adecuado del código de empresa es muy variable de uno a otro sector de la economía, en lo que hace a los mínimos de justicia que deben cuidarse en el modelo de negocio típico del sector. Un banco de inversión tendrá que asegurar especialmente la mejor información a los clientes sobre los productos financieros que ofrece, mientras que un fabricante de bienes de consumo masivo deberá cuidar más la calidad y seguridad constante de sus productos, y una empresa extractiva (pesquera, minera, petrolera) deberá dedicar más atención al impacto medioambiental de su actividad.

Siempre hay, sin embargo, algunos extremos comunes a todas las empresas en todos los sectores, que habrá que abordar en el código de empresa: todas cuentan con personal, clientes y proveedores, se relacionan con las administraciones, realizan algún tipo de marketing y relaciones públicas, ponen recursos a disposición de sus empleados... En cada uno de esos capítulos, el código deberá ofrecer directrices adecuadas al entorno interno y externo de la empresa.

Un código completo debe incluir además directrices específicas de cada empresa acerca de cómo quiere realizar en concreto los valores con los que está comprometida. Como indicamos en el capítulo anterior, en ello se diferencian incluso empresas del mismo sector y parecido tamaño, que operan en los mismos mercados.

Así pues, un código de empresa típico se desarrolla en varios estratos. Comienza recontando lo que hemos llamado arriba el 'credo corporativo': misión, visión y valores de la empresa. Sigue enunciando responsabilidades para con los distintos *stakeholders*. Y aterriza en algunas normas y reglas concretas, a veces con ejemplos.

Los códigos son a veces uno solo para toda la empresa, a veces varios según las circunstancias, relaciones y necesidades específicas de cada departamento. En otras empresas, la subdivisión del código no se hace por departamentos sino por temas: compras, regalos, privacidad, utilización de las TIC, uso de la información... En todo caso, si no van a consistir meramente en una elaboración detallada del credo corporativo, es necesario establecer un sistema de control de su cumplimiento, con los correspondientes mecanismos correctores y sancionadores.

Respecto a la motivación para elaborar un código de empresa, es innegable que la creciente importancia de los códigos responde a fenómenos coyunturales y con frecuencia significan una reacción de las empresas que se han visto atacadas ante la opinión pública por actuaciones no responsables social o medioambientalmente. Como mencionamos arriba, a ello se une desde 2010 en España la legislación sobre responsabilidad penal de la empresa, y la consecuente necesidad de las compañías de protegerse legalmente de eventuales conductas inapropiadas de sus empleados. Con tal motivación, la elaboración de un código de empresa responde al deseo de controlar más a los empleados al establecer un punto de referencia común para todos ellos.

Aun así, la elaboración de un código que se hace público constituye un mensaje a la opinión pública en el sentido de que la empresa se compromete a asumir determinadas responsabilidades. Por ello, los códigos de empresa pueden ser un instrumento muy eficaz de desarrollo ético de la empresa. Ello requiere, claro está, que el código esté bien pensado y sólidamente implantado. Si falla en cuanto al contenido, generará desajustes en la operación de la empresa; si falla en el proceso de implantación, producirá desilusión y escepticismo. Si fallan las dos cosas, acabará resultando contraproducente y quizás deteriorando la cultura de la organización.

Desde el punto de vista de su alcance deben señalarse dos posibilidades. En primer lugar están los códigos deontológicos, que señalan los mínimos que la compañía considera aceptables en su conducta. Normalmente, estos mínimos tienen que ver con cuestiones de ética profesional, y de derechos humanos, de manera que su transgresión tocaría puntos de estricta justicia. En segundo lugar, encontramos también códigos propiamente éticos, de estilo más inspiracional, que se centran en valores y calidades morales en las que cabe una mejora continuada a lo largo del tiempo.

Esta distinción es importante porque señala una doble perspectiva de la ética que con frecuencia es olvidada. La ética señala por un lado mínimos que no es posible transgredir sin afectar la dignidad humana, los derechos fundamentales y, en definitiva, la justicia de las relaciones. Estos mínimos no son optativos. Aunque las empresas no los definieran en sus códigos, estarían éticamente (aunque tal vez no legalmente) obligadas a respetarlos.

Pero la ética formula también aspiraciones de perfeccionamiento humano y profesional en los que siempre se puede progresar. Aquí se abre un amplio campo a la libertad y a la creatividad ética: la empresa puede definir en qué quiere ser más y más excelente: no se trata de obligaciones sino de compromisos libremente asumidos, que por eso mismo tienen un gran valor ético. Desde la perspectiva proactiva de la empresa ciudadana que hemos venido defendiendo en estas páginas, es importante que las empresas definan y formulen conscientemente en qué quieren colaborar de manera especial a la construcción de la nueva sociedad.

4.5. Referentes éticos externos

Dotar de contenido a los diversos instrumentos de construcción de una cultura ética de empresa no puede hacerse en el vacío, sino que han de tenerse en cuenta diversos referentes que la sociedad ha ido construyendo a lo largo de la historia. Esos referentes ayudan a la empresa a comunicar sus opciones éticas tanto a sus propios empleados como al resto de la sociedad, puesto que contienen ideas y valores ampliamente compartidos, sobre los cuales es fácil establecer sintonías y acuerdos.

a. El referente profesional

El primero de ellos es el referente profesional. Al hablar de profesión tenemos en cuenta que muchas actividades humanas han surgido de la necesidad que tiene la sociedad de determinados bienes, por ejemplo la salud y la justicia. En respuesta a estas necesidades han surgido la medicina y la abogacía, dos profesiones con una larga tradición que nos permiten comprender la referencia ética de toda profesión. Una profesión proporciona a la sociedad un 'bien interno' del que la sociedad tiene necesidad. El profesional debe adquirir una formación para responder a esta necesidad social con competencia. Por ello, la sociedad está dispuesta a pagarle por sus servicios pero también le exige determinados niveles de conocimientos, competencia y moralidad. (Hortal 2002). Por eso aparecen los colegios profesionales que velan por la competencia de sus miembros tanto en lo técnico como en lo moral, estableciendo códigos profesionales.

En las empresas trabajan muchos profesionales. En cierto modo se puede decir que todos los empleados participan de una cierta profesionalidad. Unos por su formación básica, otros por trabajar en una empresa cuya razón de ser es proporcionar determinados bienes o servicios a la sociedad. Por ejemplo, una empresa alimentaria debe ofrecer alimentos no adulterados y realmente saludables. Una constructora debe edificar con razonables condiciones de seguridad y confort. En resumen, la profesionalidad de una empresa consistirá en proporcionar bienes o servicios con eficiencia productiva, respeto a las personas y sin permitir que intereses económicos, de prestigio o de cualquier otro tipo hagan bajar la calidad exigible al bien o servicio proporcionado.

Es fácil comprender que no siempre resulta fácil compaginar las convicciones individuales de las personas, sus deberes en cuanto profesionales, y los intereses de las empresas en las que trabajan. Evidentemente no existen recetas universales que permitan solventar los dilemas que se pueden presentar. Sin embargo sí resulta orientadora la distinción entre éticas de mínimos referidas a deberes de justicia, y éticas de máximos orientadas a la búsqueda de la felicidad. Tanto las empresa como los profesionales individuales deben orientar su comportamiento en el marco de las éticas de mínimos puesto que su transgresión implica que los derechos de las personas han sido conculcados. Subrayando este aspecto, un código profesional será un código deontológico. Por otra parte, tanto las empresas como las profesiones ofrecen un amplio campo de desarrollo profesional y humano. Cuando el código profesional subraya estos aspectos positivos, podemos hablar de códigos éticos.

b. El referente europeo

Las empresas se enraízan en contextos económicos, sociales y culturales concretos que tienen sus propias tradiciones. La construcción de un proyecto empresarial y la formulación de un código ético han de tener en cuenta no solo el marco legislativo y económico sino también la cultura empresarial de la región en que operarán.

En el caso de la Unión Europea, sucesivas cumbres comunitarias (Lisboa, Niza, Gotemburgo) han ido definiendo un "proyecto de empresa europea" a la vez competitiva y socialmente responsable.

Como notamos en el capítulo anterior, la responsabilidad social de la empresa es entendida (*Libro Verde* 2001) en cuatro aspectos:

- asumir la "triple línea básica" (*triple bottom line*: responsabilidad económica, social y medioambiental);
- yendo más allá de las exigencias legales;
- ofreciendo un trato justo a los stakeholders;
- y dialogando con ellos.

La Comisión subraya que los gobiernos han de crear un marco en el que este tipo de empresa socialmente responsable se vea estimulada y ayudada. En este sentido propone un 'partenariado' entre los gobiernos, la sociedad civil y las empresas para crear el suelo necesario para su crecimiento y desarrollo.

Como vemos, hay una gran distancia entre el modelo de empresa descrito por la cita de Milton Friedman del primer capítulo y el modelo de empresa que propone la Unión Europea. El siguiente cuadro podría ejemplificar dicha evolución:

	Tipología de actitudes		
	Meramente legal	*Responsabilidad reactiva*	*Responsabilidad proactiva*
Búsqueda de legitimidad	Criterio económico. Cumplir las leyes	Valores socialmente admitidos	Se adopta la perspectiva del bien del sistema social
A quién dar cuenta	Solo a los accionistas	Grupos afectados y con influencia sobre la empresa	También los grupos no afectados o sin influencia sobre la empresa
Estrategia	Defensiva. Externalización de problemas	Adaptación reactiva	Adaptación proactiva
Ante la presión social	Ataque y relaciones públicas	Aceptación de responsabilidades según las normas vigentes	Diálogo con los grupos externos
Cómo entienden la RSE	Beneficencia solo si es rentable	Atención a los *stakeholders* con capacidad de influencia	Colaboración y diálogo con los *stakeholders* de todo tipo

Adaptación de un cuadro de J.M. Lozano

Evidentemente el proyecto europeo se verá obligado a competir con otras ideas de empresa en los grandes modelos actuales de economía de mercado: el anglosajón, el japonés y, últimamente, también el chino. Esta competencia, que puede ser difícil y exigir ciertos cambios, no tiene que hacer que los empresarios y directivos europeos pierdan la confianza en un modelo que ha producido los países con el Índice de Desarrollo Humano más alto del mundo (PNUD 2011). Pero sí se ha de ser consciente de que las empresas están condicionadas por el entorno en el que se encuentran, y que forma parte de su responsabilidad usar su poder económico, social, cultural y político colaborando con la sociedad civil y los gobiernos para construir un entorno en que sea viable un modelo de empresa socialmente responsable. Ello puede incluir el requerimiento a los gobiernos europeos y a la Comisión de que no permitan la venta en el territorio de la Unión de bienes y servicios producidos bajo condiciones que no cumplen los estándares sociales y medioambientales mínimos de justicia.

c. El referente de los Derechos Humanos

En un mundo como el nuestro, plural y muy consciente del carácter histórico de toda norma ética, es necesario poder invocar un referente último que exprese el nivel moral alcanzado por la humanidad: aquel nivel en el que se juega la dignidad del ser humano, continuamente amenazada por el empleo del poder al servicio de intereses particulares. Este nivel se encuentra formulado en las Declaraciones de Derechos Humanos.

Esta referencia puede parecer lejana pero resulta realmente muy eficaz. Los instrumentos legales que se han construido en torno a ella son numerosos, comenzando por la Declaración Universal de Derechos Humanos de 1948 y los Pactos Internacionales de Derechos Civiles y Políticos y de Derechos Económicos, Sociales y Culturales aprobados por las Naciones Unidas en 1966. Luego estos instrumentos han sido transcritos a muchas legislaciones nacionales.

Más recientemente tanto las Naciones Unidas como el mundo de los negocios parecen tomar conciencia de tener los Derechos Humanos como horizonte y referencia no solo de los comportamientos políticos sino también de los códigos de conducta empresariales. Así, en el World Economic Forum de Davos de 1999, el Secretario General de la ONU invitó a los empresarios a adherirse al *Global Compact for the New Century*: un compromiso con los Derechos Humanos, el trabajo y el medio ambiente. El *Global Compact* compromete a sus adherentes a apoyar y respetar la protección de los Derechos Humanos en la propia esfera de influencia de las empresas y a la vez a evitar todo tipo de complicidad en abusos contra dichos derechos.

Sin duda las formulaciones de Derechos Humanos evolucionarán, actualizándose frente a los nuevos problemas históricos y superando su cariz excesivamente occidental. Pero, en todo caso, la tarea de construir organizaciones responsables no se realiza sobre un vacío moral sino a partir de los niveles alcanzados por la conciencia común de la Humanidad.

4.6. Conclusión: Interiorizar la ética en la empresa

A nuestro modo de ver, la ética empresarial enfrenta actualmente retos apasionantes. Quisiéramos subrayar dos de los que nos parecen más significativos. En primer lugar, en un contexto de globalización económica, las empresas se ven atrapadas en una difícil contradicción. Por un lado, su sostenibilidad económica las empuja a políticas de largo aliento, respetuosas de la sociedad y del medio ambiente, destinadas a cultivar el desarrollo humano y profesional de sus empleados. Pero, por otro lado, la misma globalización (especialmente la financiera) las lleva a buscar resultados a corto plazo, a mirar ante todo el valor en bolsa y a exigir el máximo (aunque sea inhumano) de sus empleados. En esta situación, la ética puede tener una función importante, no en el sentido de que, como a veces se dice, sea rentable, sino en el sentido de fortalecer la primera línea de actuación frente a los 'cantos de sirena' de la segunda.

El segundo desafío consiste en pasar cada vez más de la discusión de dilemas éticos ocasionales a procedimientos de gestión que incorporen la dimensión ética de todas las actividades de la empresa. Se trata de que la ética no sea un añadido, un bonito sombrero con el que poder saludar al público ni tampoco un arma arrojadiza con la que defenderse del ataque de la opinión pública o los jueces. La ética es una dimensión consustancial de la vida de las organizaciones, que al fin y al cabo reúnen a personas libres para realizar actividades con sentido humano, todo lo cual tiene siempre significado ético.

Así como no existe la belleza en sí misma sino que siempre la encontramos y vivimos en una realización concreta, por ejemplo la danza de un ballet, la ética tampoco se puede encontrar separada de la vida cotidiana de las empresas. La belleza se encuentra en la trabajada facilidad con que la bailarina ejecuta los pasos más difíciles. La ética se encuentra en la trabajada facilidad con que una empresa asume la dimensión ética de su operación cotidiana.

Para pensar y discutir

1. ¿Has conocido, en alguna empresa con la que tengas contacto, alguno de los instrumentos de institucionalización de la ética que se presentan en este capítulo? ¿Cómo era? ¿Cómo funcionaba? ¿Qué enfoque predominaba en él, el enfoque de integridad o el de cumplimiento?
2. Considera a tu curso de la universidad como una organización que incluye a los estudiantes, profesores y al personal administrativo que gestiona la matrícula, las notas, etc. ¿Cómo construirías un código ético para esa organización académica?
3. Busca en internet varios códigos de grandes empresas de algún sector en que estés interesado en trabajar al acabar la carrera. Compáralos: ¿qué tienen en común? ¿Qué es específico de cada empresa? ¿Qué nos dicen esas diferencias sobre los valores de cada una?
4. Busca en internet códigos profesionales de los colegios o asociaciones que trabajan en algún ámbito relevante de tu carrera (marketing, finanzas, contabilidad, dirección, ingeniería industrial...) ¿Cómo relacionan sus normas con los valores profesionales correspondientes? ¿Trazan un buen perfil del profesional competente y honesto en ese campo? ¿Cuentan con algún procedimiento de vigilancia y sanción?

Conclusión de la Primera Parte: 20 tesis sobre Ética Empresarial

1. La ética no es un añadido a la vida en forma de código dictado por una instancia exterior a la misma vida. La ética surge de la inevitable necesidad de decidir escogiendo entre diferentes alternativas de acción.
2. En toda decisión es inevitable tener en cuenta (por atención o por omisión), no solo criterios técnicos, sino también criterios de calidad de las relaciones. La decisión sobre una relación entre personas tiene un componente ético. En este sentido, los criterios éticos no surgen al margen de los problemas humanos, sino al profundizar en ellos, teniendo en cuenta los valores implicados y las responsabilidades asumidas.
3. Las cuestiones éticas se plantean en ámbitos diferentes: el de los criterios, comportamientos y situaciones personales; el de las decisiones empresariales; y el de los valores y estructuras de la sociedad.
4. La ética tiene que ver con la responsabilidad y esta es, en cierta manera, proporcional al poder. Y si es cierto que resulta preciso evitar la culpabilización excesiva por actuaciones y decisiones empresariales sobre las que la persona no tiene verdadero poder, hay que ser también muy lúcido para detectar todo el poder que cada uno posee para transformar la organización y la sociedad, solo o asociado con otros.
5. Ese poder transformador vale en primer lugar para las personas, pero vale también para las empresas, cuya capacidad de configurar la sociedad es mayor de lo que normal-

mente se reconoce y acepta. En este sentido, las empresas no deberían olvidar su capacidad de influencia social y política (y no solo económica) para colaborar a transformar las estructuras sociales en la línea de una mayor justicia.

6. Las personas, las empresas y la sociedad misma no son realidades armónicas: por el contrario, están atravesadas por contradicciones, a veces inevitables. Estas contradicciones proceden de valores en conflicto o de intereses contrapuestos. La ética no tiene sentido al margen de estos conflictos. Al contrario: si el mundo fuera armónico, la ética resultaría inútil. La ética contribuye a tomar decisiones con calidad humana en esos contextos, con tanta frecuencia conflictivos.

7. Los conflictos de intereses son estructurales en los tres niveles de análisis, pero no bloquean necesariamente toda posibilidad de negociación y diálogo (aunque a veces la hagan difícil): ni en las personas (la deliberación ética consiste en el diálogo que la persona tiene consigo misma en momentos de decisión), ni en las empresas (la negociación sindical, por ejemplo, es posible y necesaria), ni en la sociedad (donde la mayoría de reformas estructurales hacia una mayor justicia social son fruto de negociaciones y consensos).

8. A pesar de los conflictos de intereses inherentes y estructurales de toda empresa, es posible, en principio, buscar puntos de consenso que permitan trabajar juntos aceptando una misión o razón de ser compartida de la empresa.

9. El mercado es el contexto económico de las empresas en la actual economía. Y en el mercado es esencial la competencia. El mercado requiere, para su correcto funcionamiento, que se respeten las reglas de juego legales y morales, so pena de degradarse. Por eso las empresas no deben eludirlas buscando situaciones de monopolio, oligopolio, corrupción, etc.

10. Pero el mercado y la competencia no pueden ser los únicos configuradores de la economía y, mucho menos, de la sociedad toda. El correcto funcionamiento de la sociedad requiere de un Estado que pueda corregir las insuficiencias y los fallos del mercado, así como de una sociedad civil estructurada que compense las limitaciones del mercado y del Estado.

11. El beneficio empresarial es éticamente válido como motor de la actividad económica, con tal de que no se absolutice y se acepten las restricciones que provienen de la compleja realidad de la empresa, de la economía y de la estructura social. Desde un punto de vista social, el beneficio es, más que la única razón de ser de la empresa, un valioso indicador de competitividad.
12. La empresa no está formada solo por los propietarios-accionistas y por la dirección, sino también por el conjunto de los empleados y de los demás *stakeholders*, los cuales tienen legítimo derecho a voz y/o voto en las decisiones empresariales por el hecho de vivir las consecuencias de estas.
13. La búsqueda del máximo beneficio a corto plazo no es necesariamente la única política posible para las empresas. La búsqueda de un crecimiento sostenible a largo plazo es una política económicamente también correcta y socialmente mucho más deseable.
14. Es excesivamente pesimista creer que las consideraciones éticas y sociales son siempre perjudiciales para el rendimiento económico de la empresa. Cuando se tiene presente el largo plazo, la seriedad ética de una empresa puede ser un elemento importante de su éxito económico y de su sostenibilidad.
15. La coherencia con unos valores y la asunción de responsabilidades tienen un referente objetivo en el nivel moral alcanzado por la sociedad humana, que se refleja en los derechos humanos reconocidos por la humanidad a lo largo de la época moderna.
16. Buscar la coherencia ética en un contexto que con frecuencia ignora esta dimensión de la realidad, no es fácil. Por una parte, resulta con frecuencia conflictivo. Por otra parte, no es sencillo discernir lo que es aceptable, justo, conveniente en las situaciones concretas en las que con frecuencia los diversos *stakeholders* tienen intereses legítimos pero contrapuestos.
17. El objetivo de la ética no es solo tomar decisiones evitando el mal, sino también buscar el bien social, económico y medioambiental posible. Entre el mal que debe evitar y el máximo bien que puede realizar, se extiende un amplio campo a la libertad y a la construcción ética de la empresa.

18. Por ello la empresa no debe buscar solo en instancias exteriores normas detalladas de conducta. Una buena parte de su orientación ética depende de ella misma: de los valores y responsabilidades que decide libremente asumir. La ética de una empresa es, también, una construcción de la misma empresa, sea en positivo o en negativo.
19. La ética de la empresa se practica no solo resolviendo dilemas, sino sobre todo incorporando criterios éticos a la gestión ordinaria de la empresa que integren las dimensiones económica, social y medioambiental. Para asegurar esa integración, hay experiencias positivas con una amplia panoplia de formas de institucionalización de la ética en la empresa.
20. La incorporación de criterios éticos en la gestión ordinaria no puede reducirse a formular códigos de empresa o a respetar los códigos profesionales existentes. Es también cuestión de cultura empresarial, esa cultura que cada empresa construye, conscientemente o no. La promoción de la cultura de la empresa es posible y éticamente necesaria, siempre evitando el peligro de instrumentalizar a las personas y de manipularlas buscando su adhesión acrítica a la empresa.

Segunda parte:
La empresa y sus *stakeholders*

Capítulo 5
La empresa, sus accionistas y directivos

5.1. Introducción

En la primera parte del libro se han ido sentando muchas de las bases para entender este capítulo, que dedicaremos a quienes crean y sostienen la empresa con su capital (los accionistas) y a quienes conducen sus operaciones (los directivos). Porque, ciertamente, al hilo de las anteriores exposiciones va apareciendo clara una secuencia argumental de ideas-fuerza que conviene explicitar:

1. La empresa es una institución no solo económica, sino también social y tiene por ello una base amplia: enfoque *stakeholder*.
2. La empresa no es solo una unidad productiva, sino también un lugar de despliegue y desarrollo de la creatividad y la acción humanas. Dicho de otra manera: un ente que no solo crea valor mediante la producción de bienes o la prestación de servicios; sino que, a la vez, genera también otros valores: crea cultura, modela a las personas y configura un tipo determinado de sociedad.
3. Aunque la imputabilidad moral se predica plenamente solo de las personas, también existe una innegable dimensión ética en la cultura y la propia entraña de la empresa. Por analogía, pues, cabría hablar también con fundamento de la ética *de* la empresa y no solo de la ética *en* la em-

presa, es decir, no solo de la ética de las personas que la conforman, ya sean estos directivos o trabajadores.

4. La responsabilidad ética –siempre ineludible– será distinta en cada miembro de la empresa en función de su rol en la organización. Muy especialmente, vendrá a relacionarse con la autoridad, la capacidad de control y la cuota de poder que cada cual tenga en la toma de decisiones. Así, los mandos intermedios tendrán mayor responsabilidad que sus subordinados –"colaboradores", según el actual lenguaje políticamente correcto– y la alta dirección y los consejeros tienen una responsabilidad máxima, a tono con la función estratégica que les es propia.

El objetivo de este capítulo es precisamente abordar con cierto orden este complejo asunto. Para ello, vamos a organizar la exposición en dos grandes bloques temáticos. En el primero –que abarca los epígrafes 5.2 a 5.7– dirigiremos nuestra mirada hacia la cumbre de las grandes empresas capitalistas: sus propietarios, quienes les representan en los Consejos de Administración, y los miembros de la Alta Dirección. En este terreno se juega el Gobierno Corporativo, que cada vez es objeto de mayor escrutinio por parte de las Administraciones y de una opinión pública preocupada y escandalizada a menudo por la falta de ética como resultado de la interacción entre esos tres grupos. Habremos de referirnos a los intentos de reforma de los Consejos de Administración, en general y tratando particularmente el caso español. Presentaremos, para ello, el llamado *Código Conthe*, haciendo hincapié en aquellos aspectos más directamente relacionados con la ética.

Al objeto de mantener el hilo conductor a lo largo del libro, sería bueno que el lector retuviera en su memoria, como una especie de bajo continuo, la tesis aquella de Milton Friedman, ya analizada en el primer capítulo, según la cual el directivo sería un empleado al servicio de sus patronos, los dueños de la empresa; y su corolario: la misión del directivo no es otra que la de maximizar el valor de la acción –eso sí, dentro de la ley y las buenas costumbres. Porque un análisis incluso muy superficial de la realidad nos convencerá pronto de la ingenuidad de ese modelo por varios aspectos: (i) el propio sentido de "maximización"; (ii) que en ella radique el objetivo exclusivo de todo accionista; (iii) porque el modelo simplifica en exceso la relación existente entre lo que Galbraith denominó la tecnoestructura —directivos, managers, gerentes— y la propia empresa.

Ahora bien, al tratar así la cuestión de la relación entre propietarios y directivos, corremos el riesgo de dejar fuera de nuestro estudio a gran cantidad de empresas y organizaciones que no cotizan en Bolsa, la mayor parte del tejido empresarial español. Alguien podría preguntar, con razón: ¿Es que no hay en ellas "directivos"? Y si los hay, ¿quiénes son sus "patronos", dado que no hay accionistas? ¿Qué pasaría en el caso de empresas cuya configuración sea distinta a la capitalista? ¿Hay ahí directivos o no los hay? ¿Qué pasa en el caso de que la propiedad y la dirección confluyan en la misma persona o grupo de personas?

Por ello, el segundo bloque temático de este capítulo —desde el epígrafe 5.8 hasta el final— se centrará en la acción directiva en general y en sus derivaciones éticas. Partiremos de una reflexión acerca de la posición directiva, qué funciones tiene encomendadas y cómo las realiza. Naturalmente, la existencia de directivos no es patrimonio exclusivo de las grandes sociedades capitalistas cotizadas en los mercados financieros, sino que los hay en todas las organizaciones —sean empresas, ONG, asociaciones, fundaciones, etc.— en todas las empresas —incluidas las medianas, las pequeñas y las micro— y en todos los modelos empresariales —incluidos el familiar y los de economía social. Por ello, una vez aclaremos qué es dirigir y cómo se lleva a efecto, estaremos en mejores condiciones para hacer algunas propuestas de ética profesional para los directivos no solo en las compañías por acciones, sino en general.

Pero antes, debemos empezar atendiendo a los propietarios y sus relaciones con la Alta Dirección en la empresa capitalista típica, enmarcando el problema en el marco del Gobierno Corporativo (*Corporate Governance*), entendido como el ejercicio último de la dirección de la compañía.

5.2. Los accionistas

a. *El rol de los accionistas en la empresa*

Toda empresa nace a partir de una oportunidad de negocio; es decir: de una idea, que, tratando de responder a un desajuste de mercado percibido por el emprendedor –oferta insuficiente; demanda real o potencial no bien atendida; necesidades, en definitiva, que cubrir– es vista, a su vez, como susceptible de producir beneficios económicos en grado bastante para atraer capital, a plazo más o menos previsible y, en todo caso, adecuados a los esfuerzos y al riesgo involucrados. Por ello, debemos dejar claras desde el principio, a modo de tesis, dos ideas sin las que nada de lo que viene a continuación tendría sentido: Primera: *sin capital, no hay empresa*; y segunda: *la búsqueda del beneficio económico es legítima*.

Naturalmente, cada uno de los que inician negocios y gestan empresas tiene su peculiar manera de explicar y dar cuenta de sus motivaciones. Así, mientras unos enfatizan el aspecto subjetivo y las intenciones particulares como motor del negocio –"yo quiero ganar dinero"– otros cargan la suerte en consideraciones de tipo más objetivo –"la empresa crea riqueza y está para generar valor".

Ahora bien, cuando hablamos de empresas, hay que afirmar que ambas explicaciones –la subjetiva y la objetiva– son tan reales y verdaderas la una como la otra; resultando ser complementarias y no sustitutivas entre sí. Al fondo de todo ello, late la necesidad como condición de posibilidad del proceso empresarial y el desarrollo como aspiración final del mismo. Pues la razón última de ser de la empresa y los negocios no puede ser más que la satisfacción de las necesidades humanas. La empresa no es otra cosa que una respuesta socioeconómica y cultural a un dato antropológico de base: el ser humano como animal inteligente que aspira a llevar adelante proyectos para los que se requiere la producción social de bienes o la prestación de unos determinados servicios.

Todo plan de negocio que cristaliza finalmente en un proyecto empresarial viable debe partir de una serie de elementos previos –capacidades, competencias, personas, recursos materiales, financiación...– que serán movilizados gracias al capital propio de la empresa. Poner en marcha la empresa requiere, pues, entre otras varias condiciones de posibilidad, de un capital inicial con el que financiarla. Esto es válido para cualquier tipo de empresa, independientemente del sector en que opere, de la configuración jurídica que adopte –de la sociedad personal a la sociedad anónima– del tamaño de la firma –de la microempresa a la empresa multinacional–, o de su estructura organizativa.

Ello sea dicho sin perjuicio de que, como es natural, cada sector, tipo y estructura de empresa encuentre más adecuados unos modos de financiación distintos. En el fondo las opciones están en función, sobre todo, del riesgo previsible y del monto del capital necesario para echar a andar el proyecto.

Ahora bien, las fuentes de las que aquel capital fluye se pueden reducir a dos grandes ámbitos: o bien son externas y así tienen vocación de seguir permaneciendo (consisten en créditos cuyos prestamistas cobran un interés); o bien se vinculan de una manera más estrecha –y, en definitiva, más barata– con el núcleo esencial de la empresa, aportando un capital que arriesgan completo en el proyecto de negocio. En este segundo grupo encajan perfectamente, no solo las empresas de capital riesgo y el propio mecanismo de la bolsa de valores sino también las aportaciones –dinerarias o en especie– de quienes deciden asociarse al proyecto exigiendo en contrapartida, con toda legitimidad, las prerrogativas de la condición de propietarios, socios o accionistas...

b. ¿Qué quieren los accionistas?

El rol de los accionistas en la empresa les da un poder, que pueden ejercer más o menos, sobre su conducción estratégica. Particularmente, el perfil del accionariado resulta crucial para los objetivos que la gerencia se marcará; por eso es importante preguntarse qué quieren los accionistas.

Cabría decir que los accionistas buscan fundamentalmente objetivos económicos, sociales, de toma del control societario, o bien una mezcla de varios de ellos.

El objetivo económico consiste en obtener un "adecuado" retorno sobre el capital invertido, sea mediante el cobro de dividendos, sea por las plusvalías que una buena gestión y una política acertada pueden generar en el valor de las acciones. Otro elemento económico atractivo es el de poder acceder a nuevas acciones a precios ventajosos –derecho de suscripción preferente en la emisión de acciones y obligaciones convertibles. Con todo, el factor riesgo está siempre presente: la compra de acciones puede ser una inversión a largo plazo o tener un carácter más especulativo a corto plazo, cuando se trata de obtener la mayor rentabilidad en el menor tiempo posible.

Desde el punto de vista ético esta inversión especulativa presenta aspectos problemáticos. Naturalmente al accionista le interesa que se incremente el valor de sus títulos, pero ello debería ser en el marco y como reflejo de la actividad productiva de la empresa (de su buena marcha y perspectivas de negocio). Sin embargo este enfoque de la maximización lo convierte en un objetivo primario y no derivado. Cuando así ocurre puede llevar a estrategias para modificar artificialmente los valores bursátiles, creando burbujas con la intención de explotar al mercado. Ello separa la economía financiera de la economía real, y puede producir fenómenos bien documentados de entusiasmos y pánicos colectivos sin más basamento que el contagio psicológico, capaces de amenazar empresas viables en lo fundamental o, por el contrario, de promover empresas sin un modelo sólido de negocio (como en la burbuja de las punto.com que estalló en 2001 destruyendo los ahorros y pensiones de muchas familias).

Es fácil comprender que el riesgo y la rentabilidad vienen correlacionados: uno está dispuesto a correr un riesgo más elevado porque piensa que, si gana, ganará más que jugando sobre seguro... Muchos inversores arriesgan en bolsa movidos por el deseo de obtener unos mejores resultados para su dinero que los posibles con otros productos de ahorro más convencionales y seguros. En general, pues, los accionistas no solo ni principalmente se mueven por el ánimo de financiar proyectos de inversión; sino más bien, por el de colocar su riqueza cubriéndose en lo posible del riesgo, asegurando unas adecuadas condiciones de liquidez y buscando una rentabilidad aceptable en un cierto plazo.

Sin embargo, algunos inversores persiguen también objetivos de tipo social y ético con su estrategia inversora, sin que ello necesariamente signifique perder dinero... antes al contrario. De hecho hay mucha gente que querría conseguir ambos objetivos a la vez: ganar dinero y contribuir a financiar empresas e iniciativas que redunden en un bien explícito para la sociedad, derivado no solo de la producción de determinadas mercancías o de la prestación de unos concretos servicios, sino, sobre todo, de un estilo peculiar a la hora de hacerlo: la promoción de los derechos humanos o de determinados valores morales; la preservación del entorno medioambiental; la implementación proactiva de políticas de responsabilidad social de la empresa, etcétera. Son cada vez más las instituciones que empiezan a escrutar con minuciosidad, desde criterios ecológicos y morales, a empresas y sectores enteros; porque, en definitiva, cada vez son más los que "auditan" –o al menos tienen en cuenta– la responsabilidad social de la empresa a la hora de elegir dónde colocar su dinero. La llamada "inversión ética" va en esta línea.

Otra de las razones por las que alguien puede estar interesado en convertirse en accionista es con vistas a poder controlar la marcha de la empresa desde dentro –por ejemplo, obteniendo un puesto en el consejo de administración. Ello puede obedecer a distintas estrategias más o menos presentables desde un punto de vista ético: fusiones, adquisiciones, troceamientos, ventas, cierres planificados... Este tipo de motivaciones, si bien en principio no tienen por qué ser valoradas peyorativamente desde consideraciones morales, lo cierto es que nos emplazan ante ciertas pendientes deslizantes por sus consecuencias económicas y sociales.

c. Accionistas individuales e institucionales

Hay dos tipos fundamentales de accionistas: los individuales y los institucionales. El hecho significativo es que el tipo institucional de accionista ha ido en aumento en las últimas décadas, tanto en España como en el resto de los países desarrollados. Esta tendencia –que se espera continúe en el futuro– tiene importantes repercusiones para el ejercicio del gobierno corporativo, toda vez que los socios institucionales de las grandes compañías suelen prestar más atención que los accionistas individuales a los asuntos de la compañía, y a menudo intervienen en su gestión ordinaria, desde puestos en los consejos de administración.

Ello deriva quizás de que los accionistas institucionales tienen menos flexibilidad que los accionistas individuales ordinarios –titulares de carteras con un número no muy significativo de acciones respecto al total– a la hora de vender paquetes considerables de acciones sin perjudicarse a sí mismos. Una oferta de venta a gran escala tiende a hacer bajar el precio… Por ello, si uno es un gran accionista institucional de una o varias compañías, parece más adecuado mantener posiciones, tratando de influir en la estrategia y en las políticas de la empresa, que desinvertir con riesgo de serias minusvalías.

Por su parte, los accionistas individuales compran acciones bien de manera indirecta –por ejemplo participando en inversiones colectivas, tales como fondos de inversión, seguros, planes de pensiones y jubilación–; o bien directamente a través de agentes intermediarios como pueden ser los bancos y cajas; o los *dealers* y *brokers* de las Sociedades o Agencias de Valores… Recordemos que la diferencia entre una Sociedad de Valores y una Agencia de Valores estriba en que la primera puede ejecutar órdenes a cuenta de terceros y también por cuenta propia; mientras que la Agencia solo puede actuar por cuenta de terceros.

Muchos accionistas institucionales vendrían precisamente representados por esos entes de inversión colectiva que acabamos de mencionar. Se trata de entidades que captan públicamente recursos para gestionarlos mediante el contrato de cuentas en participación, de manera tal que los rendimientos para el inversor se establecen en función de resultados colectivos. Estas instituciones pueden ser de carácter no financiero –por ejemplo, las que actúan sobre activos inmobiliarios, de las que no nos ocuparemos aquí– o de carácter financiero –invierten en activos financieros y valores mobiliarios–, tales como las Sociedades de Inversión Mobiliaria –de capital fijo o de capital variable– o los Fondos de Inversión Mobiliaria –fondos de inversión en activos del mercado monetario o fondos de inversión en renta fija, mixtos o en renta variable.

A la vista de este escenario dominado por grandes actores profesionales, parece evidente que el accionista individual necesitaría, entre otras cosas, un mínimo de cultura financiera si quiere andar con paso firme por el mundo de los mercados bursátiles. Solo así podrá actuar con prudencia, tratando de dar su consentimiento informado a la hora de emitir las correspondientes órdenes a sus intermediarios. Debería tener unas nociones ajustadas a la realidad respecto a lo que son, lo que significan y cuál es la operativa de los mercados financieros; debería saber, al menos a grandes rasgos, cómo funciona la bolsa y quiénes son sus miembros –Ministerio de Economía, Comisión Nacional del Mercado de Valores, Agencias de Valores y Bolsa, Sociedades de Valores y Bolsa, Sociedades Rectoras de cada bolsa; debería tener conciencia del funcionamiento del sistema de interconexión bursátil y comprender el papel de los inversores en tan complejo proceso.

Además de todo lo anterior, es preciso que el inversor, el futuro accionista, sea adecuadamente advertido acerca de los riesgos que corre, de la incertidumbre siempre inevitable en el mercado bursátil. Y, en la medida que lo demande o lo necesite, sea aconsejado desde criterios de profesionalidad, objetividad e independencia. En todo caso –ya lo advertíamos unos párrafos más arriba–, le debería ser encarecida la prudencia, no solo como virtud moral, sino también como *conditio sine qua non* de toda estrategia inversora.

Estos puntos son de tal importancia que las propias bolsas, agrupaciones profesionales relacionadas con el mercado, la prensa especializada y, por supuesto, la Comisión Nacional del Mercado de Valores (CNMV) insisten con reiteración en ellos, dando consejos y publicando documentos tales como Guías para los distintos tipos de productos o recuentos de los derechos y responsabilidades del accionista.

Además, para prevenir situaciones problemáticas y lidiar con ellas una vez que se producen, suelen institucionalizarse figuras de protección del inversor. Esa función es llevada a cabo en España por la Oficina de Atención al Inversor de la CNMV, la cual responde consultas y procesa reclamaciones, aunque sus resoluciones carecen de fuerza vinculante y no pueden ser utilizadas para alegar en tribunales. Por otra parte, cada institución financiera privada que opera en el mercado de valores debe, por ley, contar con su propio Servicio de Atención al Cliente, cuyas resoluciones carecen asimismo de carácter vinculante. Muchas han creado también alguna figura de "Defensor del Cliente" con capacidad de hacer cumplir sus resoluciones a la misma entidad financiera.

Aunque dignas de elogio, se trata de un tipo de actuaciones más bien ligeras, a las que con demasiada frecuencia les falta operatividad. Por contra, no son pocos los que opinan que el pequeño inversor es una víctima propiciatoria de los intereses de las grandes empresas y los bancos encargados de "colocar" en el circuito bursátil el "papel" que aquellas necesitan. Muchas voces denuncian que el pequeño inversor a menudo llega tarde: entra en bolsa al final de la parte alcista de los ciclos, de manera que los emisores y los grandes accionistas institucionales ganan a su costa, dejándole atrapado ("empapelado") en valores por debajo del precio al que los adquirió. Resulta ello de un conflicto de intereses de los intermediarios financieros (cuando dan prioridad a los grandes sobre los pequeños clientes), que distorsiona la limpieza del juego en el mercado financiero.

El hecho es que –a lo que parece– el mercado bursátil tiene una lógica menos parecida a la del inversor medio que a la del especulador profesional; tal vez debido a que en bolsa no solo cotizan realidades económicas, sino también aspectos políticos, sociológicos y psicológicos: esperanzas, ilusiones, euforias y pánicos... más o menos fundados. Por ello, no deja de ser paradójica la situación: por una parte, los autoridades y los colectivos profesionales hacen recomendaciones fundadas en la prudencia, mientras que, por otra, el éxito parece seguirse a menudo de actuar de manera diferente.

d. Criterios éticos en la relación empresa-accionistas

Los propietarios, accionistas o socios constituyen un elemento imprescindible para la sostenibilidad de la empresa: una empresa descapitalizada no es viable. Entre ellos y la empresa, en virtud de la mutua interrelación y los respectivos intereses, se generan obligaciones morales que conviene explicitar y considerar a la hora de la toma de decisiones, tanto por parte de los directivos u otros empleados como de los mismos accionistas. Veamos algunos criterios o principios de actuación:

1. *El accionista, lejos de ser visto como un elemento "externo" a la organización, ha de ser considerado como una pieza fundamental de la empresa.* Aunque su aportación a la dinámica de la compañía no sea de tan alto rango como la de otros *stakeholders* –los empleados contribuyen con trabajo, pura expresión de su fin humano, mientras que los accionistas generalmente solo ponen medios dinerarios o de otro tipo– en todo caso, la aportación de los accionistas resulta indispensable y debe ser, por ello, merecedora de alta consideración.
2. La empresa y sus directivos, en consecuencia, *deben buscar la máxima rentabilidad que en justicia sea posible*, tratando de producir beneficios lícitos que justifiquen la inversión e incrementen el valor de la misma, respetando el objeto social de la empresa.
3. *Los directivos tienen el deber moral de informar a los accionistas sobre la realidad económica del negocio,* dando en todo momento la "imagen fiel" del patrimonio y la gestión a que alude la legislación en materia de cuentas. No se deben mantener fondos "secretos" para finalidades ajenas a los propios fines de la compañía.
4. *Los directivos deben comunicar los proyectos de futuro de la empresa* a los socios y accionistas con suficiente antelación (salvando la confidencialidad necesaria en un entorno competitivo), y recabar su aprobación y sugerencias, absteniéndose de realizar acciones o incurrir en omisiones discriminatorias. Debieran, a su vez, informar a la opinión pública y muy especialmente al conjunto del accionariado sobre los principios éticos que inspiran la cultura y la actuación de la empresa.
5. *No se debe utilizar ni facilitar información privilegiada* que beneficie a unos accionistas o socios, con menoscabo de los intereses de otros o incluso de la propia compañía. La información de empresa que haya de permanecer confidencial, deberá quedar fuera del alcance de todos los accionistas por igual; y la que deba ser pública tendrá que ser puesta a disposición de todos al mismo tiempo, de manera que ningún accionista gane ventaja en el mercado de su cercanía a la gerencia de la empresa.

6. *Incluso los accionistas de intención puramente especulativa deben respetar la sostenibilidad económica del proyecto empresarial al que se suman.* Esto incluye, por ejemplo, abstenerse de empujar la empresa hacia posiciones financieras comprometidas a largo plazo con el fin de inflar a corto plazo en el precio de la acción; o debilitar el capital humano de la empresa con reestructuraciones de personal enfocadas a impactos inmediatos sobre el valor de la acción en vez de a genuinas mejoras de la productividad de la empresa.
7. *Los accionistas deben asumir responsabilidad moral por el proyecto empresarial* que contribuyen a financiar y del que obtienen beneficios económicos. Aunque su responsabilidad legal se limite, en el caso de figuras jurídicas como la Sociedad Anónima, a la cantidad invertida, su carácter de posibilitadores y beneficiarios de la actividad de la empresa les implica moralmente en lo que se hace con su capital. Al fin, la actividad de la empresa es la fuente de sus dividendos y del valor de su acción. No pueden por tanto desentenderse de la calidad ética del origen de las ganancias empresariales. A esa responsabilidad moral corresponden poderes como los de entrar y salir de la empresa, pedir explicaciones a la dirección, y votar en la Junta de accionistas o de socios.

Estos principios se aplican no solo en el caso de socios o grandes accionistas bien identificados, sino también a los ahorradores individuales que buscan rentabilizar su capital en bolsa; y a los gestores de fondos que tienen como objetivo y deber profesional no tanto financiar directamente proyectos empresariales —que sí financian, en fin de cuentas—, cuanto invertir los capitales que les encomiendan sus clientes cubriendo los riesgos en la mayor medida posible.

En estos casos, las obligaciones éticas de los directivos hacia los propietarios de la empresa seguirán siendo regularmente las mismas, sean estos grandes o pequeños, inversionistas de largo o de corto plazo. Sin embargo, la responsabilidad moral de quien en último término pone el capital (el ahorrista-inversor final) puede verse obstaculizada en su realización por la anonimidad y la complejidad del sistema que finalmente conduce su dinero hasta la empresa.

Para entender esto, pensemos en un trabajador que ahorra parte de su sueldo en un fondo privado de pensiones. Este fondo a su vez coloca el dinero en un 'fondo de fondos', cuyo gestor lo invierte en diversas empresas, algunas de las cuales resultan ser éticamente problemáticas, sea por su modelo de negocio (por ejemplo, venden instrumentos eléctricos para 'interrogatorio' a las policías de países de escaso Estado de derecho), sea por efectos colaterales de su actividad que aumentan el beneficio (por ejemplo, desalojan sin compensación a pobladores indígenas tradicionalmente asentados de las tierras cuyas minas van a explotar). ¿Qué responsabilidad moral le cabe al trabajador-ahorrista por estas actividades? Ciertamente contribuye con su dinero y se beneficia de ellas, pero al mismo tiempo las desconoce, y no es fácil que llegue a conocerlas porque entre él y la actividad se interponen tres capas organizacionales: el fondo de pensiones, el fondo de fondos, y las empresas mismas.

La envergadura de este problema ético se comprende mejor sabiendo que, según cifras de la patronal del ramo (INVERCO), había en abril de 2012 en España 4,8 millones de participantes en fondos de inversión; al tiempo que el Informe de la D.G. de Seguros y Fondos de Pensiones contaba casi 10,7 millones de participantes en fondos de pensiones a finales de 2011. Y a ellos deben añadirse los cientos de miles de pequeños y medianos inversionistas que compran y venden acciones en bolsa usando servicios de intermediación financiera.

Para todos ellos, obtener la información precisa para realizar un juicio ético sobre el destino de su dinero (que es la fuente de sus beneficios) puede tener un coste prohibitivo. Aunque la ignorancia no culpable constituye un eximente de responsabilidad moral, su alcance tampoco debe sobreestimarse. En primer lugar, porque cierta información sí está disponible a muy bajo coste. No hay que buscarla sino solo leerla cuando es puesta ante nuestros ojos. Así, los fondos informan en detalle a sus participantes sobre la composición de sus inversiones; ONG, medios de comunicación y organismos públicos de fiscalización proporcionan a menudo información sobre prácticas empresariales problemáticas desde el punto de vista ético. Cuando el inversionista puede conocer esta información sin mayor esfuerzo, la eximente de ignorancia desaparece, y debe plantearse cómo ejercer su responsabilidad: si abandonando la inversión problemática o intentando influir a la empresa para que corrija sus prácticas, desde la posición que le da el contribuir a su capital.

Hay además algunas herramientas directamente dirigidas a asegurar la calidad ética de las inversiones accionariales. Por ejemplo, diversas organizaciones producen índices y evaluaciones de responsabilidad social de grandes empresas tanto españolas como extranjeras, como el FTSE4 Good IBEX, elaborado en colaboración con Bolsas y Mercados Españoles.

Otro camino para asegurar la calidad moral de las inversiones son los fondos éticos, que garantizan al ahorrista determinados estándares sociales y/o medioambientales, variables de un fondo a otro, en las empresas donde se coloca su dinero. Algunos de estos fondos son ofrecidos por la llamada 'banca ética', pero también se encuentran en bancos y otros intermediarios con criterios comerciales regulares.

Finalmente, como modalidad de ejercicio de la responsabilidad moral del inversionista, vale la pena mencionar el activismo accionarial (*shareholder activism*), desarrollado por ONG, iglesias y otras organizaciones preocupadas por la ética en los negocios. Consiste en utilizar fondos de la organización para adquirir acciones de grandes empresas problemáticas en algún sentido ético. Esas acciones les abren las puertas de la Junta de accionistas, en la cual no solo ejercen su voto, sino que introducen peticiones formales de explicación al Consejo de Administración o a la gerencia sobre las prácticas cuestionables. Tales peticiones, que en principio deben ser respondidas públicamente en la Junta, pueden abrir la oportunidad de una negociación directa con las instancias de decisión de la empresa sobre la mejora de sus prácticas.

5.3. El problema principal-agente

En el epígrafe anterior se habrá observado que la mayor parte de nuestras recomendaciones éticas en la relación empresa-accionistas van dirigidas a la gerencia de la empresa, no a los accionistas. Ello es porque esa relación constituye un caso agudo del problema ético del principal y el agente, también llamado problema de agencia.

Ese problema aparece cada vez que un agente está, por su posición contractual, comprometido a operar en el mejor interés de su principal, pero al mismo tiempo su propio interés le llevaría a actuar de una manera distinta, en detrimento de los intereses del principal. En el caso que nos ocupa, la gerencia de la empresa (agente) debe buscar el mejor interés de los accionistas (principal), pero podría ser que los gerentes obtuvieran más beneficio personal actuando de una manera distinta (por ejemplo, controlando el Consejo de Administración para asignarse a sí mismos grandes salarios y pensiones de retiro independientemente de la buena o mala marcha de la empresa, como se ha visto en la última crisis bancaria).

El problema de agencia se da también en muchas otras circunstancias comunes de la vida profesional y económica. Cuando vamos al médico (agente), suponemos que actuará buscando remediar nuestra salud al menor coste posible para nosotros (principal); pero podría ocurrir que él ganara más dinero recomendando una operación costosa que, sin embargo, no resultara más eficaz que un tratamiento menos invasivo y más barato. Lo mismo es frecuente con el "médico" de los coches, el mecánico. Y podría también encontrarse en el administrador (agente) de un fondo de inversión que coloca el dinero que tiene encomendado en operaciones de mayor riesgo del aconsejable dada la vocación del fondo (principal), porque si las inversiones salen bien, él gana mayor comisión, pero si salen mal, no es su dinero el que se pierde.

El problema de agencia deriva de la asimetría de información entre el agente y el principal, en dos posibles modalidades:

- *El agente cuenta con más información* que el principal, y por ello se dificulta a este último entender y evaluar las actuaciones de su agente. Así, el médico generalmente sabe más de medicina que su paciente; el mecánico sabe más de coches que su cliente; y la gerencia de la empresa conoce mejor la organización y su negocio que los accionistas.

- *El agente está en condiciones de actuar de una manera oculta para su principal, por tanto difícil de detectar y controlar por este.* Esta es la clave del llamado 'riesgo moral' (*moral hazard*). Así, los gobernantes pueden financiar obras faraónicas con deudas que los ciudadanos desconocen mientras no hacen crisis; los asegurados pueden actuar de manera más peligrosa que el común porque cuentan con que la aseguradora correrá con el coste de un eventual siniestro; y los gerentes de las empresas pueden tomar decisiones que aparentan excelentes resultados a corto plazo pero esconden grandes riesgos en el largo plazo (cuando ellos personalmente ya no estarán en la empresa).

Resulta importante entender que el problema principal-agente cobra su pleno sentido dentro de una concepción neoclásica de las decisiones económicas. En esa concepción, cada cual actúa en cada situación buscando maximizar su propia utilidad, que coincide con su propio interés (económico, político, o el que fuere). En el pensamiento neoclásico, esta forma de actuar es considerada natural, normal y racional (González Fabre 2005). Por ello, debe esperarse que también los agentes actuarán de esa manera, por más que estén comprometidos contractualmente a maximizar el interés de su principal antes que el suyo propio.

El problema de agencia resulta entonces ineludible dentro del marco del egoísmo racional neoclásico. No lo sería, sin embargo, en otras concepciones de la ética. Por ejemplo, en una ética del rol social y las virtudes asociadas a él, el agente intentará cumplir lo mejor posible la función social de cuidar el interés de su principal, función que ha asumido libremente. Para ello, desarrollará las virtudes que sean precisas, incluida la moderación del afán de perseguir su propio interés. En una ética del deber, el agente debe honrar su compromiso contractual por encima de toda consideración personal, porque eso es precisamente lo que hace posibles los compromisos. Si después de comprometerse en contrato con el interés de su principal sigue buscando su propio interés como si tal contrato no existiera, incumple su deber y se otorga a sí mismo un privilegio que no puede universalizarse. En efecto, si todos los agentes se permitieran desconsiderar su obligación hacia los respectivos principales cuando ello les genera un mayor beneficio personal, la misma relación principal-agente dejaría de ser confiable a los principales, y terminaría desapareciendo.

En la vida económica y empresarial se encuentran sujetos de muy variadas cataduras morales. Sin duda, hay quienes responden al paradigma neoclásico y persiguen siempre y solo su propio interés, independientemente de sus compromisos profesionales como agentes de otros. También hay personas de mejor calidad ética, más profesionales y leales. Pero como los primeros existen, y la tentación se plantea a todos en realidad, resulta preciso contar con algunas líneas de defensa para evitar los daños sociales de una mala resolución del problema de agencia. Esas líneas son fundamentalmente tres:

a. Alineación de intereses económicos

La solución neoclásica típica al problema de agencia consiste en diseñar los incentivos del agente de manera que maximice su propio interés solo maximizando el de su principal. Con los respectivos intereses así alineados, el agente seguirá actuando como un egoísta racional, pero al hacerlo satisfará también su rol como cuidador de los intereses del principal.

En la vida empresarial, esta idea se ha venido concretando en esquemas de retribución de directivos basados en los resultados que obtengan para la empresa y sus accionistas. Cuando se trata de la alta dirección, cuyas decisiones pueden afectar el valor de la empresa, suelen incluirse en la remuneración acciones u opciones sobre acciones, normalmente solo realizables a medio o largo plazo, de manera que ganen más cuanto más valor creen para el accionista en ese mismo plazo. Y cuando se trata de directivos intermedios, se recurre a esquemas de bonos por resultados, o de participación en las ganancias anuales de la empresa.

Estos esquemas de retribución son útiles pero limitados. Por una parte, parecen legitimar moralmente el supuesto neoclásico de que el directivo buscará siempre maximizar su propio beneficio. Esto es, se le dice al directivo: maximiza tu propio interés sin mayor consideración, que el esquema de remuneración se encarga de alinearlo con el de la empresa. Pero, por otra parte, esa alineación puede ser difícil de alcanzar en el diseño de los incentivos: es preciso considerar todas las posibilidades para que no quede ninguna grieta, esto es, para que no haya ninguna forma en que el agente pueda ganar más a costa de la empresa y sus accionistas. La crisis de 2007 mostró que enormes grietas pueden aparecer en sectores como en financiero, que fiaban la conducta de sus agentes a la remuneración variable. Y es que, incluso cuando se ha logrado una buena alineación de intereses entre accionistas y directivos con un cierto esquema de incentivos, se corre el peligro de que esos intereses se desalineen por alguno de los continuos cambios de circunstancias de mercado, legales, corporativas, en los productos, etc.

b. Mecanismos legales y para-legales

La alineación de intereses a través de incentivos realiza, en último término, la idea de 'la zanahoria' para que el burro ande por donde se quiere. Su complemento habitual es 'el palo', esto es, algunos mecanismos legales (contenidos en la ley del Estado) o para-legales (de la reglamentación interna de la empresa) que prevengan y sancionen las faltas al deber del agente respecto de su principal.

La prevención se realiza estableciendo obligaciones de transparencia en la información y la actuación (puesto que el problema de agencia deriva de la asimetría de información) y los correspondientes mecanismos de control. La sanción, una vez detectada y comprobada la falta, puede ser de tipo económico, laboral, e incluso penal, dependiendo de la naturaleza tanto del hecho como de la norma que viola.

Ya en el capítulo 3 habíamos comentado las dificultades que los mecanismos legales encuentran para resultar plenamente efectivos en el control de los comportamientos. Lo mismo se aplica aquí: entre la conducta inapropiada del agente y su sanción pueden interponerse las necesarias garantías jurídicas, la habilidad defensiva del acusado, la corrupción de los mecanismos de control y evaluación, los juegos políticos... Por ello, el 'palo' tampoco es suficiente.

c. Selección moral de los agentes

En realidad, ni los incentivos económicos ni las sanciones legales o para-legales pueden resolver el problema de agencia por entero. Ambos resultan útiles y hasta necesarios, pero no pueden reemplazar a la calidad moral del agente, esto es, a su motivación interior para cumplir sus compromisos contractuales y actuar con la profesionalidad requerida por la posición que ocupa. Los incentivos podrán reforzar esa motivación recompensándola en las situaciones comunes, y las sanciones podrán tratar con malas conductas excepcionales, castigándolas. Pero no hay sustituto para el compromiso ético del agente con su principal.

La utilización de los antecedentes éticos de la persona en la selección de los directivos, tiene por ello todo sentido vista desde el problema principal-agente. Nadie llega a posiciones directivas de cierto poder sin un recorrido corporativo, en la misma o en otras empresas, durante el cual habrá tenido numerosas oportunidades de demostrar qué priorización establece entre interés personal y compromiso profesional con los intereses de la compañía. No examinar esos antecedentes, constituiría una peligrosa imprudencia por parte de la empresa.

5.4. "¿Quién manda aquí?": agentes implicados en el Gobierno Corporativo

El problema de agencia es quizás la cuestión principal, aunque hay también otras, que se aborda en la estructuración y regulación normativa del poder dentro de la empresa, lo que suele llamarse 'Gobierno Corporativo'. En este epígrafe y los siguientes nos ocuparemos de ello.

Comenzamos notando que hay varios grupos de *stakeholders* relacionados con el ejercicio del poder en las empresas. Básicamente son los directivos, los miembros del Consejo de Administración, los accionistas, los trabajadores, las Administraciones Públicas y las instituciones de crédito.

En primer lugar está la así llamada Alta Dirección, o directivos expertos en determinadas áreas funcionales (Marketing, Dirección Financiera, Recursos humanos, Producción, etc.), que son los encargados de dirigir las operaciones cotidianas y, por consiguiente, ocupan posiciones de gran importancia en el organigrama de la compañía. Pese a lo que sugiere una lectura superficial de Friedman, muchos directivos, más que responsables ante los accionistas, suelen sentirse responsables hacia algo más etéreo: la propia empresa. La idea que tienen de sus obligaciones incluye: (1) garantizar la viabilidad económica de la empresa; (2) asegurar la supervivencia a largo plazo de la misma, mediante la innovación, el desarrollo, la búsqueda de nuevas oportunidades y la expansión de los mercados; y (3) mantener en equilibrio las demandas contrapuestas de los diversos *stakeholders*, de manera tal que la empresa pueda alcanzar sus objetivos. El lema que parecen haber internalizado quienes piensan en estos o parecidos términos, es que lo bueno para la empresa a largo plazo, es también bueno para los accionistas.

Por otro lado están los miembros del Consejo de Administración (consejeros), que ejercen su autoridad desde la cumbre de la compañía y son los encargados de definir las grandes líneas estratégicas de la empresa, tales como inversiones, desinversiones, expansiones, alianzas, penetración en nuevos mercados, fusiones, internacionalización, etc. Son responsables máximos y últimos del posicionamiento de la empresa en el entorno y de la definición de sus principales políticas. Ejercen un poder importante en la selección del principal ejecutivo de la empresa (*CEO*) y en la aprobación de los nombramientos para los puestos directivos más relevantes. El desempeño del cargo de consejero conlleva importantes responsabilidades económicas, legales, y éticas.

También tienen su cuota de responsabilidad y su poder de cara al Gobierno Corporativo los propios accionistas, los dueños de la empresa, a quienes en principio el Consejo de Administración debería representar. Arriba hemos esbozado cómo se concretan el poder y la responsabilidad de los accionistas.

Los trabajadores pueden llegar asimismo a adquirir un papel relevante en el Gobierno Corporativo, aunque esto varía mucho de unos sectores a otros, de unos modelos de organización a otros, y de unas empresas a otras. En el capítulo 6 volveremos sobre este asunto con mayor detenimiento cuando hablemos de la participación de los trabajadores en la gestión de la empresa.

Decíamos que las Administraciones Públicas y las instituciones de crédito también resultan ser agentes importantes en el complejo proceso del Gobierno Corporativo. Las primeras, por la obvia razón de que tienen la legitimidad y el poder para establecer las reglas del juego a través de leyes y normativas, que pueden reforzar mejor o peor las aspiraciones y exigencias éticas de la sociedad con respecto a la empresa. Por su parte, las instituciones de crédito obtienen su poder sobre la empresa tanto de financiar muchas de sus actividades cotidianas (financiamiento sin el cual la empresa puede volverse inviable), como del papel que desempeñan en las operaciones de adquisición de empresas y en las tomas de control hostiles (*hostile takeovers*).

En efecto, desde mediados de la década de 1980 la 'innovación financiera' ha venido facilitando la adquisición de unas empresas por otras, instrumentando tales operaciones con la emisión de bonos de alto riesgo. Una vez tomado el control de la empresa objetivo por ese procedimiento, el adquirente podía hacer con ella su conveniencia: reorganizarla, integrarla en la propia estrategia buscando sinergias, deshacerse de partes o divisiones concretas improductivas o menos interesantes, o simplemente liquidarla para quitarse de en medio a un competidor.

Muchos directivos entraron en esa dinámica. Sin embargo, la amenaza que la generalización de este modo de proceder llevaba consigo, hizo que bastantes miembros de la alta dirección de importantes empresas buscaran modos para asegurar la supervivencia de sus organizaciones, mediante mecanismos de control que, en muchos casos, resultaron onerosos y exigieron apalancarse en instituciones de crédito, financiadoras de las operaciones de blindaje y defensa. En resumidas cuentas, tal estado de cosas dio como resultado la generalización de lo que en la jerga al uso se denominan *leveraged buyouts* (*LBO*). Un *LBO* usa deuda –bonos o créditos– para comprar un número significativo de acciones, tal que permita mantener el control en manos de los actuales consejeros. Con ello, se evita estar al albur de accionistas impacientes o especuladores, prestos a vender al primero que les haga una oferta interesante por sus acciones. La condición de posibilidad y la contrapartida, en cambio, es la dependencia de la institución que financia la compra de las acciones. Se supone que dicha institución financiadora juega a plazo más largo y dará respiro a los directivos... siempre que se vaya atendiendo al pago del principal y los a menudo importantes intereses de la deuda contraída. Por ello, si sobrevienen épocas recesivas para el negocio, la suspensión de pagos y las quiebras pueden ser el resultado de que los financiadores urjan el repago del dinero prestado.

Aunque nunca queda claro del todo cuál es la intención profunda que mueve a los directivos a llevar adelante un apalancamiento financiero de este tipo –lo políticamente correcto vuelve a insistir, a pesar de los blindajes e impresionantes "paracaídas de oro" de muchos altos directivos, en que se trata de salvaguardar el bien de la compañía...– no es arriesgado suponer que muchas veces les mueve el miedo a perder el puesto y las prebendas correspondientes. Y estarían mirando más por sus intereses particulares que por los de la empresa, o de los propios accionistas.

5.5. El Gobierno Corporativo en la sociedad mercantil: las funciones de los Consejos de Administración

La moderna Sociedad Anónima se explica por la confluencia de tres factores: la necesidad de cuantiosas sumas de capital para abordar proyectos inversores de gran calado; la delegación de poderes en un Consejo de Administración encargado de dirigir y gestionar el negocio de manera profesional; y el deseo de los accionistas de estas empresas de limitar su responsabilidad con respecto a las mismas en el eventual supuesto de quebrantos económicos.

A principios del siglo XX tuvo lugar una primera ola de fusiones entre empresas. Con ellas se buscaba, entre otras cosas, ventajas fiscales, limitación de responsabilidades y un mejor aprovechamiento de las economías de escala. Esas fusiones generaron también la necesidad de reflexionar sobre la innegable disociación que aparecía en estas nuevas grandes corporaciones entre la propiedad y el control de la empresa. A principio de los años treinta Berle y Means (1932) presentaron el problema en un libro pionero y clásico. Desde entonces hasta nuestros días, los debates a este respecto se han ido sucediendo de manera ininterrumpida. La actual preocupación por el Gobierno Corporativo, manifiesta en las latitudes y contextos económicos más dispares (Estados Unidos, Europa, Asia), no es sino un ejemplo elocuente de una dificultad común en la relación entre accionistas y directivos. En definitiva, se plantea la cuestión: ¿cuál es la función específica de los Consejos de Administración?

La respuesta a dicha pregunta ha resultado en tres visiones distintas (si bien es cierto que complementarias) de las funciones del Consejo de Administración: la Teoría Institucional, la Teoría de la Dependencia de Recursos, y la Teoría de la Agencia. La conjunción de los tres enfoques permitiría decir que las funciones del Consejo de Administración serían, en definitiva, controlar a los directivos (Teoría de la Agencia), adquirir legitimación social (Teoría Institucional) y obtener los apoyos, los recursos y la información necesarios para que la empresa sobreviva (Teoría de la Dependencia de Recursos).

La *Teoría Institucional* (Powell y Di Maggio 1991) subraya la dimensión social de la empresa, a la que considera un agente interactuante en un entorno social compuesto por otros agentes institucionales. En virtud de determinados factores (coercitivos, normativos y miméticos) se produciría una especie de isomorfismo entre las prácticas de las distintas empresas, por más que el medio en que operen sea diferente. En este contexto y desde este enfoque, el Consejo de Administración vendría a ser un instrumento legitimador ante el entorno y, a la vez, un vehículo de tipificación homogeneizante entre empresas.

La *Teoría de la Dependencia de Recursos* (Pfeffer y Salancik 1978) también tiene un marcado sesgo sociológico, al resaltar sobre todo el carácter político de las empresas, consideradas como una cristalización de intereses en abierta competencia con otras instituciones que también buscan recursos e información para adaptarse y controlar el medio. Bajo este punto de vista, el Consejo de Administración adquiere un papel estratégico y sirve como instrumento para asegurarse el apoyo de quienes son capaces de proveer a la empresa de los recursos necesarios para su mantenimiento. Ello se ve reflejado en muchas de las prácticas habituales en el Gobierno Corporativo y el funcionamiento habitual de los Consejos de Administración en España.

Finalmente, tal vez el modelo teórico más conocido y sugerente sea el de la *Teoría de la Agencia* (Shleifer y Vishny 1995). Este planteamiento tiene sus raíces en la Economía y en la Teoría de la Firma. Domina el pensamiento financiero y, naturalmente, es suscrito por Milton Friedman. Como veremos, también subyace al Código Conthe. Según este punto de vista, la empresa es una realidad fundamentalmente económica en la que se entremezclarían múltiples contratos (derechos, obligaciones, procesos de evaluación y control, recompensas y castigos) entre partes también distintas. De lo que se trataría sería de dar con el contrato óptimo capaz de alinear los intereses de todas las partes.

En este modelo, la relación entre los accionistas y los directivos se concibe como hemos descrito en el epígrafe anterior, en términos de principal-agente. La divergencia de intereses y la asimetría de información entre unos y otros da lugar a un problema de agencia, cuando los directivos tratan de obtener sus propios objetivos a costa de los accionistas. De este modo surge la necesidad del Consejo de Administración, para velar por que los directivos cumplan con su misión de maximizar el valor de la empresa. Los costes resultantes de la puesta en práctica de controles sobre los directivos por parte de los accionistas se conocen con el nombre de "costes de agencia". El principal objetivo del Gobierno Corporativo sería minimizar esta clase de costes para, así, evitar que la separación entre propiedad y control, típica de las grandes corporaciones, dé lugar a formas de organización ineficientes.

Por lo demás, la articulación en la práctica de los mecanismos de control corporativo varía de un país a otro, en función de múltiples factores de tipo histórico, legal, económico (papel de la Bolsa, número de sociedades cotizadas, estructura del accionariado) e incluso psicológico. Con todo, puede decirse que, a grandes rasgos, hay dos grandes modelos: el sistema de control externo y el sistema de control interno.

Típicos *sistemas de control externo* son los de los Estados Unidos y el Reino Unido. Este modelo se basa en la disciplina de los mercados, y más concretamente en la amenaza que representan las OPAs hostiles sobre la incompetencia de un equipo directivo que no logra atender adecuadamente a la maximización del valor para el accionista. Aunque este sistema es más flexible (y hay quien dice que se irá extendiendo a medida que los mercados se interconecten y globalicen), tiene también el inconveniente de sesgar las inversiones de la empresa hacia el corto plazo, conforme los directivos concentren su atención en el precio inmediato de la acción, descuidando planes que solo darán fruto en años.

El caso de la Europa continental (España incluida) y de Japón es distinto, al descansar el control en *mecanismos internos*, tales como normas para la constitución y el funcionamiento de los Consejos de Administración. Aunque se trata de un sistema más barato, que eventualmente fomenta que la empresa haga planes a largo plazo, precisamente su estabilidad puede suponer un freno para la necesaria adaptación a un entorno cada vez más complejo y competitivo.

Por lo que a Europa se refiere, una serie de elementos específicos estarían reduciendo las particularidades de los sistemas de gobierno empresarial, al paso que se abren los mercados nacionales a la competencia internacional y aumenta la importancia de los mercados de valores. Dichos elementos serían: (1) el papel creciente de los inversores institucionales, que impulsará previsiblemente el Gobierno Corporativo hacia el modelo angloamericano; (2) la integración de los mercados financieros, que produce una mayor convergencia en la distribución de la cartera de valores de los inversores institucionales; (3) el aumento de la actividad de los accionistas –derecho de voto y mayor seguimiento de la gestión de la empresa– (4) las privatizaciones de activos estatales (como fue el caso de España con Endesa, Argentaria, Tabacalera, Telefónica, Iberia) que incrementan la importancia de los mercados de valores y aumentan su capitalización.

5.6. El Gobierno Corporativo en España

El proceso efectivo del Gobierno Corporativo puede ser descrito de dos maneras opuestas. Según el modelo tradicional, son los accionistas quienes tienen en última instancia el poder, y ejercen dicha potestad mediante la elección de los miembros del Consejo de Administración. Estos, por su parte, serían los encargados de contratar al equipo de altos directivos, definir la estrategia y asegurar que los accionistas reciben un adecuado retorno de la inversión, como resultado de una buena gestión empresarial.

Sin embargo, otras voces afirman –no sin razón– que al anterior modelo le falta realismo: no es cierto que los accionistas se encuentren en la cima de la cadena de mando de las compañías. Más bien vendría a ocurrir que son los propios altos directivos quienes controlan al Consejo de Administración, toda vez que de ellos depende muchas veces el nombramiento de unos u otros consejeros... con la consiguiente falta de independencia de los miembros del Consejo, más preocupados por no desairar a quien los ha nombrado que por ejercer su misión con efectividad. La preocupación con que se observan hoy en día los problemas del Gobierno Corporativo y las iniciativas de reforma de los Consejos de Administración, indica que esta segunda manera de interpretar la operación de las grandes empresas parece reflejar mejor la realidad.

Como no podía ser de otra forma, también en España se viene trabajando desde hace años en estos asuntos. Nos detendremos aquí solo en dos hitos importantes: el Informe de la Comisión Olivencia sobre los Consejos de Administración (1998) y el Código Unificado de Buen Gobierno Corporativo o Código Conthe (2006). Ambos documentos intentan dar respuesta a la demanda de mayores cotas de eficacia, agilidad, responsabilidad y transparencia en la gestión, buscando hacer de los Consejos de Administración auténticos dinamizadores de la vida de la empresa.

a. *El Informe Olivencia*

En 1998, una Comisión presidida por Manuel Olivencia, tras un detallado estudio de la situación, ofrecía una descripción, un "retrato robot" de la empresa cotizada en España, en los siguientes términos:

1. Hay un excesivo presidencialismo. El Consejo de Administración es incapaz de controlar a aquellos de sus miembros que disponen del poder ejecutivo.
2. El Consejo se ha dotado de medidas de blindaje que aseguran su permanencia, haciendo casi imposible su control exterior por parte del mercado mediante una OPA hostil.
3. En la práctica el Presidente dispone de libertad absoluta para nombrar y separar a los Consejeros.
4. No hay procedimientos establecidos para evaluar la gestión del Presidente ni para su sustitución.
5. Los consejeros perciben remuneraciones desproporcionadas en relación a su dedicación que, en la mayoría de los casos, se limita a la asistencia a unas contadas sesiones anuales, en las que reciben una información limitada y que preparan muy poco.
6. Los Consejos son excesivamente numerosos, lo que inhibe los deseos de participar en las deliberaciones y provoca pasividad y rutina.
7. Apenas hay consejeros verdaderamente independientes.
8. El Consejo se perpetúa a través de una reelección poco reflexiva y más bien fruto de la inercia. La cooptación es el medio habitual de nombramiento.
9. Por lo que respecta a la estructura accionarial de las empresas españolas cotizadas, los "accionistas significativos" –los que tienen más del 5% del capital de la empresa– poseen un gran peso en la misma (frente a la poca relevancia del "capital flotante"). Por otro lado, el capital no vinculado a accionistas institucionales es muy bajo, tanto en términos absolutos como en comparación con otros países de nuestro entorno.

Este Informe fue utilizado como base para un primer intento de Código de Buen Gobierno, el llamado Código Olivencia, cuya asunción era voluntaria pero con obligación de informar. Años después, en 2003, otra comisión, esta vez encabezada por Enrique de Aldama, analizó el estado de la cuestión y los progresos en el cumplimiento del Código Olivencia. Encontró que ese progreso había sido más lento de lo deseable, lo que a su vez puso en movimiento el proceso para redactar un nuevo Código de Buen Gobierno, más elaborado. Una comisión presidida por Manuel Conthe produjo en 2006 el conocido como Código Conthe, actualmente vigente, después de considerables forcejeos con los directivos de algunas de las grandes empresas a las que debía aplicarse.

b. El Código Conthe

El Código Conthe se dirige a empresas cotizadas en España. Constituye una 'norma blanda', en un sentido semejante al del Código Olivencia: su cumplimiento no es obligatorio, pero sí lo es (desde 2008) informar del grado de cumplimiento y de los progresos realizados por la compañía al respecto. Consolidando los reportes de las empresas, la CNMV produce sus Informes Anuales de Gobierno Corporativo.

No se trata por tanto de una norma enteramente voluntaria cuyo cumplimiento solo será reconocido por el mercado (el buen gobierno corporativo redunda en mayor eficiencia empresarial, y así en mayor valor de la acción), sino que también deberá ser declarado ante las autoridades y ante el resto de la sociedad. El mismo Código declara que su fuerza deriva de una "voluntariedad sujeta al principio de *cumplir o explicar*". Se espera que ello produzca cierta presión social para asumir las prácticas recomendadas en el Código, las cuales, partiendo de las empresas cotizadas, deberían ir permeando a todo el tejido empresarial español en que la gerencia y la propiedad de la empresa estén separadas.

Enumeremos ahora algunas de las principales ideas y recomendaciones del Código Conthe, cuya comparación con las deficiencias encontradas en el Informe Olivencia pueden arrojar luz acerca de la dirección en que se pretende progresar:

1. Respecto al poder de los accionistas, se recomienda que se elimine cualquier restricción al máximo número de votos que un accionista puede detentar en la Junta General (art. 1). Esto facilitaría la adquisición de control sobre las sociedades por la vía de la compra de acciones, y por tanto los *takeovers* en el mercado. También se propone que se someta a la Junta de Accionistas cualquier operación que implique una modi-

ficación estructural de la compañía, incluso cuando ello no está mandado por ley (art. 3). Artículos sucesivos atienden a que los accionistas reciban a tiempo la información completa de los asuntos que van a tratarse en la Junta (art. 4), a que esos asuntos se voten separadamente (art. 5), y a que los intermediarios que manejan paquetes de acciones por cuenta de varios clientes puedan fraccionar su voto según las instrucciones de cada cliente (art. 6). Todo ello, como se ve, tiende a dar instrumentos a los accionistas para intervenir más conscientemente en el gobierno de la empresa.

2. Se fija como misión del Consejo de Administración velar por el interés social, entendido como interés de los accionistas comunes dentro del respeto general a las responsabilidades legales, contractuales y sociales de la empresa. Esta misión se asigna a cada uno de los consejeros, de manera que no están allí para cuidar los intereses de algunos accionistas en concreto, sino de todos.

3. Para ello, se fija como núcleo de la misión del Consejo de Administración "aprobar la estrategia de la compañía y la organización precisa para su puesta en práctica, así como supervisar y controlar que la Dirección cumple los objetivos marcados y respeta el objeto e interés social de la compañía" (art. 8). Todos los grandes aspectos de la gestión de la empresa van incluidos aquí: plan estratégico de negocios, financiamiento e inversiones, control y gestión de riesgos, dividendos y autocartera, responsabilidad social, generación y distribución de la información, gobierno de la empresa, operaciones vinculadas (con accionistas, miembros del Consejo o de la Alta Dirección de la misma empresa)... Se intenta así que la operación de la empresa sea transparente a sus accionistas.

4. Ello incluye asimismo asumir competencias en la aprobación del nombramiento de altos directivos propuestos por el primer ejecutivo de la compañía y, por supuesto, del nombramiento de este último. Una Comisión de Nombramientos puede ayudar al Consejo de Administración en esta función (art. 54ss). La clave del control de la compañía

por los accionistas estriba, finalmente, en que estos cuenten con los instrumentos para nombrar y destituir a los principales ejecutivos.

5. Y es también competencia del Consejo de Administración entrar en las remuneraciones de la Alta Dirección, ayudándose de una Comisión de Retribuciones para ello (art. 57ss). Así se quiere evitar situaciones de explotación de la empresa por parte de su alta dirección.

6. La clave de la eficacia, objetividad e independencia con que el Consejo de Administración pueda realizar estas funciones, se encuentra en su estructuración. Este constituye el punto más importante del Código, el que más polémica generó en su discusión, y el que más recortado fue de un borrador a otro. Finalmente, solo quedaron algunas recomendaciones de índole más bien general:

6.a. Que los consejeros ejecutivos (miembros de la Alta Dirección de la empresa) sean el mínimo número posible que satisfaga las necesidades de información del Consejo, de manera que los consejeros externos (no miembros de la Alta Dirección de la empresa) constituyan una amplia mayoría del Consejo (art. 10).

6.b. Esta mayoría de consejeros externos se compone de consejeros 'dominicales' (que representan paquetes accionariales) y consejeros 'independientes' (que no tienen detrás ningún paquete accionarial, o solo uno menor del 5% del total de las acciones). Se recomienda que la proporción entre consejeros dominicales e independientes sea la misma que haya entre los paquetes de acciones representados por los primeros y el total de las acciones (art. 12); y que los consejeros independientes no sean menos de un tercio del Consejo (art. 13).

6.c. Se exhorta también a eliminar todo tipo de barreras prácticas que pudiera impedir a las mujeres desempeñarse como consejeras de sociedades, y, en el caso de compañías donde estén muy infrarrepresentadas, a incorporar en su selección de consejeros candidatas con las competencias precisas (art. 15).

El Código continúa con recomendaciones en considerable detalle acerca de las funciones de las diversas posiciones y comisiones del Consejo de Administración, sus procedimientos operativos, el nombramiento y el cese de personas para esas funciones, las reglas de transparencia informativa en las diversas tomas de decisiones, etc. En general, se trata de equilibrar el poder de la Alta Dirección y de los grandes paquetes accionariales, con mayor poder para la Junta de Accionistas, mayor presencia de consejeros independientes, y con reglas de información y control que permitirán a ambos actuar con más eficacia en el interés de los accionistas comunes.

Es todavía pronto para saber si el Código Conthe resultará eficaz en este propósito. Los informes de Gobierno Corporativo de la CNMV hasta 2010 (último año disponible cuando escribimos esto en 2012) muestran lentos avances de un año a otro en la mayor parte de los apartados. Con más tiempo se verá si, como algunos temían al momento de la promulgación del Código, la situación tiende a estancarse en un punto en que el poder de la Alta Dirección y los grandes paquetes accionariales no pueda ser desafiado con eficacia, o si, más bien, la acumulación anual de pequeños progresos terminará en un perfil de empresa más abierta, mejor gobernada, por tanto más eficiente y atractiva para el inversionista externo a la misma. Confiemos en que, a ejemplo de algunas empresas pioneras y excelentes en el buen gobierno, se produzca en España el deseado "efecto de arrastre" entre las demás y se decidan a asumir el espíritu –y no solo la letra– del Código, adaptándolo a sus circunstancias.

En esa dirección va, al menos, la constitución en 1991 –a imagen y semejanza de asociaciones homólogas en otros países– de la Asociación Española de las Relaciones con Inversores (www.aeri.es), entre cuyos objetivos se establecen: mejorar las relaciones entre las empresas y los accionistas; aumentar la transparencia en la divulgación de información relevante; preservar la veracidad, relevancia y calidad de la información distribuida al mercado, tratando de establecer criterios de presentación más homogéneos; la autorregulación mediante códigos de conducta; colaborar con las autoridades en lo referente a la regulación, tutela y control de la emisión de información financiera dirigida al colectivo de inversores y analistas...

En el mismo sentido, vemos que las grandes compañías españolas, bajo la presión creciente de las transformaciones de los mercados, la globalización de la economía, el incremento de la competencia, el aumento del número de accionistas y del volumen de negocio subsiguiente, han venido institucionalizando y profesionalizando la función de "Relaciones con el Inversor". Tratan así de cumplir mejor con unas expectativas y requerimientos cada vez más exigentes en todos los sentidos –el ético incluido– que se están convirtiendo en condición de posibilidad del mantenimiento y expansión de sus negocios.

Y es que la relación entre altos ejecutivos de la empresa y accionistas no se limita a los accionistas actuales, sino que se extiende a todos los potenciales accionistas que operan en el mercado de capitales. Por eso, desde un punto de vista ético parece exigible –en línea con los criterios y principios apuntados más arriba– que al potencial accionista se le informe con objetividad e independencia para que pueda tomar libre y responsablemente sus decisiones inversoras. No hacerlo así equivale a inducciones cercanas al engaño.

La autorregulación de las empresas en el mercado bursátil no obsta para que los poderes públicos –mediante la legalidad y una variada red de organismos e instituciones– mantengan la obligación moral de velar por un adecuado funcionamiento del sistema, que minimice las posibilidades de actuaciones injustas y garantice la igualdad de oportunidades. Para ello tiene sentido poner en práctica y hacer cumplir –en un dinámico proceso de adaptación a las nuevas circunstancias y realidades– un marco de referencia en el que la actividad financiera pueda desplegar sus potencialidades al servicio de la economía real, en aras de la satisfacción de las necesidades humanas y, en definitiva, con vistas a una mejora del bienestar del conjunto de la sociedad.

5.7. El proceso directivo y sus implicaciones éticas

Al tratar del problema de agencia, habíamos mencionado que no hay sustituto para la calidad ética de los agentes. Ni los esquemas de incentivos mejor diseñados ni las mejores estructuras de Gobierno Corporativo pueden reemplazar a esa calidad. Ello es verdad de los directivos de la empresa tanto como agentes del principal que son los accionistas, cuanto en sus relaciones con los demás *stakeholders* de la empresa, internos o externos.

Como la ética brota de la entraña misma de la acción directiva, puede afirmarse sin duda que no es posible conseguir el éxito empresarial a largo plazo (el plazo que interesa a la empresa como tal) al margen de la ética. Solo tratando a los miembros de la organización y al resto de *stakeholders* con ética –con justicia, rectitud, respeto– se adquiere la credibilidad y confianza necesarias para obtener el compromiso de otros en la cooperación y la innovación. Y solo canalizando los esfuerzos de los diversos *stakeholders* es posible al directivo guiar la compañía hacia la consecución de sus metas más genuinas, que le otorgan legitimidad social: la eficiencia económica y la eficacia competitiva a través de las cuales la empresa crea valor y aporta su propio bien específico a la sociedad.

Por consiguiente, la ética y el razonamiento moral habrán de influir a todos los niveles –operativo, funcional, técnico, conceptual– y en todas las secuencias del proceso directivo –planificación, organización, comunicación, motivación, negociación, control. La dimensión ética ha de ser identificable en todo lo que se hace dentro de la empresa y en todo lo que la empresa hace con impacto en el entorno. Por consiguiente, deberá reflejarse en la planificación estratégica, en las políticas de la empresa, en sus programas y proyectos, en los presupuestos anuales, en el modo de evaluar el desempeño y fijar incentivos…

Las Ciencias de la Dirección señalan que el proceso directivo requiere una serie de destrezas y exige del profesional ciertas habilidades, las cuales ofrecen unos aspectos más técnicos (susceptibles de ser enseñados y aprendidos mediante el estudio) y otros menos racionalizables, más propios de un "arte" o del ejercicio de capacidades innatas de liderazgo. Con todo, el proceso directivo viene conformado por cuatro grandes funciones interconectadas entre sí –Planificación, Organización, Gestión y Control–, de las que derivan una serie de tareas continuas, tales como: formulación del propósito, análisis de problemas y diseño de alternativas, toma de decisiones, comunicación, motivación, negociación, innovación, etc. Se trata, por lo demás, de un proceso dinámico y abierto.

Esas cuatro grandes funciones incluyen dimensiones éticas ineludibles. Así, la Planificación requiere detectar necesidades y oportunidades, fijar objetivos, establecer alternativas estratégicas y elegir entre ellas, para terminar elaborando planes concretos. Cada uno de esos pasos contiene significados morales:

a. En la identificación de necesidades y oportunidades, la empresa revela la índole ética de su mirada sobre la sociedad. ¿Qué cuenta como una necesidad digna de esfuerzo para satisfacerla? ¿Qué constituye una oportunidad? Por ejemplo, no es igual, ni para la sociedad ni para la misma empresa, que esta incluya de su radar a los más pobres y vulnerables, preguntándose cómo puede servir a sus necesidades a través de su oferta en el mercado; o más bien los excluya ignorándoles. Y no es lo mismo, ciertamente, que la empresa busque oportunidades basadas en la innovación y la mejor satisfacción de la demanda; o que las busque más bien en la manipulación de los consumidores, en la descarga de externalidades negativas sobre terceros, o en la complicidad de oficiales públicos.

b. En la fijación de objetivos, la empresa se define a sí misma moralmente estableciendo su propósito. Este incluirá ciertamente ganar dinero, pero además debe responder a cuestiones más profundas sobre su responsabilidad social, esas cuestiones que mencionamos en el capítulo 3 como derivadas de su poder. ¿Qué tipo de sociedad queremos? ¿Qué tipo de relaciones consideramos deseables, y por tanto pretendemos concretar en nuestro negocio? ¿Cuál es el modelo de vida en común que consideramos más humano, al cual queremos contribuir con nuestra actividad productiva? Dependiendo de cómo se reflejen esas cuestiones en los objetivos de la compañía, tendremos uno u otro perfil ético de empresa.

c. El estudio y la selección de alternativas estratégicas constituye, obviamente, un momento de elección ética. Al evaluar los diversos cursos posibles de acción, ¿mira el directivo solo a las ganancias de la empresa en el ejercicio corriente, o valora también la consecución de puntos de equilibrio de largo plazo entre todos los *stakeholders*? ¿Se preocupa por el impacto total de su acción sobre la sociedad, o solo por su cuenta de resultados? ¿Elimina de entrada las alternativas moralmente impresentables –por ejemplo, aquellas que violan los derechos morales de otros–, o las acaricia preguntándose por su rentabilidad?

d. Finalmente, todas las opciones éticas realizadas en los apartados anteriores deben concretarse en los planes operativos, los cambios necesarios en la empresa para llevarlos a cabo, y los presupuestos con que se financiarán. La ética no constituye una música de acompañamiento de la planificación, sino que, a través de ella, ha de alcanzar las prácticas concretas de la empresa.

De la misma manera que la ética se encuentra embebida en cada aspecto del proceso de Planificación, también se encuentra en la función de Organización. En ella se estructura de hecho el poder dentro de la empresa, lo que plantea de inmediato cuestiones éticas que afectan al mismo organigrama corporativo.

¿Resulta este adecuado para el despliegue del potencial de los directivos medios y los trabajadores en cada nivel de la organización, o está basado en el paternalismo o en una concentración malsana del poder? ¿Incluye un número de contrapesos y balances, que dificulten actuaciones contrarias a la ética? ¿Ajusta bien la autoridad con la responsabilidad en cada puesto, de manera que no hay 'posiciones imposibles' destinadas al fracaso de quien las ocupe? ¿Evita conflictos estructurales de interés que pondrían a ciertos empleados ante continuos dilemas éticos? ¿Organiza el flujo de información de manera que cada posición cuente con la necesaria y oportuna para contribuir eficazmente a la misión común, facilitando así que cada empleado pueda identificarse con ella y realizarse en ella?

Podría parecer que estas son cuestiones técnicas, más relacionadas con la eficiencia del funcionamiento de la empresa que con su calidad moral. No es así: se trata en efecto de cuestiones técnicas, pero hondamente relacionadas con la experiencia que los empleados tendrán de la compañía, con las oportunidades de desarrollo personal y profesional que esta les ofrecerá, y con la calidad de las relaciones que se entablarán dentro de ella. Resultan ser, por tanto, también cuestiones éticas.

Lo mismo ocurre respecto a la tercera función directiva, la Gestión. Se trata del gobierno del día a día de la empresa, donde se juegan aspectos de tanta relevancia ética como: el tipo de liderazgo que los directivos ejercen; la visión que la empresa tiene de las motivaciones de sus trabajadores; la recolección y el manejo de información sobre sus operaciones internas y sus *stakeholders* externos; y, finalmente, la toma de decisiones con que se realizan los planes y se afrontan las eventualidades e imprevistos. En todo ello se revela la calidad moral de la organización mejor que en cualquier discurso programático, porque si los valores que la empresa dice haber asumido no se encuentran en su gestión cotidiana, ¿dónde los buscaremos?

Por último, la función de Control tiene implicaciones evidentes desde el punto de vista de la justicia, que afecta al establecimiento de estándares, a la evaluación de personas y secciones de la empresa de acuerdo a esos estándares, a los procedimientos de auditoría, a la explicación y corrección de las desviaciones y, por supuesto, al reconocimiento de méritos y la distribución de recompensas. Como la justicia es amiga de la verdad, ejercer bien el Control de la empresa implica exigir transparencia y actuar con ella, escuchar explicaciones y darlas. Solo así el juicio resultante será imparcial, objetivo, ajustado a las posibilidades de cada cual dadas las circunstancias, y por ello, justo al mismo tiempo que realista y bien encaminado a mejorar la operación de la empresa.

El directivo es, en esencia, un líder empresarial. Debe influenciar, motivar y habilitar a su entorno de trabajo (en primer lugar su equipo, pero también otros empleados y directivos, los proveedores, etc.) para que cada cual haga su parte en la consecución de los objetivos de la empresa. Cuando esos objetivos están correctamente diseñados, incluyen no solo qué metas alcanzar sino también cómo hacerlo bien; no sólo ganancias económicas para la empresa sino incrementos de bienestar para todos los *stakeholders*; incluyen, en suma, una dimensión ética.

El buen liderazgo directivo es, por ello, también liderazgo ético. Podemos recordar lo que comentábamos en el capítulo 4: la ética en la empresa y su responsabilidad social derivada no es asunto de un departamento sino que debe impregnar el negocio desde su mismo núcleo. Atañe por tanto a todos, en la misma medida en que contribuyen con mayores o menores responsabilidades al modelo de negocio. Los directivos asumen porciones más grandes de responsabilidad, y por ello son en mayor medida responsables de la calidad ética de la empresa.

Según sugerimos también en el capítulo 4, un liderazgo ético debe traducirse en aspectos tales como: incorporar parámetros morales a la hora de seleccionar y formar al personal y de evaluar el desempeño de las tareas; favorecer la participación en la toma de decisiones, de acuerdo a las capacidades y circunstancias de cada miembro de la organización; prestar atención a la calidad ética de quienes se encuentren en puestos de "especial riesgo"; y recompensar o sancionar, cuando sea el caso, las conductas que se atengan o se aparten de los procederes éticamente correctos.

Como el liderazgo empresarial en general, también esta dimensión ética del liderazgo directivo puede ejercerse de diferentes maneras: desde el ejercicio directo de la autoridad organizacional hasta formas sutiles de influencia y persuasión, pasando por la motivación y el estímulo con un discurso positivo, la anticipación a los problemas, el control y reparación de daños, la atención a las situaciones personales...

Sin embargo, en la dimensión ética del liderazgo aparece un elemento que, quizás, no está tan presente en otros aspectos de las funciones del directivo como líder: un liderazgo ético solo resulta convincente si 'predica con el ejemplo', esto es, si gana autoridad moral demostrando en sí mismo que los estándares a los que llama a otros pueden ser realizados y no son meras palabras bonitas. En otras dimensiones del liderazgo, el directivo no tiene que hacer él primero lo que manda a los demás. A menudo, por el contrario, saber delegar es la clave de un liderazgo eficaz. En la dimensión ética no cabe delegación: si el directivo no es el primero en encarnar las calidades éticas que requiere de los demás, pierde la autoridad moral y su liderazgo se disuelve.

5.8. Siete principios éticos para la acción

A tono con lo que va dicho, cabría proponer siete principios o criterios de moralidad en toda la acción directiva. Son los siguientes: legalidad, profesionalidad, transparencia y confidencialidad, fidelidad a responsabilidades concretas, buena fe, controlar los conflictos de intereses, respeto a la integridad de las personas. Digamos una palabra respecto de cada uno de ellos

a. *El principio de legalidad*

Una gestión que aspire a ser considerada como ética, debe partir del firme suelo de la legalidad vigente y cumplir con ella de manera estricta, no solo "a la letra" sino en espíritu.

Ello implica asumir la ley civil como una guía ética, cambiando lo que habíamos llamado en el capítulo 3 su carácter positivo en carácter moral. Tal transformación no puede ser realizada acríticamente. En sociedades democráticas con un proceso legislativo razonablemente representativo, la ley civil refleja las opciones éticas de la sociedad, o al menos indica la dirección de esas opciones. Se cumple en ella el criterio de publicidad de la ética kantiana: la promulgación de la ley como resultado de un debate público implica que la mayor parte de la sociedad la considera razonable, que no se avergüenza de tenerla como norma rectora.

Incluso en ese caso, sin embargo, podría ocurrir que la conciencia moral general estuviera errada como consecuencia de procesos sociales de deformación propagandística. Al fin, la persecución de los judíos en la Alemania nazi, que incluyó aspectos económicos como la expropiación de sus posesiones, la remoción de sus posiciones profesionales, y la reducción de sus personas a la esclavitud, se hizo al amparo de la legislación vigente en el momento, aprobada por una mayoría electoral. Muchos otros crímenes e injusticias se han cometido y se cometen bajo y dentro de la ley.

Por ello, incluso en países democráticos, la dirección que marca la ley no siempre constituye una buena guía moral. Un cierto sentido crítico es necesario. Más todavía en países autoritarios o dictatoriales, donde las empresas occidentales también hacen negocios (a menudo, sus mejores negocios). Es verdad que el problema suele radicar más a menudo en la facilidad con que se viola la ley que en el texto mismo de esta. Sin embargo, la competencia internacional por las inversiones se ha reflejado en movimientos legislativos, sobre todo en los terrenos financiero, laboral y medioambiental, que van justamente en la dirección contraria a cualquier ética razonable.

En tales casos, los preceptos legales sobre justicia y respeto hacia los *stakeholders* no llenan siquiera los mínimos de la responsabilidad moral de la empresa, de que hablamos en el capítulo 3. La ley es entonces 'menos que el mínimo': no solo debe cumplirse, sino sobrepasarse. Y si la competencia impidiera a la empresa sobrevivir yendo más allá de la ley, entonces parece imperativo asumir el compromiso político de luchar por el cambio de esta, de manera que la empresa no necesite dañar a la sociedad para salir adelante. Esto constituye, también, parte del principio de legalidad.

b. El principio de profesionalidad

Resulta complicado definir precisamente qué es una profesión y más difícil aún acotar en términos generales los requerimientos éticos de los "profesionales". Con todo, no cabe duda de que quienes desempeñan una profesión –en nuestro caso, los directivos– están sujetos a responder ante la sociedad con elevados niveles de competencia técnica, que les lleve a poner todo su saber y diligencia en sus acciones (Hortal 2002). En un escalón mínimo, pero muy importante, se situaría la conocida formulación, en negativo, del primer principio deontológico clásico: no hacer el mal (*primum non nocere*). Es decir: procurar no dañar o, si ello resulta inevitable, minimizar el daño y compensar a quienes lo sufren, internalizando así las externalidades negativas producidas como efectos secundarios indeseados de una acción empresarial que persigue objetivos socialmente valiosos.

Ahora bien, más allá de estos mínimos se abriría todo un amplio camino de avance hacia la perfección, la mejora y la excelencia personal y empresarial. Muchos ejemplos se podrían aducir respecto a esta necesidad de actuar responsablemente en el ejercicio de la profesión empresarial o de la función directiva. Sirvan, como indicio, las siguientes: supervisión de las acciones –no solo desde un punto de vista técnico, sino también ético–; comprobar los niveles de calidad de los productos puestos a la venta; valorar y justificar los impactos negativos contra el medio ambiente derivados de un determinado sistema de producción; prever acciones correctoras; etc.

c. El principio de transparencia y confidencialidad

Este puede parecer un principio contradictorio. La transparencia implica hacer públicos datos que en otro caso permanecerían ocultos; y la confidencialidad consiste en mantener datos ocultos a la mirada general. Se trata sin embargo del mismo principio de manejo de la información: ciertos datos de los que obran en posesión de la empresa deben ser hechos públicos con transparencia; y otros deben ser mantenidos como confidenciales en ámbitos estrictamente restringidos. La clave está en distinguir unos de otros.

Así, la información financiera de sociedades cotizadas debe ser hecha pública de manera transparente y fidedigna. Dentro de la empresa, todos los directivos la requerirán para elaborar planes con buena base en la realidad. Y fuera de ella, el público inversor tiene derecho a conocerla para poder tomar sus decisiones de entrada o salida del accionariado de la empresa; los bancos la necesitan para otorgar y renovar créditos con una evaluación atinada de los riesgos; y el Estado también debe acceder a ella para establecer el monto correcto de los impuestos. Se trata pues de una información que no debe ser ocultada, solo para conocimiento de unos pocos altos directivos, mientras se comunica a los demás *stakeholders* internos y externos de manera incompleta o falseada. En esa transparencia se encuentra la clave de la ética profesional de contables y auditores.

Por el contrario, ocurre también que en las transacciones mercantiles y en otras relaciones que se establecen en el ejercicio de la actividad empresarial, se accede con frecuencia a informaciones confidenciales de las contrapartes, que en modo alguno deben ser divulgadas o verse expuestas a convertirse en noticias de dominio público. Quienes, por razón de su cargo dentro de una empresa u organización, tienen acceso a dicho tipo de información, deben actuar con cautela y hacer uso de ella dentro de los límites razonables y para los fines para los cuales se entregó.

Traicionar esta expectativa sistemáticamente tornaría imposible una relación estable entre las partes. Violaría el principio ético de universalización, como es fácil razonar. Divulgarla más allá de las esferas directamente implicadas en el proceso en cuestión, puede ser, con frecuencia, ocasión de toda una picaresca que en modo alguno favorece a los intereses de la organización, bien que algunos, puedan lucrarse abundantemente a título individual. Piénsese por ejemplo en el *Insider Trading*.

Otros casos en que la confidencialidad es una exigencia ética están en la mente de todos: el Jefe de Personal evaluando el desempeño de un empleado; el directivo que se encuentra en un proceso de negociación de un convenio con los representantes de los trabajadores; el que se ve envuelto en un proceso de fusión o de adquisición de otra u otras empresas o es objeto de ello; el que negocia en la Bolsa y, por razón de su rol como intermediario, sabe antes que el mercado en qué dirección se van a mover las acciones de determinada compañía; etc.

d. *El principio de fidelidad a responsabilidades concretas*

Dependiendo de las áreas en que los distintos directivos trabajen –Producción, Personal, Ventas, Finanzas, Contabilidad, Marketing, etc.– verán aparecer deberes profesionales específicos o, quizás, se destacarán aspectos concretos de los deberes generales del directivo, a tono con las peculiaridades y responsabilidades de su puesto.

Los distintos *stakeholders* de la empresa –accionistas, trabajadores, competidores, clientes, Estado, etc.– deben ser tenidos siempre en cuenta. Ahora bien, no es menos cierto que, por ejemplo, un jefe de personal tiene que vérselas más frecuentemente con problemas éticos emanados de las relaciones con los trabajadores. Un experto en marketing deberá solventar dilemas que más bien tengan que ver con los clientes o la competencia, etc. Se trata, en cada caso, de actuar competentemente, con buen criterio técnico y sensibilidad ética, desde una decidida apuesta en favor del bien de la organización y del entorno social en su conjunto.

A las responsabilidades profesionales específicas de cada cargo corresponden a menudo perfiles morales distintos de las personas adecuadas para ese cargo. Esos perfiles morales se componen de virtudes –hábitos para hacer bien las cosas– que serán también diferentes de una posición a otra. Todos necesitarán alguna dosis de las virtudes fundamentales (prudencia, justicia, valentía, moderación) pero al bajar a los detalles, es fácil entender que el Director de Marketing deberá poseer además la virtud de la creatividad, mientras que no conviene en absoluto que el Jefe de Contabilidad sea muy creativo. El ejecutivo principal deberá caracterizarse por su prudencia, puesto que a él le corresponde integrar en decisiones estratégicas todos los aspectos del funcionamiento de la empresa y su impacto sobre la sociedad, mientras que el encargado de Innovación probablemente deba destacar por su audacia, y el de Relaciones Públicas por su cordialidad y comunicatividad.

Una empresa bien construida éticamente no se caracteriza, por tanto, por la homogeneidad moral de sus directivos. Todos han de coincidir en la búsqueda honesta de lo mejor para la compañía y para la sociedad, pero la clave de un buen resultado no se encuentra en la identidad de todas las perspectivas sino en un diálogo moral genuino dentro de la organización y con sus *stakeholders*, donde se integre la pluralidad de perspectivas. Convocar y dar vida a ese diálogo en su ámbito específico de competencia, constituye una realización del principio de fidelidad a responsabilidades concretas de cada directivo.

e. El principio de buena fe

La buena fe constituye un presupuesto ineludible en todo proceso negociador y en cualquier negocio o empresa con vocación de continuidad a lo largo del tiempo. Si no puede suponerse buena fe en la contraparte, sino que debieran siempre temerse manipulaciones, abusos e incumplimientos, la figura misma del contrato dejaría de tener sentido y los negocios se paralizarían por falta de confianza y por costes desmesurados de aseguramiento. Tenemos aquí otra aplicación del principio ético de universalización (Etxeberría 2002): no puede quererse racionalmente que toda contraparte nuestra se sienta libre de actuar de mala fe; por tanto, tampoco debemos concedernos a nosotros mismos esa libertad.

La franqueza y la honestidad son así moneda corriente en el contexto empresarial, y constituyen una condición de posibilidad para el buen desempeño de los negocios mercantiles. Desde este punto de partida, pueden enunciarse diversos deberes concretos del directivo: respetar la integridad de los competidores y atenerse al libre juego del mercado; no tergiversar los mensajes con campañas publicitarias agresivas o no del todo verdaderas; atenerse a las convenciones comunes del sector o de la industria correspondiente, siempre que efectivamente sean observadas por la mayoría y resulten justas tanto para los intereses del sector como para el bien de los clientes y la sociedad en su conjunto; etc.

f. El principio de controlar los conflictos de intereses

El directivo que debe tomar decisiones de importancia para algunos de sus *stakeholders* se encuentra a veces frente a conflictos de intereses, que pueden tomar dos formas generales:

- el conflicto entre el propio interés personal del directivo y el del *stakeholder* al que debe servir en su función empresarial, y
- el conflicto entre los intereses opuestos o competitivos de dos *stakeholders* diferentes.

Del primer tipo ya tratamos en detalle un caso de gran importancia: el problema principal-agente entre accionistas y alta dirección. No es el único que puede presentarse, sin embargo, aunque otros conflictos de intereses de este tipo a menudo repercuten también sobre los accionistas.

Es obvio que constituye una obligación moral de lealtad por parte del directivo no dejar que sus tomas de decisión se vean mediatizadas por motivos estrictamente personales, siempre que de ahí derive un perjuicio real o potencial para la propia organización o para los intereses de sus clientes.

Los puestos de riesgo en este sentido son múltiples y variados; las ocasiones, a su vez, también son abundantes. Desde el nepotismo descarado o una "amistad" mal entendida, a la utilización de la plataforma que la empresa representa para hacer negocios particulares, hay una amplia gama de situaciones en las que estos conflictos de intereses pueden aparecer. Si no se tiene un exquisito cuidado en cortar de raíz el más mínimo conato de sacrificar deberes profesionales a intereses personales del directivo o su entorno privado, el balance final para la empresa será muy negativo, bien que resulte rentable para el que utiliza "astutamente" su posición en su propio beneficio.

El compromiso ético del directivo debería llevarlo a ponerse, por sí mismo, en guardia contra este tipo de prácticas; sin embargo muchas empresas, reconociendo la dificultad de fiar a la buena voluntad de la gente un proceder éticamente intachable ante estas situaciones, tratan de salir al paso de las mismas codificando en manuales y códigos de empresa las prohibiciones y las normas de conducta que deberían seguir sus miembros ante un posible conflicto de intereses.

Si hubiera que recomendar algún tipo de línea de actuación al directivo que quisiera situarse al margen de esta potencial fuente de dilemas éticos, tal vez lo más prudente sería recalcar la importancia de una actuación presidida por la imparcialidad, la objetividad y la transparencia. Como cualquiera puede verse expuesto a un conflicto de intereses –y, al igual que ocurría con la mujer del César, que no solo debía ser honesta, sino también parecerlo– lo más honrado y deseable en tal coyuntura, desde un punto de vista ético, es la franca exposición de dicha circunstancia ante los inmediatos superiores, si fuera el caso, o ante quienes tienen la posibilidad de valorar con mayor desapasionamiento y objetividad los problemas que emergen. Así, las decisiones de relevancia se tomarán de manera más pública y con la participación de más agentes, y la tentación de ceder al conflicto de intereses será evitada.

Los conflictos de intereses del segundo tipo –entre dos *stakeholders* distintos al directivo mismo– resultan aún más frecuentes. De hecho, tomar decisiones en que un *stakeholder* gana y otro pierde a corto plazo, constituye un componente constitutivo de muchos puestos directivos. El ejecutivo financiero debe decidir a qué cliente ofrece una cierta oportunidad de negocio. El Jefe de Personal debe mediar entre los intereses a menudo contrapuestos del capital y los trabajadores. El encargado de compras busca los mejores precios para la empresa, mientras que sus proveedores –otro *stakeholder*– intentan obtener precios más altos.

En muchos casos estos conflictos son patentes y no necesitan ser declarados. Sin embargo, en otras situaciones pueden permanecer ocultos a algunas de las partes. Por ejemplo, si se trata de una empresa que sirve a otras dos que compiten entre sí, sin que cada una de ellas sepa que su competidor trabaja con nosotros. Entonces, hay una evidente obligación moral de declarar el conflicto de intereses a las partes involucradas, de manera que puedan decidir libremente si quieren continuar asociados con nosotros incluso en presencia de ese conflicto. Si prefieren evitar el conflicto, serán así libres de hacerlo; y si permanecen con nosotros sabiendo que el conflicto de intereses existe, nos estarán demostrando su confianza.

Junto con la transparencia, cuando un conflicto de intereses de este segundo tipo es inevitable o persiste pese a ser conocido, el directivo está también en la obligación moral de no sacrificar sistemáticamente el interés de unas de las partes al de la otra. Buscando compensar la pérdida para una parte en una cierta decisión con ganancias para la misma parte en decisiones posteriores, los juegos gana-pierde en el corto plazo pueden transformarse en juegos gana-gana a largo plazo. Ello corresponde mejor a la naturaleza de la empresa como nodo de relaciones de cooperación, que habíamos descrito en el capítulo 1.

g. *El principio del respeto a la integridad de las personas*

Este principio general se puede y debe entender en distintos niveles de profundidad. Respetar la "integridad" de las personas significa, en primer término, una apelación a aspectos físicos y, al mismo tiempo, a las dimensiones espirituales –emocionales, morales– de las mismas.

Prevención de riesgos laborales, seguridad e higiene en el puesto de trabajo, con todas las exigencias de ahí emanantes, son requerimientos éticos y legales a los que ya nos hemos sumado implícitamente desde el momento en que hemos propuesto el cumplimiento crítico del espíritu de la ley –en este caso, en materia laboral– no solo como prerrequisito de una gestión ética, sino como uno de los principios orientadores de dicha gestión.

Ahora bien, no se quedan ahí las cosas. Problemas tan frecuentes y graves como el acoso sexual, el acoso laboral, el avasallamiento de la intimidad, el menosprecio de los valores que dan sentido y razón de ser a las personas en el seno de una organización, las discriminaciones por razón de raza, sexo o creencia, y otros similares, deben ser tenidos en cuenta y escrupulosamente reprimidos, si de veras pretendemos favorecer un clima de relación humanamente digno, donde las personas encuentren ocasión de desplegar sus potencias y capacidades de manera libre y responsable.

Tarea de la dirección, en consecuencia, será velar por mantener un clima organizacional que favorezca dicha posibilidad, deseable no solo para la empresa, sino también para el propio individuo que la conforma y que, antes que trabajador, es una persona humana, digna y respetable en virtud de su propia condición de hombre o mujer.

Por lo demás, personas son, por supuesto, los empleados y trabajadores, pero también los clientes a los que se debe proporcionar calidad en los productos y servicios; los accionistas a los que no se debe embarcar en aventuras financieras o en negocios no deseados por ellos a la hora de invertir sus ahorros; los competidores que también tienen derecho a operar en condiciones similares a las nuestras; los proveedores sin los cuales sería impensable la buena marcha de la empresa... En definitiva, el elenco de *stakeholders* al que tantas veces nos hemos referido, han de ser investidos de la categoría de personas y tratados como tales por los directivos de la empresa.

Respetar a las personas y su integridad, en el fondo, significa hacer el esfuerzo de considerar qué cosas han de ser vistas como medios y cuáles como fines. La dignidad de la persona es el punto de referencia respecto al cual medir la corrección moral de cualquier acción; no es una exigencia ética más, sino la condición de posibilidad de toda ética. Y es que el respeto a la dignidad de las personas se concreta en reconocerlas como:

- *Sujetos protagonistas*, con el mismo derecho de llevar adelante sus proyectos legítimos que nos atribuimos a nosotros mismos para nuestros proyectos.
- *Sujetos inteligentes*, que deben recibir la información verdadera a la que tengan derecho para tomar decisiones acertadas según su proyecto.
- *Sujetos libres*, que deben ser invitados a participar voluntariamente en nuestro proyecto sin coacciones ni presiones indebidas, y que pueden aceptar o rechazar la invitación en vistas de su propio proyecto.

En suma, el respeto a la dignidad del otro nos lleva a un replanteamiento de la jerarquía de valores y a una nueva definición de los objetivos empresariales, donde el beneficio, legítimo y necesario, debe ser ubicado en el lugar que le corresponde pero no más allá; y donde el dinero debe ser entendido, no como última razón de la empresa, sino como un factor instrumental en absoluto equiparable en rango a las personas que conforman la empresa o se relacionan con ella, en virtud de las cuales y para cuyo servicio la empresa existe.

5.9. Conclusión: Liderazgo eficaz y buenas estructuras organizativas

En el capítulo noveno y último del libro X de la *Ética a Nicómaco*, Aristóteles echa la vista atrás y trata de recapitular el mensaje de fondo de toda la obra. Recuerda al lector que ha sentado la tesis de que la búsqueda de la felicidad es el objetivo último del humano vivir –del "hombre bueno"– y que para conseguir la felicidad no puede haber otro camino que ejercitarse en la práctica de las virtudes, que ha analizado. Ahora bien, como, tras esto, pudiera dar la impresión de que estamos ante puras elucubraciones teóricas y bonitas palabras, concluye el viejo maestro apelando al realismo para afirmar que, después de todo, de lo que se trata es de poner en práctica lo que desde la teoría se ha descubierto

Para dar por concluido este capítulo, y teniendo en mente la afirmación aristotélica, tras lo que va dicho respecto al Gobierno

Corporativo y a la ética en la acción directiva, deberíamos formularnos la gran pregunta: ¿cómo hacer que las cosas circulen en la empresa por cauces éticos? La respuesta no puede ser otra que la siguiente: Desde un liderazgo eficaz, en el marco de un sistema legal adecuado y operante, y a través de buenas estructuras organizativas, donde se desarrolle una gestión atenta a la dimensión ética y respetuosa con los valores.

El liderazgo es, pues, absolutamente necesario en la acción directiva. Y debe ser entendido como un proceso de interrelación en el que el papel del líder consiste en provocar en los demás cambios en sus convicciones y actitudes para generar compromisos y adhesiones a un proyecto ilusionante por el que merezca la pena trabajar.

Ahora bien, como nada de esto se improvisa, se requieren una serie de rasgos en el perfil del directivo que habrá que cultivar en quienes se preparan para dedicarse profesionalmente a dirigir y administrar empresas y organizaciones: creatividad, iniciativa, tenacidad, tolerancia a la incertidumbre, autoestima, flexibilidad, visión estratégica, capacidad de autocrítica, habilidad para comunicarse y relacionarse con personas y culturas distintas, compromiso, y sobre todo honradez y respeto por los valores éticos. Un directivo con estas características será el primero en dar ejemplo de cómo se realiza el perfil ético que la empresa necesita. Como dijimos arriba, ganará con ello la autoridad moral necesaria para utilizar eficazmente los instrumentos de gestión ética que mencionamos en el capítulo 4.

En definitiva, si un directivo debe ser algo, eso puede resumirse en tres rasgos: (i) creador de entusiasmo; (ii) gestor de compromisos; y (iii) equilibrador de intereses. Supuesta la existencia de las habilidades técnicas y profesionales mínimas requeridas para dirigir con eficiencia y experticia, cumpliendo bien con los tres requerimientos que se dicen, el éxito profesional será indiscutible y los resultados de explotación serán elevados. Ahora bien, nada de ello será posible ni sostenible en el tiempo al margen de la credibilidad que emana de una conducta virtuosa y un comportamiento verdaderamente ético.

Para pensar y discutir

1. Consulta el último Informe anual de Gobierno Corporativo de las compañías del Ibex 35 en el website de la CNMV (www.cnmv.es). ¿En qué aspectos adviertes mejoras significativas? ¿En cuáles otros se aprecia estancamiento o retroceso? ¿Serías capaz de elegir dos o tres puntos cruciales en que las empresas y las autoridades deberían empeñarse en el inmediato futuro, aspectos que producirían una mejora sustancial de la calidad del Gobierno Corporativo en España?
2. Por desgracia, los escándalos corporativos siguen siendo frecuentes en la economía globalizada. Busca en internet algunos casos recientes que constituyan buenos ejemplos de un problema principal-agente entre directivos y accionistas mal resuelto. ¿Qué hicieron los directivos buscando su propio interés? ¿Cómo perjudicó ello a los accionistas? ¿Qué estructuras de Gobierno Corporativo crees que hubieran podido prevenir o limitar el daño?
3. Los clásicos solían distinguir cuatro virtudes o calidades morales fundamentales de las personas:
   - la prudencia (sentido integral de la realidad al tomar decisiones),
   - la justicia (dar a cada cual aquello a lo que tiene derecho),
   - la valentía (asumir riesgos proporcionados a lo que está en juego) y
   - la moderación (autocontrol de las pulsiones básicas, tales como el afán de lucro, de poder, el deseo sexual...).

   ¿Puedes poner algunos ejemplos de situaciones en que cada una de estas virtudes serían necesarias a un directivo de empresa para desarrollar bien su tarea?
4. Algunos directivos de empresa son figuras públicas respetadas, con cierta autoridad moral. Otros son conocidos y respetados por su calidad ética en un sector, una industria, o una empresa. Piensa en alguno de ellos. ¿Qué virtudes se pueden reconocer en él? ¿Cómo operan concretamente esas virtudes, en la posición que esa persona ocupa, para bien de la empresa, sus *stakeholders* y la sociedad en general?

Capítulo 6
La empresa y los trabajadores

6.1. Introducción

En nuestro recorrido por la problemática ética de la relación entre la empresa y sus *stakeholders*, nos detenemos ahora en los trabajadores por cuenta ajena, quienes empeñan su capacidad productiva en los objetivos de la empresa (la dimensión económica del trabajo) y al mismo tiempo buscan en su empleo posibilidades de realización personal, de relación social y de viabilidad familiar (la dimensión humana del trabajo).

En la historia moderna ambos aspectos del trabajo se han desarrollado simultáneamente a partir de la revolución industrial y del capitalismo. En efecto, en este nuevo contexto de la sociedad la clase trabajadora (la de los empleados por cuenta ajena) conoció un desarrollo espectacular, hasta el punto de que el trabajo vino a convertirse en una dimensión esencial de la existencia humana. Y lo sigue siendo en el momento actual, aunque la crisis del empleo de las últimas décadas ha modificado de forma significativa la realidad del trabajo.

En todo caso, la dimensión humana del trabajo no puede ser ignorada cuando se abordan las relaciones de la empresa con sus empleados, porque no sería correcto prescindir de algo tan decisivo en la configuración del sentido de la existencia humana. Con eso tenemos ya las líneas principales que va a seguir el desarrollo de este capítulo: comenzaremos analizando el papel que desempeña el trabajo en la sociedad moderna a partir de la revolución industrial, así como el tratamiento que ha recibido desde el Derecho; estudiaremos luego distintos aspectos concretos a tener en cuenta en la relación empresa-trabajo; concluiremos con algunas reflexiones sobre el futuro del trabajo en lo que podríamos llamar la sociedad postindustrial.

6.2. Trabajo y derecho al trabajo en la sociedad moderna

No está de más recordar la importancia de la revolución industrial (s. XVIII) en la transformación del trabajo desde los antiguos oficios artesanales; al hilo de ese nuevo desarrollo del trabajo y de los conflictos que genera, se configuró el derecho al trabajo.

a. De la producción artesanal al trabajo industrial

Dos rasgos principales definen el trabajo artesanal anterior a la revolución industrial. En primer lugar, la herramienta es movida directamente por la energía humana. En segundo término –y esta es una característica muy significativa–, el oficio artesanal solía designar una habilidad completa, mediante la cual la persona se afirmaba como autor total de una obra: lo que salía de sus manos era realmente "su obra", de forma que en la vida social el oficio era fuente de identidad y vía para la realización personal. El artesano iba perfeccionando su habilidad, así como los instrumentos empleados. La revolución industrial junto al capitalismo liberal van a provocar cambios profundos que terminarán con este estado de cosas.

Con la revolución industrial la fuente de energía cambia: el trabajador utiliza una energía exterior, que él solo tiene que controlar y dirigir. El uso generalizado de nuevas fuentes de energía, junto a la mecanización creciente, están en el origen del cambio más decisivo de esta revolución tecnológica: el incremento espectacular de la productividad del trabajo. Pero tal progreso en la eficiencia del trabajo tiene un precio: su división. El trabajador raramente realiza ya una obra completa; simplemente colabora en una fase de la producción. Por eso nunca llega a sentirse autor de un producto acabado, ni a apropiarse de él. Y es que además necesita del concurso de unos instrumentos productivos que no está a su alcance adquirir: de ahí que la colaboración capital-trabajo se haga imprescindible en la nueva etapa de la producción.

El capitalismo dicta la forma de esta colaboración: el trabajador debe poner su capacidad productiva al servicio del propietario del capital para convertirse así en trabajador por cuenta ajena. Naturalmente ya no le pertenece el fruto de su trabajo, que ni siquiera está en condiciones de identificar físicamente, sino solo el equivalente económico de su tarea, el salario.

En realidad, el capitalismo reduce el trabajo a una mercancía más. Una mercancía es un objeto que puede ser vendido, cuya razón de ser es la posibilidad de venderlo. De él no interesan sus cualidades humanas, sino su dimensión cuantitativa: su precio. Dicho de otra manera: interesa, más que el valor de uso (utilidad real de la cosa), su valor de cambio (su posibilidad de ser vendido en el mercado). Lo que el trabajador vende al capitalista no es el producto de su trabajo, sino su capacidad misma de trabajar: el producto pertenece, por principio, al que le contrata.

A la luz de lo que acabamos de decir podemos caracterizar al trabajo industrial del capitalismo con los siguientes rasgos (Córdova 1986):

- *Por cuenta ajena*: en la medida en que el trabajador carece de medios para producir eficazmente, tiene que recurrir a quien posee dichos instrumentos y ponerse a su servicio.
- *Dependiente de la máquina*: si en algún sentido la máquina libera al hombre (sobre todo del esfuerzo físico), también le impone su ritmo y le obliga a que se someta a sus reglas de funcionamiento.
- *Colectivo*: no hay obra personal, sino el resultado del esfuerzo coordinado de muchos, que incluso pueden trabajar en lugares lejanos y desconocerse entre sí.
- *Rutinario*: carente de creatividad, ya que se limita a la repetición de una secuencia de conducta que siempre es la misma.
- *Fuertemente especializado*: cada eslabón de la cadena productiva realiza una tarea concreta, porque el conocer todos los detalles de la misma aumenta su capacidad productiva.
- *Puntual*: en el marco de una cadena productiva y sin ningún control sobre el producto final; esto significa que se diluye por completo la responsabilidad sobre dicho producto, ya que nadie se preocupa de saber lo que está haciendo ni para qué.

Esta forma tan peculiar de actividad es lo que en la sociedad industrial va a llamarse trabajo. Trabajo no es, por consiguiente, cualquier actividad humana que transforme la naturaleza o la cultura. El concepto de trabajo que se impone en la sociedad industrial es mucho más restringido: equivale a actividad productiva y remunerada. Y este concepto es el que aún hoy sigue en vigor entre nosotros, aunque se hayan modificado algunas de las características anteriores. Otras actividades humanas, incluso resultando útiles a la sociedad o a la persona, no son consideradas como trabajo.

b. Funciones del trabajo

El trabajo como actividad productiva y remunerada es un constitutivo esencial de la existencia humana en toda sociedad moderna. Esta importancia se calibra mejor si enumeramos las tres funciones fundamentales que el trabajo desempeña:

- Ante todo es *fuente de realización personal*. Si el ser humano manifiesta lo que es en lo que hace, el trabajo es la forma fundamental de "hacer", la que ocupa la parte más extensa e importante de la vida humana.
- Además es *instrumento de integración social*. El que está sin trabajo piensa que no tiene sitio en la sociedad y que esta no le reconoce sus valores. Por eso no le basta que le garanticen unos ingresos sin trabajar.
- Por último, el trabajo es *vía de acceso a la renta*. Nuestra sociedad está organizada de forma que el que no trabaja mal puede participar de la renta producida entre todos. Ya sabemos que esta tiene dos canales de distribución: los beneficios del capital y los salarios del trabajo. Al estar el capital más concentrado, la vía normal de participar en el producto social no puede ser sino el trabajo.

Ante funciones tan decisivas se explican algunos hechos comunes. En primer lugar, se explica que todos aspiren a tener un trabajo en el sentido definido, ya que otras actividades no serán nunca capaces de sustituirlo. Se explica también –al menos como una de sus causas más decisivas– la incorporación generalizada de la mujer al trabajo fuera de casa, puesto que las tareas del hogar han dejado de desempeñar en la cultura actual las funciones que hemos reconocido al trabajo en sentido estricto. Y se comprende mejor, por fin, el alcance y la gravedad de la crisis actual del empleo: su carácter estructural afecta a uno de los componentes esenciales de la existencia humana según la concepción dominante de la vida en nuestro mundo.

c. *El trabajo como derecho*

Esta importancia creciente del trabajo en la vida humana y social ha llevado al reconocimiento del trabajo como un derecho inherente a toda persona. Para valorar ese reconocimiento conviene tener en cuenta el camino recorrido desde la antigüedad clásica, cuando el trabajo manual era considerado como algo vil y vulgar, mientras que el ocio era la actividad propia de los ciudadanos libres porque solo él permitía realizar las virtudes esenciales de lo humano. ¿Cómo se llega desde aquí a reconocer que el trabajo es algo indispensable para que la persona humana sea tal?

Un primer paso en este proceso es el reconocimiento de la libertad de trabajo. Supone ya una importante conquista para la humanidad, o al menos para una parte significativa de esta: nada menos que la superación de la esclavitud (el esclavo era un mero objeto de propiedad, de modo que su dueño podía disponer de él como de cualquier otro objeto de su pertenencia), de la servidumbre (que supone todavía una relación de dependencia del siervo respecto al señor, pero que se traducía solo en la prestación de ciertos servicios o el pago de ciertas cantidades en dinero o en productos) o incluso del gremialismo (donde todavía, aunque exista ya un verdadero contrato de trabajo sobre la base de la libertad de las partes, subsisten importantes limitaciones en cuanto a las posibilidades y las condiciones de trabajo).

Frente a todas estas situaciones previas, la libertad de trabajo constituye una verdadera conquista, fruto de una larga lucha que marca la etapa final del antiguo régimen, y que va directamente en contra del sistema gremial. Ahora bien, esa libertad está indiscutiblemente marcada en sus comienzos por la mentalidad liberal: se trata, en realidad, de una libertad negativa (ausencia de las coacciones de otros tiempos). Sin embargo, no tardará en aparecer también una dimensión positiva, que nos pone en camino para el reconocimiento del derecho al trabajo. Esto ocurre cuando las clases trabajadoras comienzan a verse amenazadas por el desempleo como consecuencia del maquinismo. La libertad de trabajo no es solo una manifestación de la libertad humana sin más, sino una consecuencia del derecho primordial a la existencia. Y entonces el trabajo pasa a ser el medio para obtener los recursos que permiten subsistir. Ser libres para trabajar es poder trabajar para obtener así una renta que dé acceso al mercado de bienes y servicios, donde todos buscan satisfacer sus necesidades vitales. Esta nueva conciencia está en la raíz de los movimientos sociales que pronto comenzarán a reivindicar el derecho a un puesto de trabajo.

La lucha por el derecho al trabajo tiene una larga historia que refleja la dura confrontación entre liberales y socialistas a lo largo de todo el siglo XIX. En la etapa de las revoluciones ocurridas entre 1789 y 1848 se subraya más la obligación de la sociedad que el derecho de la persona; y se hace como respuesta al problema de los ciudadanos pobres; por eso es una obligación que termina reduciéndose al deber de asistencia. Este enfoque se tradujo en algunas iniciativas, entre las que destacan las emprendidas en Francia con ocasión de la revolución de 1848, cuando se crearon unos "talleres públicos" para combatir la mendicidad ocupando a todos los parados de París y sus alrededores. El fracaso de la experiencia fue tal que el tema del derecho al trabajo cayó en descrédito durante casi 70 años. Solo tras la primera guerra mundial, en la Constitución de Weimar (año 1919), fue reconocido ese derecho por primera vez vinculándolo con el acceso al necesario sustento:

> Sin perjuicio de su libertad personal, todo alemán tiene el deber moral de emplear sus fuerzas intelectuales y físicas conforme lo exija el bien de la comunidad. A todo alemán debe proporcionársele la posibilidad de ganarse el sustento mediante un trabajo productivo. Cuando no se le puedan ofrecer ocasiones adecuadas de trabajo, se atenderá a su necesario sustento.

Sucesivamente reconocerán el derecho al trabajo constituciones de regímenes tan diferentes como la República española (1931), el fascismo italiano (1934) y la Unión Soviética (1936). Tras la segunda guerra mundial el derecho al trabajo será reconocido en las grandes declaraciones internacionales. La primera es la Declaración de Filadelfia (1944), que versa sobre los fines y objetivos de la Organización Internacional del Trabajo. Se declara que:

> Todos los seres humanos, sin distinción de raza, credo o sexo, tienen derecho a perseguir su bienestar material y su desarrollo espiritual en condiciones de libertad y dignidad, de seguridad económica y en igualdad de oportunidades.

También la Declaración Universal de los Derechos Humanos de la ONU (1948) reconoce el derecho al trabajo:

> Toda persona tiene derecho al trabajo, a la libre elección de su trabajo, a condiciones equitativas y satisfactorias de trabajo y a la protección contra el desempleo (art. 23,1).

En el ámbito europeo, la Carta Social Europea (Turín 1961), que tiene por objeto establecer las condiciones para asegurar el ejercicio de una serie de derechos, coloca en primer término precisamente el derecho al trabajo:

> Toda persona debe tener la posibilidad de ganar su vida mediante un trabajo libremente emprendido.

¿Cuál es exactamente el alcance del derecho al trabajo? Ya en la Declaración de Filadelfia se observa que, más que de un derecho individual, parece hablarse de un objetivo para los poderes públicos, cuyo contenido tiene carácter político en vez de estrictamente legal: promover el pleno empleo y asegurar que el trabajo contribuya al bienestar personal del que lo realiza y al bienestar de la sociedad toda. Todas las declaraciones posteriores se mueven en la misma dirección.

Esto significa que no se trata de un derecho que pueda ser exigido de forma individual, como en el caso de los derechos civiles. Solo obliga al Estado a crear las condiciones generales para que todos puedan tener un puesto de trabajo, con políticas de empleo que incrementen al máximo las oportunidades de cada individuo para encontrar un empleo productivo y libremente elegido .

En resumidas cuentas, el derecho al trabajo se ha configurado históricamente como un instrumento jurídico-político universal que asegure al ser humano los medios para vivir. Por eso siempre va unido al reconocimiento de una asistencia social para aquellos casos en que el trabajo no es posible.

6.3. Las relaciones empresa-trabajadores: los derechos de los trabajadores

Si tomamos como punto de partida el hecho de que el ser humano dedica una parte muy importante de su existencia al trabajo, será fácil comprender hasta qué punto este puede contribuir al desarrollo integral de la persona, u obstaculizarlo. La relación entre trabajo y realización personal debe tomarse como una responsabilidad decisiva de la empresa, por las numerosas y variadas exigencias que se siguen de ahí para la organización del trabajo.

Históricamente, el reconocimiento de los derechos del trabajo ha sido progresivo: tiene que ver, no solo con el complejo proceso de reconocimiento de los derechos humanos en general, sino más concretamente con la importancia creciente del trabajo en la sociedad moderna. Dicho reconocimiento fue objeto de largas luchas que dieron como fruto una creciente intervención de los poderes legislativos en la regulación de las relaciones laborales, de donde ha nacido una rama específica de la ciencia jurídica, el Derecho del trabajo.

Aunque a nosotros no nos interesa en primer término el enfoque jurídico, partiremos de textos que sintetizan hoy los derechos reconocidos al trabajo para tener una visión de conjunto. En un segundo momento pasaremos a analizar en cierto detalle algunos de los más significativos.

a. *Una enumeración de conjunto de los derechos del trabajo*

Un consenso en torno a cuáles son los derechos del trabajo se encuentra en la Carta Social Europea. Este documento fue aprobado por el Consejo de Europa en Turín en 1961, y revisado y sometido a nueva aprobación en 1996. De ella recogemos en el recuadro adjunto la enumeración de los 31 derechos del trabajo que se incluyen en su Parte I.

Derechos del trabajo incluidos en la Carta Social Europea (edición revisada de 1996):

1. Toda persona debe tener la posibilidad de ganarse la vida por medio un trabajo libremente emprendido.
2. Todos los trabajadores tienen derecho a condiciones de trabajo equitativas.
3. Todos los trabajadores tienen derecho a la seguridad y a la higiene en el trabajo.
4. Todos los trabajadores tienen derecho a una remuneración equitativa que les asegure, así como a sus familias, un nivel de vida satisfactorio.
5. Todos los trabajadores y patronos tienen el derecho de asociarse libremente en asociaciones nacionales o internacionales para la protección de sus intereses económicos y sociales.
6. Todos los trabajadores y patronos tienen el derecho de negociar colectivamente.
7. Los niños y los adolescentes tienen derecho a una protección especial contra los peligros físicos y morales a los cuales están expuestos.
8. Las trabajadoras, en caso de maternidad, tienen derecho a una protección especial.
9. Toda persona tiene derecho a medios apropiados de orientación profesional, a fin de ayudarle a escoger una profesión conforme a sus aptitudes personales y a sus intereses.
10. Toda persona tiene derecho a medios adecuados de formación profesional.
11. Toda persona tiene el derecho de beneficiarse de todas las medidas que le permiten gozar del mejor estado de salud que pueda alcanzar.
12. Todos los trabajadores y sus herederos tienen derecho a la seguridad social.
13. Toda persona desprovista de recursos suficientes tiene derecho a la asistencia social y médica.
14. Toda persona tiene derecho a beneficiarse de los servicios sociales cualificados.
15. Toda persona minusválida tiene derecho a la autonomía, a la integración social y a la participación en la vida de la comunidad.
16. La familia, en cuanto célula fundamental de la sociedad, tiene derecho a una protección social, jurídica y económica apropiada para asegurar su pleno desarrollo.

17. Los niños y los adolescentes tienen derecho a una protección social, jurídica y económica apropiada.
18. Los ciudadanos de una de las Partes Contratantes tienen el derecho de ejercer en el territorio de otra Parte cualquier actividad lucrativa, en pie de igualdad con los nacionales de esta última, a reservas de restricciones fundadas sobre razones serias de carácter económico o social.
19. Los trabajadores migrantes nacionales de una de las Partes Contratantes y sus familias tienen derecho a la protección y a la asistencia en el territorio de cualquier otra Parte Contratante.
20. Todos los trabajadores tienen derecho a la igualdad de oportunidades y de trato en materia de empleo y de profesión, sin discriminación fundada en el sexo.
21. Los trabajadores tienen derecho a la información y a la consulta en el seno de la empresa.
22. Los trabajadores tienen en derecho de participar en la determinación y mejora de las condiciones de trabajo y del medio de trabajo en la empresa.
23. Toda persona de edad tiene derecho a una protección social.
24. Todos los trabajadores tienen derecho a una protección en caso de despido.
25. Todos los trabajadores tienen derecho a la protección de sus créditos en caso de insolvencia de su empleador.
26. Todos los trabajadores tienen derecho a la dignidad en el trabajo.
27. Todas las personas con responsabilidades familiares que tienen o desean tener un empleo están en el derecho de hacerlo sin someterse a discriminaciones y, en cuanto sea posible, sin que haya conflicto entre su empleo y sus responsabilidades familiares.
28. Los representantes de los trabajadores en la empresa tienen derecho a la protección contra los actos susceptibles de suscitar prejuicios y deben tener las facilidades apropiadas para cumplir sus funciones.
29. Todos los trabajadores tienen el derecho de ser informados y consultados en los procedimientos de despidos colectivos.
30. Toda persona tiene derecho a la protección contra la pobreza y la exclusión social.
31. Toda persona tiene derecho a la vivienda.

Todo derecho lleva implícitas obligaciones *de* una contraparte (y a menudo también obligaciones *hacia* esa contraparte). Por ello, los derechos de la Carta Europea pueden clasificarse en dos grupos: los que tienen como contraparte a la sociedad (que, a través del Estado, garantiza ciertas condiciones para que tales derechos se cumplan) y los que tienen como contraparte a la empresa (es decir, que deben ser respetados y promovidos en el marco de cada relación laboral). Pertenecen a este segundo grupo, que es el que nos interesa directamente aquí, los números 2 a 4, 7, 20 a 22, 27 a 29. En cambio, dependen primariamente del Estado los números 9 a 19, 23 y 24, 30 y 31.

Pero realmente en todos ellos hay una responsabilidad compartida de la empresa y de la organización social. Algunos ejemplos lo muestran: el sistema de la seguridad social es organizado y mantenido por el Estado, pero la empresa contribuye a él con las cotizaciones que paga por sus empleados; la no discriminación por circunstancias diversas (mujer, inmigrantes, minusválidos) suele venir contemplada en el ordenamiento jurídico, pero también debe ser respetada y favorecida por la empresa, contribuyendo a que las normas se cumplan e incluso promoviendo la igualdad con iniciativas propias.

Limitándonos ahora a los derechos del trabajo relativos a la empresa, vamos a analizar más detenidamente algunos núcleos de especial interés hoy: la retribución, las condiciones de trabajo, la participación del trabajador, la privacidad, la conciliación de la vida laboral con la familiar, y el acoso en el puesto de trabajo.

b. *La retribución del trabajo: el salario*

Como todos los contratos, el laboral constituye una forma de cooperación recíproca entre los participantes: el trabajador entrega su tiempo y esfuerzo; el empleador gestiona el capital, organiza la producción y paga un salario.

La principal cualidad ética que una relación de cooperación recíproca debe poseer es la justicia, esto es, cierto equilibrio entre lo que ambas partes entregan y reciben, adecuado a la naturaleza de la relación y de los bienes intercambiados. Por ello tiene sentido discutir la justicia o injusticia del salario, las condiciones de trabajo, y otros aspectos de la relación laboral.

Algunos autores defienden que la cuantía de los salarios debe fijarse en cada momento a partir del juego de la oferta y la demanda en el mercado. No tendría entonces sentido hablar de un salario justo, a no ser que se identifique sin más con el que determina el mercado. Este punto de vista puede ser puesto en cuestión desde una doble óptica: desde las consideraciones generales que hicimos sobre la ética del mercado en el capítulo 2, y desde la experiencia de los bajísimos niveles salariales que resultan tantas veces en el mercado laboral. De hecho, pese a la considerable (pero decreciente) regulación del mercado laboral en España, la participación, al precio de los factores, de los salarios en el PIB ha bajado del 73,63% en 1976 al 60,21% en 2008 (Navarro y otros, 2011:48) y sigue bajando al momento de escribir estas líneas. Lo mismo ocurre en otros países europeos.

Por eso es preciso abordar con más atención el tema de la justicia del salario. Esto no implica que la ética sea capaz de precisar la cuantía del salario justo. Lo que sí está en condiciones de aportar son algunos criterios para la determinación del salario o para la negociación correspondiente. Como siempre, habrá que partir de la realidad concreta y de las posibilidades que esta deja abiertas, para iluminar el proceso de decisión desde valores éticos.

En el caso de la justicia del salario, podemos sintetizar los principios éticos aplicables en torno a cuatro puntos:

El primero es el *aspecto humano*. El trabajo es ante todo actividad humana productora de formas humanas de vida para quien lo ejerce y para los demás: por tanto, también en el momento de retribuirlo ha de tenerse a la persona como punto de referencia obligado. El trabajo no constituye, pues, una mercancía más de las que acceden al mercado. Su valoración económica debe hacerse en relación con el sujeto humano que actúa. Ello significa, en concreto, que el trabajo debe proporcionar al trabajador unos medios suficientes para satisfacer sus necesidades y las de las personas que dependen económicamente de él. No puede olvidarse que una parte mayoritaria de la población tiene el trabajo como única fuente de ingresos. Esto motiva la fijación por ley de un salario mínimo. Aunque sea criticado a veces por la rigidez que introduce en el mercado, resulta difícil ignorar que el salario no puede bajar de forma indefinida cuando así resulta del mercado.

En segundo lugar, hay que hablar del *aspecto contractual*, la aportación efectiva del trabajador a la producción, que le da derecho a participar del valor producido. Las escalas salariales pretenden reflejar las diferencias *estructurales* de contribución de los diversos puestos del organigrama empresarial. Para establecer escalas salariales justas se emplean a veces 'valoraciones del puesto', en que se integran factores relacionados con: la capacidad requerida para ocupar cada puesto; las responsabilidades que recaen sobre él; y el esfuerzo (físico, horario, etc.) que el trabajo en ese puesto entraña. Junto con ello, cada vez más empresas vienen utilizando incentivos individuales para reflejar las diferencias *personales* de contribución de cada trabajador a la producción. Ninguna de las dos tareas es fácil, por la dificultad para separar la contribución de cada cual a la creación colectiva de valor que ocurre en la empresa.

En tercer lugar, debe considerarse el *aspecto microeconómico* derivado de la situación particular de cada empresa. En un régimen estrictamente salarial este aspecto carecería de sentido: la retribución del trabajador no iría ligada a los resultados de la empresa. Pero esto no es realista ni, en principio, deseable. No es realista porque de hecho las empresas condicionan los niveles salariales a su marcha general. Y no es deseable porque parece lógico que el trabajador participe de los resultados de la empresa: aunque jurídicamente hablando los excedentes son propiedad de quienes aportan el capital, esta concepción es cuestionable desde un punto de vista ético porque el grueso de la actividad creadora de valor la llevan a cabo los trabajadores. Sin embargo, no se pueden ignorar las dificultades para ligar el nivel de los salarios con los resultados de la empresa. Cuando una empresa atraviesa una situación difícil, es problemático aceptar que ello ha de repercutir también sobre los salarios. Siendo coherentes con el principio enunciado, habría que admitirlo, a condición de que se valore correctamente el distinto sacrificio que supone para los diversos grupos afectados, sobre todo para los salarios más bajos. Es más, si en algún caso hubiera que disminuir los salarios transitoriamente por debajo del mínimo exigible, parece lógico compensar al trabajador con un título de crédito que pueda hacer efectivo cuando la marcha de la empresa se enderece.

Por último, hay que tener presente el *aspecto macroeconómico*, o situación general de la economía, tanto a nivel nacional como internacional. Claro que este aspecto afecta más a la política general de rentas y salarios que a la actuación empresarial propiamente dicha. Ante todo, hay que considerar la relación entre nivel de salarios y nivel de empleo. Una fuerte presión salarial es un estímulo para reducir puestos de trabajo y sustituir mano de obra por capital. Cuando los puestos de trabajo son escasos para las necesidades de la población laboral, ello debe ser tenido en cuenta en la negociación salarial. Los trabajadores empleados y sus organizaciones deberían elaborar sus posiciones tomando en cuenta también los intereses de los trabajadores desempleados. Tampoco puede olvidarse la incidencia de la presión salarial sobre la inflación, un cuchillo de dos filos: si los salarios suben continuamente por encima de la inflación, arrastran esta hacia arriba; si suben continuamente por debajo de la inflación, pierden poder adquisitivo. En general, cuando la subida de los salarios corresponde a un incremento de la productividad o a una reducción de los dividendos, su impacto sobre la inflación no producirá preocupación.

Por último, quizás el más relevante de los factores macroeconómicos que empujan los salarios a la baja en este momento sea la competencia internacional por las inversiones. Si la localización de las instalaciones productivas va a decidirse únicamente por la perspectiva de beneficios, el país con menores costes tendrá ventaja. En numerosos sectores de la producción, los costes laborales resultan decisivos. Para ganar la decisión de localización de las empresas de dichos sectores en el propio país, muchos gobiernos llevan décadas haciendo presión a la baja sobre los costes laborales, en una auténtica 'carrera internacional de ratas' (término técnico: *rat race*), en vez de, como parecería obvio a quien no conozca el estado de la escena multilateral, acordar esquemas mínimos globales de remuneración y dejar a las empresas competir en terrenos distintos al de la explotación de los trabajadores.

Tomando en cuenta estos cuatro aspectos, es posible estimar un intervalo de salarios que resulte económicamente viable, y justo desde el punto de vista del tratamiento del empleado como trabajador y como persona. En todo caso, la retribución conlleva el compromiso del trabajador de contribuir adecuada y eficazmente a la producción y a la actividad general de la empresa. Esta es su obligación principal, la cual implica no solo el hecho material de producir sino también la forma de hacerlo: existe un deber de honestidad y lealtad fundamental para con la empresa. Todo ello será más fácil cuando el empleado no se siente ajeno a la empresa, sino que se identifica con la institución, sus objetivos y su cultura.

c. Las condiciones de trabajo

Este es un punto que fue objeto de enconadas luchas reivindicativas en el siglo XIX y comienzos del XX. El movimiento sindical sostuvo en todo ese periodo una lucha por mejores condiciones de trabajo. Y nadie puede sorprenderse de ello, con solo recordar las condiciones miserables e infrahumanas que sirvieron de sustrato a la fase inicial de crecimiento económico acelerado del capitalismo industrial. La afluencia incontrolada de mano de obra a los grandes centros industriales del capitalismo naciente provocó la sobreabundancia de oferta de trabajo y, en consecuencia, su explotación hasta límites insospechados. El problema se agravaba por la prohibición del asociacionismo obrero, al cual se consideraba como un atentado contra la libertad del mercado. Menos aún se concebía cualquier intervención estatal en defensa de las clases trabajadoras. El afán desmedido de lucro, amparado en estas justificaciones de carácter ideológico, produjo la subordinación de la persona a la producción: para rentabilizar al máximo el trabajo, no solo se pagaban salarios bajísimos, sino que se procuraba sacar la mayor productividad posible al trabajador. El trabajador era, en una palabra, mero factor de producción.

Aunque aún hoy quedan restos de estos sistemas de explotación, el reconocimiento del derecho de asociación obrera, la organización de los sindicatos y el desarrollo progresivo de la legislación laboral son elementos que explican un radical cambio en la situación: la normativa sobre condiciones físicas y psicológicas de trabajo (higiene y seguridad en el trabajo), las limitaciones a la jornada laboral, los periodos vacacionales, son expresiones de un progreso indiscutible en la consideración de la dignidad del trabajador como persona humana.

Hoy el problema de las condiciones de trabajo se plantea en unas coordenadas distintas: más técnicas, pero no exentas de ambigüedad. Pasaron ya los tiempos del taylorismo, escuela que se desarrolló en Inglaterra a comienzos del siglo XX en torno a Frederick W. Taylor, y que buscaba una organización del trabajo adaptada a las nuevas condiciones de la mecanización: en otras palabras, una mejor adaptación del hombre a la máquina. Cuando la mecanización ha sido sustituida por las nuevas tecnologías de la información y de las comunicaciones, se imponen también formas nuevas de organización del trabajo. Más adelante en este mismo capítulo volveremos sobre ello. Por ahora basta decir que en la nueva situación sigue siendo esencial garantizar la relación entre trabajo y humanización: eso supone, al menos, el esfuerzo por organizar el trabajo evitando todo aquello que deshumaniza. Las nuevas tecnologías ofrecen oportunidades, no exentas de peligros, de cara a favorecer un trabajo más humano.

d. La participación de los trabajadores

El tema de la participación de los trabajadores en la empresa es antiguo y se ha planteado siempre como una alternativa al régimen asalariado estricto, o trabajo por cuenta ajena. Aunque nada se pudiera aducir jurídicamente en contra de la fórmula de la empresa propiedad del capital, había razones éticas para cuestionar la asimetría que de ahí derivaba para los dos factores de producción (trabajo y capital). Estas razones éticas no siempre eran apoyadas por las mismas organizaciones de trabajadores, que preferían reducir sus riesgos y garantizar el salario sin asumir ninguna responsabilidad en la gestión de la empresa. La conflictividad entre capital y trabajo, típica de la era industrial, subraya más la contraposición de intereses que su indudable confluencia de fondo.

A pesar de todo ello, el tema de la participación del trabajador en la empresa ha sido recurrente en ciertos movimientos sociales y corrientes intelectuales a lo largo de todo el siglo XX, sobre todo a partir de la segunda guerra mundial. Tal enfoque se presenta como alternativo al del conflicto y el enfrentamiento como únicas categorías para concebir las relaciones entre las clases sociales. Participar supone sentirse corresponsable en la marcha de la empresa, aunque ello no implique negar un cierto nivel de conflictividad: es decir, se está admitiendo que los intereses contrapuestos de unos y otros coexisten con intereses comunes a todos.

Con este nuevo planteamiento se llega a hablar hasta de tres niveles de participación, según el objeto de la misma.

Un primer nivel, el más inmediato, consiste en la *participación en los beneficios*. Supone reconocer que los beneficios, cuando alcanzan determinadas cotas, no pueden ser asignados por entero al capital; que este, una vez que ha sido convenientemente retribuido, no tiene derecho en estricta justicia a apropiarse completo de un excedente en cuya gestación ha participado también el trabajo.

El segundo nivel, en algún modo derivado del primero, consiste en la *participación en la propiedad*. Su relación con el anterior radica en que a veces el reparto de beneficios no es posible por la necesidad de retenerlos para reinvertirlos en la empresa. En ese caso, la participación en los beneficios puede adoptar la forma de participación en la propiedad de esos beneficios reinvertidos que pasan a constituirse en capital de la empresa. Pueden arbitrarse fórmulas diversas, unas de carácter individual y otras colectivas, según que el titular sean los empleados particulares o el colectivo de los mismos.

El tercer nivel consiste en la *participación en la gestión*. Podría llegarse a ella en calidad de propietario de una parte del capital (por alguno de los caminos que se acaban de indicar, o por otros): estaríamos entonces dentro de la lógica de la empresa capitalista, en que la gestión es un derecho atribuido a la propiedad de los medios de producción. Pero normalmente se está pensando en algo más: en un derecho derivado precisamente de la condición de trabajador. Este es el auténtico sentido de la participación, al que otras veces se alude en términos de democracia industrial o democratización de la empresa.

Las fórmulas posibles son diversas. Las más avanzadas dentro de la empresa capitalista (medios de producción privados y trabajo asalariado) se engloban dentro del término genérico de *cogestión*, que supone una cierta paridad en la representación de capital y trabajo en los órganos supremos de la empresa. Otras fórmulas son más imperfectas. En realidad no se han desarrollado mucho. La dificultad principal procede de esa tradición tan arraigada en el capitalismo, según la cual el poder de decisión en la empresa está asignado al capital o al primer ejecutivo. Entonces todo avance hacia la participación de los trabajadores encuentra grandes resistencias, y si ocurre, es presentado como una concesión de la propiedad al trabajo. El mismo trabajador no se encontrará especialmente motivado para colaborar en una gestión que la cultura dominante considera como asunto exclusivo del capital.

Ahora bien, con el paso progresivo de la sociedad industrial a la sociedad del conocimiento, la relación del trabajo con el capital va transformándose también. El trabajador típico de la sociedad industrial era poco más que el apéndice de una máquina a cuyo ritmo debía acoplarse. Capital y trabajo estaban separados, y la gestión constituía una función primordial de los agentes del capital. El trabajador típico de la sociedad del conocimiento, por el contrario, es él mismo portador de cierto capital incorporado en su persona ('capital humano' e incluso 'capital social') que aporta a la tarea productiva. El desempeño de este trabajador depende no solo del capital que la empresa pone a su disposición, sino también, a menudo más aún, de la gestión que él haga de su propio capital incorporado y de cómo lo integre con el capital incorporado en los demás trabajadores (trabajo en equipo) y con el capital provisto por la empresa. El trabajador típico de la sociedad del conocimiento es así un gestor nato, con el que hay que contar a la hora de diseñar la operación de la empresa. La participación no resulta ya un derecho sobreañadido o conquistado a duras penas, sino que se vuelve la forma normal de integrarse en la organización. Su razón de ser no es la defensa de los legítimos intereses de los trabajadores, sino la corresponsabilización de todos en la persecución de unos objetivos comunes.

Pero este nuevo enfoque no es meramente técnico. Implica también una nueva cultura empresarial, que no se improvisa ni se puede dar por supuesta. La tradición del conflicto entre las clases sociales ha dejado una huella profunda en nuestras sociedades y los nuevos planteamientos sobre la empresa como nodo estable de cooperación, que ofrecen sin duda interesantes posibilidades éticas, no son suficientes para garantizar los resultados deseados. Esta nueva cultura de la organización constituye una tarea que sigue exigiendo dedicación y recursos.

e. *La privacidad*

El respeto a la vida privada es un postulado esencial de la sociedad moderna: inmersos en un mundo que nos obliga a mantener innumerables contactos y relaciones que nos ponen bajo escrutinio y eventualmente bajo control ajeno, cada vez se hace más apremiante la reivindicación de un ámbito alternativo, que quede al margen de la mirada general. Es la vida privada.

El trabajo forma parte de la vida pública de las personas. Parecería entonces que debe existir una completa separación entre el trabajo y la vida privada. Pero los límites entre lo público y lo privado en cada persona no son fáciles de establecer. Aparece entonces la problemática de la privacidad del trabajador.

Hay que comenzar reconociendo el valor intrínseco de la privacidad. Deriva de ese derecho que tiene toda persona a conducir su vida y a decidir sobre ella libremente. La privacidad es la condición para vivir en libertad: facilita el construir la propia existencia desde las convicciones de cada uno, sin la preocupación permanente de responder a los estándares sociales o a las expectativas de los demás. La privacidad es también la condición para cultivar la creatividad, que implica la posibilidad de intentar diversos caminos, de ensayar. Un mundo totalmente transparente, donde la privacidad no existiera, no sería un mundo humano: nos sentiríamos demasiado controlados por los demás.

Pero la privacidad requiere algo más: el derecho a controlar el acceso que puedan tener los demás a la vida de uno. Cada uno es dueño de abrir a los otros su propia vida, como algo que ofrece solo cuando quiere y en la medida en que quiere.

Ahora bien, si la privacidad es un valor, no se puede excluir que entre en conflicto con otros valores. Y es aquí donde comienzan los problemas, concretamente en el mundo de la empresa. El respeto a la vida privada del trabajador puede colisionar con la seguridad pública (imaginemos una persona que trabaja en una empresa de transportes: si consume drogas, esa circunstancia limita su capacidad de reacción y le convierte en un peligro público), o con la buena marcha económica de la empresa y el buen ambiente dentro de ella (los problemas personales pueden reducir el rendimiento de un trabajador). ¿Hasta dónde está justificado entonces acceder a la vida privada del empleado? ¿En qué condiciones y por qué medios?

La privacidad no es un derecho absoluto. Y es bueno que no lo sea. De otro modo podría volverse una coartada para el engaño o para actuar de mala fe en contra o en perjuicio de otros, en nuestro caso, de la empresa y sus *stakeholders*. El que su ejercicio esté sometido a ciertas restricciones es un buen antídoto (como ocurre con todos los derechos) para que no se utilice de forma abusiva.

La empresa se encuentra muchas veces ante situaciones en las que se plantea alguna injerencia en la vida privada de sus empleados: controlar su salud física o mental, examinar sus objetos personales (lugar de trabajo, ordenador), investigar sus relaciones particulares fuera de la empresa, o su vida familiar. Las nuevas tecnologías facilitan como nunca antes acumular y procesar información sobre las personas, incluso información sobre su vida privada que las mismas personas han puesto a disposición de otros interlocutores, en otro momento y con otros propósitos. ¿Cuándo y cómo estaría justificado éticamente que la empresa investigue a sus propios empleados?

La actividad en el lugar de trabajo (excepto los obvios 'momentos privados' del trabajador) y la utilización de los recursos puestos a disposición del trabajador por la empresa (tanto bienes de capital y suministros como información), constituyen objetos legítimos de una supervisión que no viola la privacidad de la persona, puesto que el trabajo constituye parte de su vida pública. Además, la empresa posee derechos sobre esos objetos: paga un salario por el tiempo, compra los instrumentos de trabajo, genera o adquiere la información.

Pero, ¿puede irse más allá y entrar en terrenos más propiamente personales, cuya clave no se encuentra en el lugar y el tiempo de trabajo, sino fuera de él? En principio, no. Como dueño de su vida privada, cada cual tiene la facultad de dar acceso a ella o negarlo, y la empresa no puede arrogarse ese derecho sin consentimiento libre y explícito del trabajador.

Sin embargo, puede haber excepciones, sobre todo cuando se trata de sospechas sobre el comportamiento inadecuado de un empleado cuya clave se encuentre fuera del ámbito empresarial. Por ejemplo, en una amistad personal con un proveedor que resulta sistemáticamente favorecido por las decisiones de un Jefe de Compras. Cerrar la posibilidad de investigar si esa amistad sospechosa en verdad existe, sobre la base de la inviolabilidad de la vida privada del ejecutivo, ataría las manos de la empresa para evaluar si está siendo defraudada.

Sin embargo, debe tenerse presente que toda injerencia no libremente consentida en la vida del trabajador supone una cierta coacción sobre su persona. Esa coacción solo está justificada cuando existe una causa proporcionada, es decir, cuando puede producirse un mal mayor y no hay una vía mejor para evitarlo. Esto es lo que justifica, según la ley, la investigación de conductas presuntamente delictivas. Pero en nuestro caso, y a diferencia de lo que ocurre cuando la ley está por medio, el que investiga es, a la vez, juez y parte: esto obliga a ser mucho más prudente a la hora de justificar una investigación e invita buscar el consejo de personas que puedan acercarse al hecho con mayor objetividad.

La sospecha de un comportamiento perjudicial no justifica cualquier método de intervención. Es preciso, al menos, que la objetividad y el derecho a defenderse estén garantizados; y es preciso también que ni la investigación ni el uso que se hace de la información obtenida vayan más allá de lo estrictamente necesario para resolver el problema.

Por fin, como tantas veces ocurre en casos como este, es preferible crear las condiciones para que no se llegue a situaciones extremas. El respeto a la privacidad tiene su último fundamento en la confianza en los empleados. Además, cuando se practica, genera en estos también confianza. Y la dinámica de la confianza recíproca contribuye a mantener un ambiente que está en las antípodas de aquel en que todos sospechan de todos y se sienten enemigos de todos: es precisamente aquí donde más fácilmente nacerán conflictos en torno al respeto de la privacidad.

f. La conciliación de vida laboral y familiar

Una parte cada vez más importante de la cuestión de la privacidad viene definida por la tendencia de muchas empresas a exigir de sus empleados, particularmente de sus ejecutivos, una disponibilidad 24/24 cada día de la semana. Los dispositivos móviles de comunicación facilitan que las empresas alcancen a sus trabajadores a cualquier hora del día o de la noche, cualquier día del año, incluidos festivos y vacaciones. En torno a ello parece estarse generando una obligación laboral implícita (e ilegal) de estar siempre disponibles, que en muchos entornos de trabajo se hace sentir al trabajador como demostración necesaria de su compromiso con la empresa y como parámetro importante para su evaluación laboral.

Ya no se trata aquí de una indagación que entra en la vida privada del empleado, sino de una invasión en toda regla de esa vida, la cual deja de contar con tiempos protegidos en que desarrollarse a sus propios ritmos. Evidentemente, tal obligación de disponibilidad continua no existe y no debe ser impuesta sobre el trabajador. Sería incluso discutible, desde el punto de vista ético, que este pueda asumirla de manera libre en su contrato de trabajo. Podría compararse en ese caso a una suerte de auto-esclavización en que el trabajador no solo vende su jornada laboral sino que, al permitir que esa jornada se extienda a todo su tiempo según los requerimientos de la empresa, se priva a sí mismo de la libertad para desarrollar una vida privada plena, por tanto en cierto sentido se vende a sí mismo.

Como para la inmensa mayoría de las personas el núcleo de la vida privada se encuentra en la familia, ello nos conduce al problema de la conciliación entre vida laboral y vida familiar. Por razón tanto de sensibilidades de cada género como de roles familiares persistentemente diferenciados, este es un problema que afecta más a las mujeres que a los hombres (aunque obviamente lo padecen ambos, directamente y a través del deterioro de su vida familiar y de la educación de sus hijos).

El problema de la relación entre vida económica y vida familiar se genera en dos momentos y produce algunas consecuencias sociales de extrema gravedad. Esos dos momentos del problema son los de la producción y el consumo. El momento de la producción, el que más nos interesa aquí, deriva de la tensiones que en la familia producen: la necesidad de estar continuamente disponibles al trabajo; los horarios laborales que reducen el encuentro familiar intenso a los fines de semana; las dificultades para encontrar servicios adecuados de atención a los niños en horarios convenientes y a precio asequible; el agotamiento de las mujeres que acaban desarrollando una doble jornada laboral, una en el trabajo y otra en casa; y la precariedad e inestabilidad en el empleo, que dificulta a muchas personas hacer planes familiares de largo plazo.

El momento del consumo se genera cuando, bajo la constante presión del marketing, las familias proyectan la satisfacción de cada vez más necesidades suyas sobre objetos de consumo. Un resultado frecuente de esa reorientación de la vida hacia el consumo es el sobreendeudamiento familiar, que a su vez fuerza a los adultos de la familia a trabajar más para ganar el dinero con que pagar las deudas contraídas en financiar compras que, en realidad, no pueden permitirse sanamente. Volveremos sobre ello en el próximo capítulo.

Es obvio que cada empresa puede hacer mucho (todo, en realidad) para reducir la presión de producir sobre sus empleados y directivos hasta niveles compatibles con una vida familiar plena. Con frecuencia, no se trata más que de organizar inteligentemente las operaciones de la empresa, de manera que los tiempos de trabajo y de descanso del trabajador estén claramente delimitados y bien ajustados a los ritmos comunes de la vida privada. Ello implica una buena planificación del trabajo y de los riesgos, que hagan excepcionales y no comunes las situaciones en que debe sobre-exigirse a los empleados. Requiere también crear posiciones de tiempo parcial a las que puedan incorporarse quienes (a menudo madres jóvenes) desean desarrollar una dedicación diaria intensiva a sus familias. Esto se encuentra al alcance de casi todas las empresas. Algunas grandes compañías están además en condiciones de incluir en la remuneración de sus trabajadores servicios como guarderías para niños o transportes que reducen el tiempo de viaje entre la vivienda y el trabajo.

El resultado de una buena conciliación entre trabajo y familia no puede ser más que un incremento de la productividad y de la fidelidad del empleado a la empresa. Trabajadores con la oportunidad de descansar y de desarrollar su vida familiar sin sobresaltos ni angustias laborales, pueden entregarse por entero en el tiempo acotado de su jornada. Sentirán que su empleo les posibilita vivir con plenitud, en vez de impedírselo, y se inclinarán por tanto a hacer lo necesario para conservarlo en lugar de buscar alternativas.

El fracaso del tejido empresarial en proveer la necesaria conciliación entre vida laboral y familiar, tiene consecuencias sociales y económicas de largo alcance. Genera inestabilidad tanto en el terreno laboral (alta rotación de los empleados, pérdida de empleados capaces, incremento de los costes de inducción) como en el familiar (inestabilidad de las familias, aumento de los divorcios y separaciones, carencias afectivas en la crianza de los niños). Reproduce la discriminación de género, haciendo que muchas mujeres se encuentren con un 'techo de cristal' en sus carreras laborales. Y un resultado macrosocial decisivo: disminuye la natalidad, lo que estrecha la pirámide poblacional, vuelve insostenibles a largo plazo los sistemas de previsión social y, finalmente, el sistema económico todo, el cual se alimenta de la vitalidad de los trabajadores y consumidores jóvenes.

Nos encontramos entonces ante un tema crucial para el futuro de las sociedades y de las empresas. La conciliación entre trabajo y familia constituye hoy uno de los principales desafíos éticos de las empresas, y uno de los lugares privilegiados para demostrar su real responsabilidad social.

g. El acoso en el puesto de trabajo

Las empresas suelen ser organizaciones burocráticas jerarquizadas, donde se establecen relaciones formales e informales de poder. En realidad, del ejercicio del poder en esas relaciones se ocupan todos los puntos que hemos tratado en este epígrafe. Sin embargo, todavía nos quedan por mencionar dos modalidades especialmente inaceptables de abuso informal de poder en las relaciones laborales: el acoso sexual y el acoso laboral o *mobbing*. Estas modalidades ocurren con más frecuencia en la dirección vertical de las relaciones de poder en la empresa (entre jefe y subordinado), pero también se encuentran en la dirección horizontal (entre compañeros).

El acoso sexual consiste en invadir la esfera de la sexualidad de la otra persona, que pertenece indiscutiblemente a su vida privada, desde una relación como la laboral, que pertenece a la vida pública. Ello puede ocurrir de manera más sutil, pero ciertamente molesta e inapropiada, en forma de chistes, comentarios, chismorreos, haciendo sentir a la otra persona que se la aprecia o se la desprecia por razón de su cuerpo o su identidad sexual, desplazando las conversaciones en el trabajo hacia el terreno sexual... Y puede también pasar al terreno duro (e inequívocamente ilegal) del contacto físico indeseado o las proposiciones coactivas bajo amenazas implícitas o explícitas de consecuencias laborales.

El acoso laboral o *mobbing* consiste en utilizar relaciones de dependencia psicológica en el trabajo para destruir a la persona como trabajador. Esas relaciones de dependencia pueden generarse desde posiciones jerárquicas formales y también en las relaciones informales entre compañeros. A partir normalmente de un conflicto mal resuelto, y con el propósito de forzar al trabajador a renunciar a su empleo, se le hace el vacío, se le dificulta deliberadamente el cumplimiento de sus funciones, se le evalúa sesgadamente a la baja, se le transmite hostilidad y desprecio... hasta que la persona hace crisis. Las motivaciones de los acosadores van desde la envidia o la codicia del puesto del acosado, hasta formas de mera crueldad individual o colectiva difíciles de entender racionalmente, pasando por el despecho o el resentimiento.

Las consecuencias del *mobbing* pueden ser fatales mucho más allá de lo laboral, puesto que la identidad y la autoestima de muchas personas dependen de su rol como trabajadores. No son raros los casos de abandono del puesto de trabajo, de depresión e incluso de suicidio. La gravedad de esas consecuencias es tal que la Comisión Europea ha incluido el acoso moral en el trabajo en su directiva sobre igualdad de trato en el empleo y la ocupación (2001) y el Parlamento Europeo ha emitido un informe y una resolución al respecto (2001).

Tanto el acoso sexual como el laboral solo son posibles a medio plazo si la empresa los tolera. No se trata pues únicamente de injusticias sin paliativos que no deben cometerse, sino que es responsabilidad de los directivos impedirlas de raíz. Ello exige incluirlas explícitamente en los códigos de empresa y en la formación ética del personal, abrir un canal seguro para posibles denuncias, investigarlas con rapidez según un protocolo imparcial, tomar medidas de protección preventiva del denunciante, aplicar sanciones laborales proporcionadas si el acoso efectivamente existe, e incluso poner el caso en manos de la policía si hubiera indicios de actuación delictiva.

En realidad, aunque la primera responsabilidad moral de evitar el acoso en el lugar de trabajo corresponde a quienes detentan el poder en la empresa, esa responsabilidad alcanza también a los compañeros que ven cómo otro empleado está siendo acosado. La reacción moralmente sana ante la injusticia patente es la indignación. Y la acción que corresponde a esa indignación consiste en poner los medios para que la injusticia cese de inmediato y se ofrezca reparación a la persona maltratada. Esta debe encontrar que no está sola y que si algunos en su entorno están convirtiendo su empleo en una pesadilla, puede contar con otros para salir de ella.

6.4. Las relaciones empresa-trabajadores: negociación y conflicto

Después de lo que acabamos de decir este apartado parecería superfluo. Sin embargo, el realismo pide reconocer que los intereses propios de los trabajadores pueden diferir de los de las empresa y que estas divergencias pueden derivar en conflictos abiertos.

a. Negociación y convenio colectivo

Negociar es la forma en que las sociedades modernas abordan sus conflictos, al menos en una primera instancia. La capacidad de negociar y el talante negociador son rasgos típicos de la democracia, si entendemos esta como la vía para ordenar la convivencia y limitar el conflicto en sociedades complejas y plurales. El pluralismo de intereses se manifiesta también, y a veces con especial virulencia, en el ámbito social y económico.

La negociación tiene en el convenio colectivo uno de sus instrumentos más desarrollados. Un convenio colectivo es un pacto escrito entre la empresa y los trabajadores acerca de las condiciones de trabajo. No es, propiamente hablando, un contrato de trabajo, porque su firma no supone la contratación efectiva de nadie; pero determina las condiciones que deberán cumplirse en todo contrato individual de trabajo. Constituye, por tanto, un instrumento para la defensa de los derechos del trabajador, que le ofrece un marco normativo pactado a nivel colectivo por organizaciones fuertes.

Este carácter colectivo es también una ventaja para la empresa por dos razones. En primer lugar, gracias al convenio el empresario sabrá a qué atenerse con certeza durante el tiempo de duración del mismo. Pero además, sobre todo cuando intervienen en él asociaciones de amplia implantación social (sindicatos fuertes), el convenio es una fuente de estabilidad social y económica porque dichos sindicatos son capaces de comprometerse eficazmente para que el convenio se cumpla en todos sus extremos.

Los convenios colectivos de empresa son frecuentes en las grandes compañías. Las pequeñas y medianas empresas suelen regirse con más frecuencia por convenios sectoriales, que constituyen también un suelo mínimo para los trabajadores del ramo respectivo en las grandes empresas.

A diferencia del convenio de empresa negociado por representantes sindicales que son trabajadores de la misma compañía, en los convenios sectoriales intervienen los sindicatos de ramo o industria, cuyos representantes son o bien sindicalistas profesionales, o bien trabajadores de otras empresas. Ello plantea una cuestión ética que debe ser atendida: Es importante que los trabajadores cuenten con una voz organizada para negociar con la patronal, también organizada, en condiciones comparables de poder. Pero, por otra parte, esa representación resulta a menudo imperfecta en cuanto, por su misma constitución, no puede hacerse cargo de la situación y posibilidades de cada empresa.

No es raro entonces que los convenios sectoriales impongan condiciones comunes excesivamente gravosas para las empresas más débiles del sector, que resulten en imposibilidad de crecer, o incluso en inviabilidad económica y cierre. Los convenios sectoriales han sido así denunciados como un enemigo del empleo.

Esta es una posición radical, que suele ser publicitada por los defensores de los intereses patronales. Hay alternativas más sensatas. Los convenios sectoriales, de hecho, son necesarios porque sin ellos, los trabajadores de las pequeñas y medianas empresas –que son casi el 60% de la masa laboral española, empleados en más de 3,2 millones de pymes (DGIPyME 2012)– quedarían en una situación negociadora muy precaria. La solución ética y económicamente razonable consiste en dotar a los convenios de flexibilidad suficiente como para cubrir también las situaciones de empresas en dificultades, proyectos que comienzan, etc., de manera que la aplicación del convenio las ayude a salir adelante y puedan, en un periodo razonable, cumplirlo enteramente.

b. Conflicto: huelga y cierre patronal

En el complejo marco de las relaciones laborales, no es extraño que surja el conflicto entre la empresa y sus trabajadores a propósito de alguna cuestión concreta en que se enfrentan sus intereses sin hallar una fórmula que los armonice. En estos casos puede ocurrir que una de las partes recurra a ciertas formas de coacción, al menos como instrumento de presión. Sin llegar a la violencia física, que supusiera daño corporal para las personas o destrucción de cosas, pueden ser modalidades de esa lucha el boicot, el sabotaje o la ocupación del centro de trabajo. Pero las formas más corrientes de lucha son la huelga y su contrarréplica, el cierre patronal (*lock-out*).

Limitándonos al campo socio-laboral, se entiende por huelga toda perturbación del proceso productivo, y principalmente la cesación temporal del trabajo, acordada por los afectados para la defensa de sus objetivos. El reconocimiento de la huelga como un medio lícito en el conflicto laboral ha tardado en llegar. En la fase inicial del capitalismo liberal la huelga era considerada como un crimen, susceptible por tanto de ser castigado. Con el paso del tiempo la huelga emigró del Código Penal al Código Civil; coincidió esto con una actitud más tolerante en relación con ella, unida al deseo de controlar lo que era un hecho inevitable de la moderna civilización industrial. Un último paso de este proceso consiste en el reconocimiento de la huelga como un derecho de los trabajadores para la legítima defensa de sus intereses. Ahora bien, como todo derecho, su ejercicio no está libre de restricciones, sobre todo teniendo en cuenta la incidencia sobre otras personas o colectivos.

Desde el punto de vista moral, la huelga constituye un recurso coactivo. Su licitud estará sometida a dos tipos de reglas. Las primeras excluyen ciertas formas de coacción por los daños que se pueden seguir, independientemente de la causa a cuyo servicio se pone. Con base en esa idea, la huelga debe autolimitarse de manera que no afecte en exceso a los fundamentos de la vida social, a la situación de las personas más vulnerables, o a la viabilidad misma de la empresa. Se establecen entonces 'servicios mínimos' cuya violación convierte a la huelga en 'salvaje'.

Otro conjunto de condiciones de licitud moral de la huelga se refieren a las razones para emprenderla. Suelen enumerarse tres criterios. En primer lugar, la causa justa: es decir, que el objeto que se busca conseguir sea justo, ya se trate de la retribución del trabajo, ya de otras condiciones laborales. Se exige, además, que la huelga sea el último recurso, es decir, que se agoten todas las vías de diálogo y negociación, ya estén oficialmente reguladas, ya se celebren por iniciativa espontánea de las partes. Por último, se exige que exista esperanza razonable de éxito en forma de proporcionalidad entre los bienes en juego y los perjuicios que se siguen para los mismos huelguistas, para la empresa y para los ciudadanos en general.

El cierre patronal, mucho menos practicado en la realidad, sería la forma de réplica de la empresa a la utilización de la huelga. A primera vista podrá resultar paradójico que el derecho a la huelga haya sido reconocido mucho antes que el cierre patronal, tanto a nivel jurídico como moral. Sin duda la explicación radica en que durante bastantes décadas la balanza se ha venido desequilibrando del lado del capital, que ha dispuesto de una fuerza mayor para imponer sus intereses al trabajo. Sin embargo, hoy se tiende a justificar cada vez más el cierre patronal, como respuesta a la fuerza que puedan poseer las organizaciones sindicales: así se mantiene mejor el equilibrio efectivo entre las dos partes que intervienen en toda relación laboral.

6.5. Trabajo y derecho al trabajo en la sociedad postindustrial y en el marco de la globalización

En las últimas décadas se han producido cambios económicos y tecnológicos que pueden calificarse de trascendentales. Tales cambios tienen una profunda incidencia sobre la realidad del trabajo, que afecta a la posibilidad misma de trabajar (amenaza de desempleo) y a las formas concretas en que el trabajo se desarrolla y organiza.

a. ¿Fin del trabajo o fin del pleno empleo?

Las transformaciones que se produjeron en la economía mundial a partir de la década de 1970 tuvieron como primera consecuencia un incremento notable del desempleo en las sociedades industrializadas: es el efecto, no solo de la recesión económica, sino también de la nueva división internacional del trabajo (que desplaza a países del tercer mundo una parte significativa de la producción industrial). Los países industrializados se encuentran así ante el imperativo insoslayable de reducir sus costes laborales, muy elevados en comparación con los de las economías emergentes. Esta exigencia estimula un doble proceso: por una parte, de flexibilización del trabajo (porque determinadas rigideces normativas encarecen su utilización); por otra parte, de sustitución de trabajo por capital (para lo que las nuevas tecnologías ofrecen buenas posibilidades). El rápido desarrollo tecnológico, típico de esta época, no hace sino incrementar todavía más, al menos a corto plazo, el desempleo.

En este marco surge como cuestión inquietante la de la viabilidad del pleno empleo, que era un presupuesto sólidamente establecido en el mundo industrial: ¿es posible seguir pensando en una sociedad en la que todo el que lo desee y tenga condiciones para ello pueda disponer de un puesto de trabajo? Algunos autores lanzaron mensajes alarmantes que anunciaban el fin del trabajo (Rifkin 1996). Aunque hoy esas tesis tan radicales no gozan de mucha acogida, es preciso reconocer que la tarea de garantizar empleo encierra una gran complejidad en sociedades como las nuestras. Y, por otra parte, resulta una cuestión esencial para la estabilidad de esas sociedades, que tienen en el empleo uno de sus ejes vertebradores, como ya vimos.

El empleo, y un empleo digno, siguen siendo una tarea de la sociedad; y también una responsabilidad del Estado, que no puede renunciar a políticas eficaces de empleo. Pero la crisis del Estado social, así como sus menores posibilidades de actuación en un mundo tan globalizado, invitan a reconsiderar el rol de la sociedad civil frente a lo que llamaríamos intereses sociales generales. Y aquí la empresa, toda empresa y las organizaciones empresariales, tienen una responsabilidad de gran alcance: crear empleo es un componente esencial a la función social de la empresa. Esa responsabilidad ha de estar presente en la política de cada empresa como un valor orientador de su actividad y generador de legitimidad y reconocimiento social, pero deberá además formar parte de toda planificación sectorial y general de la economía.

Este compromiso de la sociedad y de la empresa con el empleo debe afrontarse desde una actitud de creatividad, precisamente para no buscar las soluciones solo en la reproducción del pasado. El pasado, bueno o malo, es irrepetible en las nuevas condiciones de la sociedad. Esta creatividad ante el futuro podría orientarse en líneas como las que enumeramos brevemente a continuación:

- *Búsqueda de nuevos yacimientos de empleo.* La fuerte competencia a que están sometidas nuestras economías impide mantener el empleo en importantes sectores industriales e incluso en algunos servicios más trasladables. Pero el propio desarrollo genera nuevas necesidades, sobre todo en el sector servicios, que ofrecen nuevas oportunidades para la creación de empleo.

- *El trabajo, bien escaso a distribuir.* El principio es claro: si el trabajo ha comenzado a ser un bien escaso en nuestras sociedades, es preciso distribuirlo equitativamente, como ocurre con todo bien escaso. Pero la viabilidad práctica de este principio es más que problemática y no puede plantearse como si cualquier tarea fuera siempre divisible (por ejemplo, suponiendo sin más que lo que hace una persona en 8 horas lo harían igual dos personas en cuatro horas). Políticas orientadas a la supresión de las horas extraordinarias, a la ampliación del período de vacaciones, al adelanto de la edad de jubilación o a la prolongación de los estudios..., no pueden ser excluidas, aunque todas ellas tienen sus dificultades. Durante un tiempo la propuesta de reducción de la jornada laboral mereció gran atención y fue objeto de debates (y de resoluciones en algunos países, como Francia). Últimamente ha sido usada también para gestionar sin despidos las crisis de demanda de las empresas. A su favor tiene el hecho de que a lo largo del último siglo la jornada se ha reducido en los países industrializados aproximadamente a la mitad, al tiempo que crecían los niveles salariales; pero no se puede olvidar que esta reducción siguió al aumento continuo de la productividad. En este terreno pueden arbitrarse fórmulas complejas que sean objeto de negociación y reflejen el compromiso por el empleo de todos los agentes sociales: por ejemplo, en sectores con altos niveles salariales los trabajadores podrían reducir su jornada laboral y renunciar al mismo tiempo a una parte de la retribución, con tal de que las empresas se comprometan a mantener la cantidad total de trabajo contratado.
- *Ampliación de los contratos a tiempo parcial.* Supone reconocer que el contrato de trabajo a tiempo completo no tiene que ser considerado como el modelo, ni como el óptimo en todos los casos. Esta fórmula permitiría mejor conciliación entre trabajo y familia; podría también aplicarse como una forma progresiva de jubilación (para que el trabajador no tenga que pasar de golpe desde la jornada completa a la plena desocupación). Pero hay que prever sus innegables

dificultades por las facilidades que ofrece al fraude laboral (contratar para un tiempo reducido y obligar a trabajar mucho más) (Bollé 1997).
- *Búsqueda de vías que rompan identificación entre trabajo y actividad humana.* Esta es una propuesta más a largo plazo, pero que encuentra ya condiciones históricas para ir investigándola. Porque la reducción del tiempo de trabajo remunerado aumenta el tiempo libre, ¿no ha llegado la hora de profundizar en el sentido de este (que ya no puede ser tiempo solo para el descanso) y las posibilidades de emplearlo en actividades que colmen aspiraciones profundas de la persona hasta ahora vinculabas casi exclusivamente al trabajo remunerado? ¿No pueden ser muchas de estas actividades de tiempo libre realmente útiles a la sociedad (piénsese en tantos jubilados que todavía tienen una edad y unas capacidades muy aprovechables)? La equivalencia entre trabajo remunerado y producción social de bienes pueden así ir difuminándose.
- *Búsqueda de otras formas de acceso a la renta.* Si garantizar un trabajo para todos es problemático, parece injusto que esa sea para la mayoría de la población la única vía de acceso a la renta. ¿No habrá entonces que plantearse cómo reincorporar, en alguna medida, el criterio de la retribución en función de las necesidades, y no solo de la producción efectiva? Las pensiones no contributivas son una vía, todavía tímida, en esta dirección. Otras fórmulas más audaces empiezan a experimentarse (la renta mínima garantizada o renta mínima de inserción) o son todavía objeto de propuestas teóricas y de debate (el salario ciudadano).
- *Hacia un tratamiento nuevo de las rentas del capital.* Este es un asunto muy delicado, que no debe ser obviado, porque una economía intensiva en capital y con tendencia a reducir la mano de obra ocupada producirá una progresiva acumulación de la renta total de la sociedad en manos del capital. Según notamos arriba, ello está ya ocurriendo en España. No se trata de un proceso ajeno a la génesis de la crisis de deuda privada y pública que comenzó en 2007.

En la medida en que los trabajadores reciben una parte menor del producto pero son estimulados a consumir cada vez más, terminan sobre-endeudados, volviendo a todo el sistema financiero vulnerable a las partes bajistas de los ciclos económicos, en las cuales aumenta el desempleo y empiezan a fallar las deudas de las familias. ¿Cómo se aplicará un criterio de solidaridad en este terreno, que no obstaculice una distribución equitativa de la renta global? He ahí una cuestión interesante sobre la que existen aún muy escasas sugerencias. Pero no es superfluo dejarla al menos formulada como inquietud.

b. Las nuevas condiciones de trabajo

Las actuales condiciones de la economía y de la técnica no solo complican el futuro del pleno empleo sino que modifican también las formas y la organización del trabajo. Además de incrementar la competencia, la economía globalizada amplía los límites de esta: los principales competidores no son ya empresas cercanas que se sitúan en el mismo contexto legal, social y cultural, sino empresas que actúan en contextos muy diferentes. Toffler ha formulado las consecuencias de estos cambios como el paso de la producción en serie a la producción orientada al consumidor. Pero esto exige una forma de organizar la producción y el trabajo que responda a las necesidades de una producción adecuada, en el momento oportuno y con unos costes competitivos. Las nuevas tecnologías, por su parte, facilitan esos procesos y esa flexibilidad.

Todos estos cambios, por lo que se refiere concretamente al trabajo, acarrean la crisis del concepto de empleo total, que vino siendo el ideal de todo trabajador en la sociedad industrial: trabajo prestado a un solo empleador, en el centro de trabajo de este, de forma indefinida y en jornada laboral máxima (Córdova 1986). Este ideal, que ha sido además apoyado por la legislación laboral, tiene ventajas indudables para la persona del trabajador, por lo que ha venido gozando de una notable valoración ética. Ahora bien, cuando la realidad se resiste a mantener su viabilidad, ¿debe la ética seguir aferrándose a él como algo irrenunciable? Y si no, ¿qué sería irrenunciable, éticamente hablando, para el trabajo humano?

El fin del empleo total se traduce en una diversificación de las formas de trabajo, entre las que se cuentan: el trabajo en red, la externalización de la mano de obra (*outsourcing*), las alianzas temporales o estables (*joint ventures*), el trabajo a tiempo parcial, los contratos discontinuos, la contratación a través de empresas de trabajo temporal, el teletrabajo. En un intento de sistematizar los cambios que todo esto implica para el trabajo vamos a centrar nuestra atención en dos aspectos: flexibilización y trabajo temporal, por una parte; desubicación y teletrabajo, por otra.

La flexibilización del trabajo tiene entre sus manifestaciones más decisivas el final del empleo estable. Ahora bien, la nueva modalidad de trabajo que de ahí deriva, el trabajo temporal, implica importantes consecuencias psicológicas y socioeconómicas sobre la experiencia del trabajador. He aquí tres dignas de mención:

1ª) *La inestabilidad laboral transmite inestabilidad a toda la existencia*, y ello repercute en la psicología personal (inseguridad ante el futuro), en la vida familiar (retraso en el matrimonio o en la llegada del primer hijo, reducción del número de hijos) y en la integración normal en la sociedad. Piénsese que nuestra sociedad está concebida y organizada en función del empleo total, y necesitará un tiempo para adaptarse a estas nuevas condiciones del trabajo. Por poner un ejemplo: las entidades financieras siguen exigiendo hoy, para la concesión de una tarjeta de crédito o de un préstamo, la garantía de una nómina fija...

2ª) *El grado de vinculación del trabajador a la empresa se resiente* cuando este sabe que su permanencia en ella es más que aleatoria. Ello divide a los trabajadores en dos tipos según su relación con la empresa: aquellos que poseen mayor estabilidad de empleo, en quienes pueden desarrollarse los grados de compromiso moral necesarios para una mejora sostenida de la calidad y responsabilidad social de la empresa; y aquellos otros que, por sus condiciones laborales, difícilmente podrán vivir su trabajo con el grado de identificación que exige la organización. La cuestión acuciante aquí es: ¿cómo orientar la relación con estos últimos para que su actividad sea digna de la persona que la realiza? Ciertamente, el primer paso consiste en actuar con ellos según la justicia y respetando el espíritu de la ley (principio de legalidad). La flexibilización exigida por el mercado no debe transmutarse en explotación laboral o en fraude de ley (por ejemplo, contratando de manera discontinua a trabajadores para posiciones que, en realidad, son permanentes). Y luego, cada empresa debe preguntarse cómo puede ir más allá en sus condiciones concretas.

3ª) Como alternativa a la situación anterior en que el trabajo de la persona se consolidaba y valoraba por su integración en la empresa, ahora *cada persona se convierte en gestora de su carrera profesional*. Esta depende del trabajador mismo, el cual tendrá la tarea ineludible de aumentar su valor a largo plazo, para poder 'venderse' con éxito a sucesivos empleadores, ninguno de los cuales le garantizará verdadera estabilidad laboral. La empleabilidad se convierte así en la meta esencial de toda carrera profesional, para lo cual la formación permanente constituye el instrumento más idóneo.

Todo esto favorece la responsabilidad y la competitividad, dos valores importantes para el desarrollo personal y social, pero también dos factores que generan inseguridad en las personas. Con todo, hay circunstancias sociales que pueden mitigar esa inseguridad. Los sociólogos suelen citar dos: la cohesión de la familia y el nivel de empleo. En sociedades donde la institución familiar sigue siendo fuerte y abundantes las oportunidades de encontrar trabajo, el sujeto verá reducida esa inseguridad que genera la temporalidad laboral.

La desubicación del trabajo se refiere a las facilidades que encuentran hoy las empresas para emplazar sus operaciones donde los costes sean menores. Así, a menudo se deslocalizan los centros de producción a países con costes laborales inferiores. Esta opción es problemática en tres aspectos:

- *¿En qué se basan los menores costes laborales de las localidades de destino? ¿Se trata solo de la mayor productividad de los trabajadores o de un nivel general de precios más* bajo en esas economías; o derivan de condiciones especialmente favorables a la explotación del trabajo? Con frecuencia la 'ventaja competitiva' de los lugares de destino estriba en la existencia de regímenes laborales deficientes que permiten salarios miserables también respecto a los precios locales, jornadas extensísimas, trabajo infantil sin control, malas condiciones de higiene y seguridad industrial... Todo lo cual suele venir posibilitado por regímenes políticos autoritarios de derecho o de hecho, que impiden la sindicalización de los trabajadores y actúan en complicidad con los inversores extranjeros. La proliferación de *sweatshops* y maquilas en el tercer mundo sugiere que este caso quizás sea más frecuente que el de ventajas competitivas éticamente legítimas.

- *¿Qué ocurre con la responsabilidad social de la empresa hacia la comunidad* donde ha venido operando con beneficios, quizás por décadas? Y si se mueven las operaciones lejos del país de origen de la compañía, ¿no tiene esta ninguna obligación hacia la comunidad nacional dentro de la cual fue creada y que la sostuvo hasta hacerla capaz de internacionalizarse? Se trata, en último término, de si la empresa tiene patria, raíces en una comunidad con la que está especialmente vinculada por su propia historia. Es una cuestión difícil en un contexto competitivo global, que algunas empresas han conseguido resolver en su proceso de expansión manteniendo las operaciones más cualificadas en sus localizaciones tradicionales, de manera de preservar e incluso ampliar el nivel de empleo que ofrecen allí, al mismo tiempo que deslocalizan sus operaciones más generalistas hacia lugares de menores costes de producción.
- *¿Qué será de los trabajadores* que a lo largo de años han desarrollados habilidades profesionales específicas para esa empresa en concreto, o habilidades que solo son útiles en inexistentes empresas del mismo ramo, cuando son despedidos por la deslocalización? Muchas empresas asumen que su responsabilidad hacia estos trabajadores incluye facilitar, de acuerdo con las autoridades, su reconversión

profesional hacia otros sectores que ofrezcan mejores perspectivas de estabilidad a largo plazo.

Además de la deslocalización de las operaciones, la desubicación del trabajo está tomando también la forma de empleo móvil y de trabajo en el hogar, que constituyen dos modalidades de teletrabajo. El teletrabajo consiste en trabajo a distancia, cuando las actividades laborales pueden ubicarse lejos de las instalaciones de la empresa gracias al desarrollo de las tecnologías de las comunicaciones, que facilitan las relaciones no presenciales entre empresario y trabajador o entre trabajador y cliente.

El teletrabajo ofrece indudables oportunidades, pero también dificultades de peso. Veamos unas y otras reflejadas en las consecuencias más sobresalientes de esta nueva forma de trabajo (Ortiz Chaparro 1997):

1ª) Hay una significativa reducción de costes económicos, no solo para la empresa (reducción de los espacios físicos necesarios y de los transportes), sino también para la sociedad (menor contaminación ambiental, menores necesidades de infraestructura viaria...).

2ª) Se va hacia un nuevo modelo de empresa, la empresa en red, que no está ligada a un espacio físico, sino que se estructura según una red de relaciones telemáticas. Este modelo es menos jerárquico y más plano; en él el directivo deja de ser general que da órdenes para convertirse en director de orquesta que conjunta a personas, todas ellas muy cualificadas (Drucker 1993).

3ª) Esta realidad de una empresa más dispersa plantea nuevamente el problema de la vinculación de los trabajadores con ella. Pero ahora de una forma ligeramente diferente, y con más urgencia, porque la dispersión la hace más necesaria. La comunicación directa cara a cara, ¿puede ser enteramente suplida por la comunicación telemática? Parece claro que no; siempre resulta necesario disponer encuentros físicos de los conectados en red, en los que, entre otras cosas, debe procurarse la construcción de una cultura de empresa ajustada al perfil ético y a los valores que la organización, en esta forma nueva, quiere realizar y proyectar a la sociedad.

4ª) El teletrabajo trae consigo mayores oportunidades para la personalización del trabajo, pero también una nueva relación entre trabajo y hogar/familia. Por eso se precisa una fuerte dosis de autocontrol, que garantice un aceptable equilibrio entre ambos ámbitos de la existencia y establezca las fronteras adecuadas (de tiempo, de espacio físico...) entre uno y otro.

Flexibilización y desubicación del trabajo suponen, por tanto, cambios profundos que afectan a muchos planteamientos éticos sobre la empresa y sobre el trabajo mismo. En ese sentido son un reto para avanzar en la reflexión ética, buscando siempre cómo garantizar lo que parecen valores irrenunciables en este campo: la atención a la dignidad del trabajador en cuanto persona y la posibilidad de que encuentre en su trabajo una vía para su humanización. Ello debe alcanzarse tanto en la forma de concebir y estructurar la empresa, como en sus modalidades de organización del trabajo. Por eso hemos destacado las consecuencias más importantes de todos estos cambios como base para una reflexión ética y un discernimiento de fórmulas concretas, que en gran parte están todavía por hacer.

6.6. La gestión de la movilidad y de la diversidad cultural

La globalización de las comunicaciones y los mercados ha facilitado no solo la internacionalización de las empresas, que expanden sus operaciones a países a menudo remotos, sino también la de muchas sociedades nacionales, que reciben expatriados e inmigrantes en números antes desconocidos. Ese fenómeno resulta patente en España: por una parte, algunas empresas españolas se han convertido en verdaderas marcas internacionales (piénsese en Santander, BBVA, Inditex, Mango, Telefónica, Repsol...); por otra parte, el país ha recibido solo en la última década varios millones de trabajadores inmigrantes de las más diversas cualificaciones y procedencias.

Ello plantea problemas en dos direcciones: por una parte, los asociados a la movilidad de personal de la empresa que venía trabajando en su propio país; por otra, los de gestión de la diversidad cultural en entornos donde trabajan personas de muy diversa procedencia. El primer tipo de problemas se presenta sobre todo a las empresas transnacionalizadas –que son las que desplazan regularmente personal ejecutivo y técnico–, mientras que el segundo afecta a todas las operaciones empresariales que deben ocurrir en contextos multiculturales, incluidas las empresas locales en países de alta inmigración.

Notemos en ese orden los desafíos éticos que estas circunstancias, nuevas en España pero habituales desde hace al menos un siglo en países como los Estados Unidos, suponen para las empresas.

a. La gestión de la movilidad del propio personal

Las empresas internacionalizadas no necesariamente son del todo transnacionales en el sentido de haber arraigado tanto en cada país de trabajo como para reclutar localmente a todo su personal. Cuando tienen negocios pero no una estructura permanente en el país de trabajo, e incluso en las primeras fases de una implantación con voluntad de permanencia, suelen recurrir a la movilización de ejecutivos y eventualmente técnicos desde otros lugares, a menudo el país de origen de la empresa o alguna otra base suya de importancia.

Los viajes repetidos de personal al extranjero resultan caros, y solo ofrecen un contacto intermitente con la actividad que se debe poner en marcha o supervisar. Por ello es común recurrir a asignaciones de plazo más largo, que exigen del empleado mudar su residencia al nuevo país de trabajo. Aparece entonces la figura del 'expatriado', común en muchas empresas, como también en organismos internacionales, ONG y personal diplomático.

La expatriación laboral presenta sus propios problemas éticos para la empresa. Todos ellos giran en torno al hecho de que esta, según mencionamos, quizás sienta que no tiene raíces ni siquiera en su propio país, pero ciertamente las personas sí las tienen. Han sido criadas en una cierta cultura; probablemente tienen una familia propia; hablan bien solo alguna o algunas lenguas; han probado sus habilidades en ciertos contextos y no en todos los posibles. Es pues evidente el riesgo de que el desarraigo resulte mal para la empresa (si la persona no logra conectar bien con el nuevo entorno en que debe trabajar, quizás culturalmente muy distinto al suyo); para la familia del trabajador (si no consigue integrarse bien en la sociedad de destino en términos de relaciones sociales, de empleo para el cónyuge, de escolarización para los hijos); y también para el mismo trabajador (como consecuencia de todo lo anterior, y del hecho de que estos son a menudo puestos que requieren muy alta dedicación).

Obviamente, otro tipo de problemas se deriva para la persona y su familia si no les es posible mudarse todos y el precio de la expatriación es la separación familiar. Sería un caso extremo de no conciliación entre trabajo y familia. Análogamente, para los ejecutivos jóvenes la movilidad puede plantear el problema de un desenraizamiento permanente, que les facilita tener amigos en muchos lugares pero limita sus posibilidades de construir relaciones de largo plazo (por ejemplo, de pareja) en ningún lugar.

El problema no es tanto de dinero. Los puestos de expatriado suelen estar bien pagados, y por eso resultan atractivos. Se trata más bien de que la empresa se ocupe sistemáticamente de la inserción de la persona y su familia en la sociedad a la que van, sin darla por supuesta, particularmente cuando esa sociedad es muy distinta a la de origen. Resulta preciso ofrecer alguna inducción cultural para el trabajador y su familia, facilitarles contactos a partir de los cuales puedan construir una vida social, acompañarles en la exploración de oportunidades laborales para su pareja y de escolarización para sus hijos, abrir líneas fluidas de comunicación con el país de origen que puedan utilizar si lo desean... Todo ello no solo demostrará el interés de la empresa por su empleado como ser humano que no puede ser desenraizado sin contemplaciones, sino que sin duda también ayudará a que pueda concentrarse en su trabajo, minimizando los costes y preocupaciones de adaptación. Y, a la inversa, cuando la asignación termina y el trabajador debe volver a su país, es necesario prever un proceso de *debriefing* y reintegración en la sociedad de origen, a la que nunca se regresa después de un periodo largo sin haber cambiado interiormente en alguna medida.

b. La gestión de la diversidad cultural

Como problema para la empresa, el de la movilidad que acabamos de describir afecta principalmente a aquellas en curso de internacionalización, sobre todo a sus relaciones con el personal cualificado que expatrian. El problema de la diversidad cultural resulta mucho más amplio, en cuanto es susceptible de afectar también a empresas locales, incluso pequeñas empresas, y se extiende por toda la estructura de la compañía, con más frecuencia en los niveles bajos y medios.

Por supuesto, las empresas internacionalizadas lo afrontan además en sus operaciones en el extranjero, cuando deben relacionarse con trabajadores, otras empresas y gobiernos de entornos culturales muy diferentes. Si la empresa está ya transnacionalizada, el problema se le plantea también entre directivos y ejecutivos de distintos orígenes. Pero estas últimas empresas suelen contar con políticas más elaboradas para integrar toda la organización en estándares comunes de trabajo y relación que hacen muy semejantes internamente a todas sus localizaciones de trabajo (Muñiz 2012).

La cuestión de la diversidad cultural resulta novedosa particularmente para las empresas locales europeas, porque no ha resultado de ninguna decisión de internacionalización de la empresa, sino que ha seguido a la inmigración masiva de trabajadores de países pobres a muchas naciones europeas en los últimos veinte o treinta años (algunos menos en España). Cómo integrar a estos inmigrantes en las sociedades europeas constituye una cuestión mayor que no corresponde resolver solo a la empresa. El liderazgo del gobierno y la acción de las organizaciones civiles y religiosas resultan esenciales.

Sin embargo, la empresa tiene también una parte que asumir. Al fin, se trata de migraciones laborales. Empresas hasta hace poco muy homogéneas se encuentran con que su personal incluye ahora personas de idioma nativo, cultura y/o religión muy variados, que como consecuencia tienen diferentes hábitos, sensibilidades, esquemas de interpretación e incluso valores.

Ello, en principio, aumenta el potencial de la empresa ampliando el abanico de perspectivas válidas desde las cuales puede relacionarse internamente y con sus *stakeholders* externos. Al fin, la pluralidad ha entrado en la empresa porque ya se encuentra en la sociedad. La propia diversidad interna ayuda a comprender y responder a *stakeholders* cada vez más diversos. Sin embargo, también plantea el desafío de cómo integrar a todo el personal en un propósito común y en modos compartidos para alcanzarlo. Esto es, plantea el problema de cómo construir una cultura empresarial sólida a partir de elementos de partida culturalmente diversos: diferentes modos de relación entre los sexos; de percepción y organización del tiempo; de relación con el poder; de balance entre normas generales y relaciones personales; de comprensión de la relación entre el grupo y el individuo, por tanto de la competitividad y la responsabilidad individual... a todo lo cual suelen unirse los problemas de integración social y económica en sentido más amplio, que muchos inmigrantes padecen al estar lejos de su sociedad de origen y sus redes familiares.

Si se logra el propósito de construir una cultura empresarial común, la diversidad se revela como el valor ético que en verdad constituye, reflejo de la riqueza de la libertad humana históricamente realizada. Pero si no se logra, entonces puede seguir el entorpecimiento de la comunicación interna, la fragmentación de la organización en grupos culturalmente disociados, o el sometimiento cultural de unos grupos a otros, con la correspondiente alienación de los sometidos. Nada de ello ayuda a constituir a la empresa como organización ética, ni tampoco ayuda a sus resultados económicos.

Una gestión adecuada de la diversidad cultural requiere un compromiso explícito de todos los directivos de la empresa. Es preciso partir del reconocimiento de la existencia de la diversidad cultural misma; proseguir intentando alcanzar una buena comprensión de las culturas presentes en la organización y de su influencia en el comportamiento de las personas; para terminar con un diálogo acerca de cómo trabajar juntos, centrado en qué puede aportar cada uno diferenciadamente y qué parámetros comunes deben respetarse en todo caso.

Incluso en entornos multiculturales, no todo puede reducirse a la diversidad cultural. Las personas son diversas en muchos otros aspectos. Achacar todas las diferencias de comportamiento a esquemas culturales podría terminar en una estereotipación injusta en que cada cual fuera tratado según la adscripción que los demás hagan de él a un determinado colectivo, en vez de por sus propias personalidad y acciones.

Por otra parte, el necesario reconocimiento de la variedad de expresiones culturales (en el vestido, en la comida, en la expresión, en las relaciones personales...) tiene dos tipos de límites imprescindibles para la buena operación de la empresa. Por una parte, hay límites funcionales estrictamente impuestos por la coordinación de actividades: en una cadena de producción, por ejemplo, no puede cada cual gestionar el tiempo como bien le parezca sino que ha de sincronizarse con un ritmo común. Quienes no llevan ese tipo de sincronización en su cultura, deberán aprenderla, ser cambiados de posición, o abandonar la empresa.

Por otra parte, puede haber diferencias culturales más de fondo que afectan a los valores. Esas diferencias requieren una discusión ética en profundidad dentro de la empresa, que será parte de la conversación ética continuada necesaria para construir una organización de buena calidad moral. Tal discusión puede revelar valores que unos grupos culturales pueden aprender de otros, donde están más desarrollados o donde se han conservado mejor. Por ejemplo, los europeos tenemos muy desarrollado el sentido de la justicia entendida como igual dignidad de todas las personas. Nos parece inaceptable, porque lo es, que las personas sean sistemáticamente discriminadas o limitadas en virtud de su género, su etnia, su religión, sus opiniones políticas, etc. Una empresa europea no debería permitir que trabajadores de otros orígenes introduzcan en su seno tales discriminaciones en virtud de sus propias tradiciones culturales. Sin embargo, esos mismos trabajadores quizás puedan aportar un sentido más profundo de las relaciones personales, la pertenencia comunitaria o la trascendencia, todos los cuales se han venido erosionando en Occidente desde el siglo XVIII. Valor por valor donde se adviertan diferencias sustantivas de origen cultural, deben ser examinados y discernidos para ver en qué medida las respectivas posiciones enriquecen o amenazan el perfil moral de la empresa. La multiculturalidad, en resumidas cuentas, no consiste en la coexistencia estática de mundos paralelos sino en un dinamismo de mutuo aprendizaje moral.

Desde el punto de vista práctico, para gestionar los diversos aspectos de la diversidad cultural en la empresa, Marchand y Del Río (2008) sugieren herramientas como:

- Programas de formación en diversidad para directivos y empleados.
- Grupos de apoyo para empleados de minorías culturales, con el objeto de favorecer su integración y su contribución con ideas a la empresa.
- Programas de mentores para empleados de minorías ya contratados, y de aprendizaje para candidatos a incorporarse a la empresa.
- Estándares de comunicación interna y externa sensibles a la heterogeneidad cultural.
- Auditorías de la diversidad, para identificar las causas de problemas persistentes en este campo y proponer soluciones.

6.7. Conclusión: Nuevos y viejos desafíos en el mundo del trabajo

En este capítulo hemos examinado una serie de cuestiones éticas que se plantean a la empresa y a la sociedad en torno al trabajo remunerado por cuenta ajena. Algunos de ellos son tan antiguos como la revolución industrial; otros vienen emergiendo como consecuencia de la innovación tecnológica y la globalización económica. Estos procesos tecno-económicos no solo plantean desafíos novedosos, sino que a menudo invalidan o hacen más difíciles de practicar las viejas soluciones a los desafíos anteriores.

Como en tantos otros aspectos de la vida empresarial, nos hallamos aquí en una transición entre dos épocas, que no puede manejarse de manera formularia con recetas de otros tiempos. Resulta preciso volver a discernir la calidad ética de las relaciones laborales en profundidad, incorporando los nuevos aspectos de su problemática en interacción con los antiguos.

El norte de ese discernimiento debe buscarse en el significado del trabajo en la sociedad contemporánea, que recontamos al comienzo del capítulo. Se trata pues de encontrar diseños organizacionales y políticas de gestión del trabajo que posibiliten, en el nuevo contexto, la aspiración humana de alcanzar la realización personal y sostener la vida familiar a través de la actividad productiva con que servimos a la realización y la vida de los demás. En pocos aspectos se juega tanto como en este la responsabilidad social de la empresa.

Para pensar y discutir

1. Se dice que los sindicatos han venido perdiendo buena parte de su fuerza en el sector privado de los países desarrollados. Su afiliación disminuye, y uno de sus objetivos principales, el aumento de la parte de los trabajadores en el conjunto del producto, no solo no está siendo alcanzado sino que el retroceso es claro. ¿Por qué causas crees que están debilitándose los sindicatos? ¿Cuáles de esas causas se deben a nuevas condiciones tecnológicas y económicas? ¿Cuáles se deben a la actitud de las empresas? ¿Cuáles a la libre voluntad de los trabajadores? ¿Cuáles a errores de los mismos sindicatos? ¿Qué valoración ética te merecen cada una de esas causas? ¿Hay algunas que deberían ser corregidas? ¿En qué sentido y por quién?
2. Si fueras el gerente de una empresa financiera española de mediano tamaño (digamos, cincuenta trabajadores) que opera en las grandes bolsas del mundo, ¿qué medidas tomarías para facilitar la conciliación entre vida familiar y vida laboral de tus empleados?
3. La precariedad laboral, entendida como una inestabilidad planificada de los puestos de trabajo, se ha venido extendiendo en Europa con la 'flexibilización' de los mercados laborales. Piensa en una empresa en que hayas trabajado o te gustaría trabajar en el futuro inmediato: ¿En qué situaciones te parecería éticamente aceptable que esa empresa utilizara trabajadores con contratos precarios desde el punto de vista de su estabilidad? ¿Cuáles serían las obligaciones mínimas de justicia de la empresa hacia trabajadores suyos

en tal situación? ¿Qué más podría, tal vez debería, hacer por ellos?
4. La crisis económica de 2007, con la correspondiente caída de la demanda, obligó a muchas empresas a reducir el número de horas de trabajo contratadas. Algunas empresas europeas, particularmente alemanas, llegaron a acuerdos con el Gobierno y los sindicatos para rebajar temporalmente sus costes laborales sin despedir empleados. Investiga en internet el modelo alemán de reducción de jornada. ¿En qué consiste? ¿Qué ventajas e inconvenientes tiene? ¿Qué opinión te merece desde el punto de vista ético? ¿Sería aplicable en tu país?
5. ¿Has trabajado (o estudiado) alguna vez con personas de otra cultura? Si así fue, ¿qué has aprendido de ellos? ¿qué podían ellos aprender de ti? Si hubo conflictos de raíz cultural, ¿cómo los resolvisteis? ¿Son estas experiencias tuyas trasladables a otros entornos multiculturales donde debas trabajar en el futuro?

Capítulo 7
La empresa y los usuarios y consumidores

7.1. Introducción

Entre los diferentes grupos afectados por la empresa y cuyos intereses están comprometidos en ella son de una importancia especial los clientes y consumidores: es decir, aquellas personas, grupos o instituciones que adquieren los bienes y servicios producidos por la empresa para la satisfacción directa de las propias necesidades o para incorporarlos a su propio proceso de producción. En este capítulo nos centraremos sobre todo, por razones de espacio, en la relación del productor con el consumidor final, dejando de lado la consideración de otros clientes.

Supuesta esta restricción, el capítulo se desarrollará en tres partes: comenzaremos analizando la responsabilidad del productor en relación con los usuarios y consumidores; estudiaremos luego la cuestión desde la perspectiva de estos últimos, lo que nos llevará a examinar los derechos del consumidor en el marco más general de los derechos humanos; por último, abordaremos dos aspectos de especial relevancia en el marketing: el precio como expresión de los términos económicos de la relación entre la empresa y sus clientes; y la publicidad como vehículo de comunicación de los productores con los consumidores.

7.2. La responsabilidad del productor por su producto

La primera cuestión que se nos plantea está relacionada con el objeto mismo que la empresa ofrece a la sociedad: su producto, consistente en bienes y/o servicios más o menos complejos. Para fijar ideas, imaginemos que se trata de un producto manufacturado, una cosa física diseñada para cierto propósito. Su destino es pasar al usuario o consumidor final, que lo empleará como desee dentro de su proyecto personal. ¿Qué responsabilidad cabe a la empresa por lo que ocurra en ese uso final de su producto, particularmente por sus efectos nocivos indeseados? ¿Qué responsabilidad tiene, en concreto, hacia el usuario? Para estudiarlo presentemos primero dos enfoques distintos: la teoría de los costes sociales y la teoría del contrato. A partir de su análisis elaboraremos algunas conclusiones.

a. La teoría de los costes sociales

Sostiene que el productor debe pagar *todos* los daños resultado del uso del producto –y no solo, como sería lógico, los derivados de los defectos del producto–, aun cuando haya puesto el máximo cuidado en el diseño y la fabricación, y haya prevenido convenientemente al consumidor de los peligros. Según esta teoría, el productor debe asumir todos los riesgos, incluso los que no pueden ser razonablemente previstos o eliminados.

Puede parecer exagerado, pero es justificable desde el punto de vista del bienestar social (utilitarismo): Los daños que el producto pueda generar constituyen parte de los costes que la sociedad paga por la producción y uso de ese objeto, puesto que recaen sobre alguien. Al cargar estos costes sobre el productor, como ocurre con los costes ordinarios de diseño y fabricación, se incorporarán al precio del producto, elevándolo. Los consumidores entonces ajustarán su demanda al coste integral del producto, en vez de a un precio ficticiamente más bajo. Y esta internalización de todos los costes conducirá a un uso más eficiente de los recursos en la sociedad.

Esta forma de determinar el precio tiene indudables ventajas: refleja todos los costes que tiene para la sociedad el producir y usar el objeto; obliga a los productores a hacer todo lo posible por reducir al máximo el número de accidentes, ya que han de soportar todos los riesgos; hace que dichos costes recaigan solo sobre los usuarios de ese objeto, a través de los precios que estos pagan por él, en vez de sobre todos los ciudadanos.

Sin embargo, esta teoría presenta también dificultades. La primera es de principio: no es justo obligar a una persona a compensar el daño causado a otra cuando no hubiera podido preverlo y evitarlo. Hay una segunda dificultad, de orden práctico: no es realista pensar que con este procedimiento se reducirá el número de accidentes, ya que el usuario, al quedar totalmente exento de las malas consecuencias de su uso del producto, será menos cuidadoso. Es otro ejemplo de la figura del riesgo moral (*moral hazard*), que ya habíamos mencionado en el epígrafe 5.3, en un contexto distinto.

b. La teoría del contrato

Esta segunda teoría se sitúa en el extremo opuesto. Concibe la relación productor-consumidor como esencialmente contractual: ambas partes intercambian un producto por un precio, libremente y con conocimiento de lo que hacen. Ahora bien, para la validez moral del contrato es indispensable garantizar la entera libertad de las partes. Esto conlleva las siguientes obligaciones para el productor:

- *Obligación de responder a las expectativas del consumidor,* expectativas que el mismo fabricante ha contribuido a generar.
- *Obligación de informar de manera completa sobre la naturaleza y características del producto,* facilitándole el acceso a toda la información relevante para su utilización (simetría de información entre oferente y demandante sobre los usos del producto).
- *Obligación de no desfigurar el producto (o la imagen de él)* mediante procedimientos o técnicas que inducen cuando menos a confusión (con otra marca, por ejemplo).
- *Obligación de no coaccionar al comprador,* de no ponerlo en situación de miedo o de estrés emocional, aprovechándose de ello para vender.

Como se ve, esta teoría reduce considerablemente la responsabilidad del productor. Si cumple las cuatro condiciones anteriores, puede suponerse que la decisión del comprador es del todo libre. Entonces, salvo en el caso de defectos de fábrica ocultos para ambas partes, la responsabilidad por el uso del producto pasa enteramente al usuario, quien sabe lo que compró, conoce los riesgos de sus diversos usos, y debe asumir las consecuencias de su utilización del producto.

Si la teoría del coste social podía justificarse a partir del bienestar de toda la sociedad como consecuencia de mercados más eficientes, la teoría del contrato puede justificarse a partir de consideraciones sobre derechos y deberes. En efecto, desde el momento en que el productor cumple con las cuatro obligaciones que enunciamos arriba, posibilita que el comprador tome, desde una libertad bien informada, su decisión sobre el uso que dará al producto. Esa libertad le hace responsable de tales decisiones de uso y de sus consecuencias.

En la práctica, una serie de circunstancias conspiran contra la aplicabilidad de esta teoría: El productor posee una información y, por ende, una capacidad de influir sobre el consumidor, que contrasta con la limitada información que maneja este. Además, el consumidor debe procesar información muy variada para comprar multitud de productos, frente a la especialización del productor que solo se ocupa de los pocos productos que le incumben. Por otra parte, la relación productor-consumidor no se inicia cuando el consumidor individual se interesa por un producto. El productor está lanzando mensajes al consumidor potencial, de forma impersonal, mucho antes de que este se plantee entrar en relación con él. El productor no constituye así un sujeto meramente pasivo antes de que el consumidor tome la iniciativa de una compra, sino que está actuando sobre este creándole necesidades o descubriéndole aquellas que tiene latentes.

Todo ello produce una situación de considerable asimetría de información, y eventualmente de poder, entre productor y consumidor. Para que la responsabilidad pasara enteramente al usuario, tales asimetrías deberían ser desactivadas voluntariamente por el productor, quien jugaría entonces en pie de igualdad con su cliente. Algunas empresas seguramente lo hacen (y hacen bien, porque eso es lo justo), pero el marketing predominante intenta más bien explotar las asimetrías entre productor y consumidor, que eliminarlas. Entonces, ante la realidad de un usuario cuya libertad no es completa sino que está parcialmente 'intervenida' por el productor, también deberá ser parcialmente compartida la responsabilidad por los usos del producto y sus consecuencias.

c. Algunos criterios para determinar la responsabilidad del productor

El examen de esas dos teorías nos ha servido para excluir posturas extremas, que cargan solo en el productor o solo en el usuario toda la responsabilidad por los efectos indeseables del uso de los productos. También nos ha permitido mostrar que la responsabilidad del productor deriva de la asimetría o desigualdad en su relación con el consumidor: a mayor desigualdad, mayor responsabilidad. Este es el criterio ético fundamental, del que derivan algunas consecuencias prácticas.

Así, el productor tiene un marco de referencia importante para delimitar su obligación en las expectativas del consumidor, precisamente porque él ha contribuido a crearlas. Esas expectativas pueden agruparse en cuatro aspectos:

- *Veracidad*: el consumidor espera que el producto funcione como se le ha inducido a pensar que funcionará.
- *Duración*: el consumidor espera que el producto dure, al menos, lo que se le ha inducido a pensar que durará. A veces esto está relacionado con las garantías que el vendedor expresamente concede. Si el producto está diseñado para un cierto número de usos o un periodo de tiempo (obsolescencia programada) ello debe ser conocido por el consumidor.
- *Mantenimiento*: el consumidor espera que sea fácil reparar el producto, así como mantenerlo en condiciones de ser usado, incluso una vez que caduque la garantía.
- *Seguridad*: el riesgo del producto debe ser razonable, conocido y aceptado para el comprador. Esto excluye riesgos cuya existencia no conoce el consumidor, aquellos cuya proba-

bilidad o gravedad no puede estimar, aquellos a los que no sabría cómo hacer frente; y también los riesgos innecesarios, que pueden ser reducidos o eliminados a un coste desproporcionadamente pequeño.

Como el productor diseña el producto y contribuye a definir cómo será utilizado, conoce mejor que el consumidor el producto y sus usos posibles. Por ello está en mejores para estudiar los riesgos asociados a esos usos, y para detectar nuevos usos peligrosos que consumidores especialmente imaginativos puedan hacer. Tal asimetría en la capacidad de análisis de riesgos sitúa en el terreno del productor la responsabilidad de prevenir de la manera más completa posible a los usuarios sobre los riesgos de usos tanto normales como imprevistos del producto, cuando estos riesgos no sean evidentes.

Obviamente, tal responsabilidad es mayor cuando los riesgos derivan de defectos en el diseño o la fabricación. En realidad, en ese caso es completa, porque en las fases de diseño y fabricación el poder sobre el producto está completamente en manos de la empresa. Si, en un equivocado reflejo de auto-protección, la empresa niega el defecto o la responsabilidad correspondiente, su credibilidad puede resultar devastada.

Más complicado es el tema de la presión psicológica que se ejerce sobre el consumidor a través de la publicidad y otras herramientas de marketing. Por lo general esa presión no pretende coaccionar sino persuadir o seducir al potencial cliente. Ese intento afecta a la libertad de la persona de una manera muy distinta a la coacción. Como nos ocuparemos del tema en más detalle en el epígrafe 7.5, solo vamos a notar aquí un par de aspectos que pueden abordarse con los elementos que ya hemos presentado.

El primero se refiere a un tipo especial de publicidad, la que se basa en el miedo, el cual sí posee fuerza coactiva sobre la voluntad. Tal publicidad no es rara en algunos sectores, por ejemplo los medicamentos o los servicios de seguridad, cuando para vender el producto se intenta generar miedo físico a cierta enfermedad o a una agresión. Aparece a veces en otros muchos sectores, cuando el mensaje publicitario se apalanca en el temor al rechazo social, al fracaso profesional, etc. Esta publicidad resulta éticamente problemática porque pretende crear ansiedad en el consumidor para luego calmar esa ansiedad devolviéndole la paz mental que la misma publicidad había destruido previamente (y aliviándole entretanto de algún dinero). En versiones extremas, la probabilidad de sufrir el percance que el producto nos evitará puede exagerarse; e incluso el riesgo mismo puede ser inventado por el marketing, como se ha denunciado en ocasiones de determinadas 'patologías' inexistentes destinadas a vender medicinas o cosméticos que resultaron, en último término, placebos.

El segundo tópico es más general, y se relaciona con el tema de la información al consumidor que venimos tratando. El consumidor puede recibir información sobre el producto de varias fuentes: su propia experiencia; sus redes de relaciones sociales; el envase y alguna documentación adjunta al producto; y la publicidad comercial de la empresa. Dependiendo del tipo de producto y de consumidor, unas u otras fuentes dominarán la información que el cliente efectivamente registra. En muchos productos dirigidos al gran público, incluso productos financieros, la publicidad resulta la fuente dominante, aunque también haya, por ejemplo, información en el envase o documentación de acompañamiento del producto (normalmente en letra pequeña).

Pero la información proporcionada por la publicidad comercial, cuando tal información existe, suele estar muy sesgada hacia la imagen de marca que la empresa quiere construir en la mente del potencial consumidor. Rara vez, y normalmente solo por imperativo legal, menciona los riesgos, limitaciones u otros aspectos negativos del producto. Obviamente, ello restringe el ejercicio de la libertad por parte del consumidor y, por tanto, sitúa del lado de la empresa una porción mayor de la responsabilidad por las consecuencias de su uso.

En general, puede afirmarse que, desde el punto de vista de la constitución ética de la sociedad, resulta deseable que todos los agentes operen de manera enteramente libre, y por tanto asuman plena responsabilidad de sus acciones. No es una buena situación aquella en que un agente debe tomar responsabilidad por las acciones de otros, debido a que previamente los ha mediatizado o en cierta medida manipulado. Así que tanto las empresas como la sociedad en su conjunto deben moverse en la dirección de ampliar la información, la libertad, y por tanto la responsabilidad moral de los consumidores.

d. Algunas áreas de aplicación de esta responsabilidad

Siguiendo a García Morencos (1993), recapitulemos ahora algunas áreas en que debe ejercerse la responsabilidad de la empresa respecto a usuarios y consumidores en materia del producto:

- *La calidad.* La calidad, que sirve para caracterizar de modo global a un producto, no debe entenderse como una magnitud absoluta sino relativa, porque no siempre la más alta calidad es la más deseada. Dependerá de las necesidades a cubrir, de las expectativas del consumidor, así como de las posibilidades de este. Por eso la variable clave en la relación productor-consumidor es la relación calidad/precio.
- *El diseño del producto y su seguridad.* El proceso de diseño es esencial para determinar las características del producto, qué necesidades podrán recibir respuesta con él, y qué seguridad ofrecerá. Pero la seguridad suele tener un coste marginal creciente: cada punto porcentual de reducción de un riesgo cuesta más que el punto anterior. Por eso es preciso analizar la relación entre ambas magnitudes hasta llegar a una combinación seguridad/coste razonable y prudente.
- *El posicionamiento del producto.* Posicionar un producto en el mercado es buscar un segmento en él en función de la demanda de los consumidores y de la oferta de otras empresas de la competencia. Obliga a diferenciarlo de los demás, para lo que la marca es un instrumento esencial. La marca en sí misma constituye una fuente de confianza del consumidor, que no debe ser defraudada.
- *El envasado y el etiquetaje.* El envasado, que es importante para proteger el producto, conservarlo y facilitar su transporte, tiene además una función creciente como factor de comunicación y de promoción en el marketing. Constituye el vehículo principal de información para el usuario, el cual aprecia cada vez más la información que se le ofrece y exige que sea veraz.

- *La garantía*. La garantía es un compromiso formal de la empresa respecto a la calidad o seguridad del producto. La garantía no solo da seguridad al cliente, sino que impulsa también al productor a esmerarse en lo que ofrece, cuando lo diseña y cuando tiene que salir al paso de las dificultades en el uso. Pero la garantía exige también un comportamiento honesto y responsable por parte del usuario, respetando los términos en que está establecida y no intentando aprovecharse de ella para abusar de la empresa.

7.3. El consumidor y sus derechos

La relación productor-consumidor es a veces planteada desde la llamada soberanía del consumidor. Prestémosle alguna atención antes de abordar la cuestión fundamental que aquí nos interesa: la de los derechos del consumidor.

a. La soberanía del consumidor como cuestión ética

La soberanía del consumidor designa el poder que, en una economía de mercado, los consumidores adquieren sobre los productores, en virtud de su libertad de compra. Solo los bienes y servicios que suficientes consumidores elijan podrán permanecer en el mercado; y solo las empresas que ofrezcan esos productos serán económicamente viables.

Este es un hecho que, en último término, refleja la orientación esencial del mercado hacia el servicio de la persona. Se trata de una relación de medio a fin: la producción y distribución de bienes y servicios es una actividad que sirve para (es medio o instrumento para) la satisfacción de las necesidades humanas (el fin). Ya sabemos que esta subordinación no impide que se considere la rentabilidad como un fin legítimo del productor. Pero se trata de un fin intermedio, que no debe entrar en conflicto con el fin último de la satisfacción de necesidades, o, más en general, la posibilitación de proyectos humanos éticamente válidos. Por eso resulta inaceptable desde el punto de vista moral cualquier actividad que, por conseguir rentabilidad económica, perjudique a las personas.

La soberanía del consumidor constituye, pues, un indicador de buen funcionamiento del mercado, tanto desde el punto económico como desde el ético. ¿Cuáles son las condiciones para que sea efectiva, y no solo nominal? Dos condiciones parecen decisivas: la competencia real en el mercado; y la libertad y racionalidad del consumidor. La competencia fuerza a las empresas a ofrecer bienes y servicios con unas relaciones calidad/precio, seguridad/precio, etc., que atraigan al consumidor. Este, en un mercado verdaderamente competitivo, siempre dispone de otras opciones, así que podrá elegir la que mejor se ajuste a sus necesidades y proyectos. Por otra parte, para que la soberanía del consumidor efectivamente lleve al mercado a servir eficientemente las necesidades y proyectos de los consumidores, resulta preciso que estos elijan los mejores medios posibles para sus propios fines. Esto es, que actúen con libertad y de manera racional, en vez de dejarse llevar por el capricho, el impulso del momento, los efectos de rebaño, la inercia, seducciones publicitarias, insatisfacciones artificiales, o alguna otra forma de irracionalidad.

Como puede verse, estas dos condiciones de posibilidad de una soberanía efectiva de los consumidores requieren un doble esfuerzo: por un lado, de las empresas y las administraciones para mantener el mercado competitivo cuando la oferta tiende a concentrarse; y por otro lado de los mismos consumidores, que han de resistir el empuje de pulsiones irracionales interna o externamente generadas, reunir la información que necesitan y procesarla racionalmente hasta llegar a una decisión de compra suficientemente buena, si no siempre óptima, en términos del beneficio/coste que les supone el producto. La soberanía efectiva del consumidor no constituye, por tanto, un resultado automático del mercado sino que debe ser construida cotidianamente por administraciones, empresas y consumidores.

Hasta tal punto no es un resultado automático, que sus condiciones de posibilidad están ausentes en muchos mercados reales. Ya vimos en el capítulo 2 que la auténtica competencia viene amenazada tanto por las operaciones de concentración empresarial como por la colusión oligopolística. Una serie de dinámicas de la producción, como la existencia de economías de escala en muchos campos, la posibilidad de alcanzar sinergias combinando operaciones, las elevadas inversiones requeridas por la I+D (investigación y desarrollo) y el monopolio legal (patentes) con que se recuperan esas inversiones... hacen que, con frecuencia, de manera legal o ilegal, acabe habiendo menos competencia genuina y, o bien más cooperación, o bien más predominio en los mercados, de los deseables.

Por su parte, los consumidores no actúan siempre según las pautas de libertad y racionalidad que se esperan de ellos: No se mueven solo por motivos racionales, sino también por pulsiones irracionales y por motivaciones de carácter sentimental o simbólico. Carecen, no solo de conocimientos técnicos a la altura del desarrollo tecnológico, sino también de capacidad para procesar la cantidad ingente de información disponible, y por ello minimizan el esfuerzo que les supone recabar información y comparar los datos sobre diferentes productos. E incurren en comportamientos rutinarios reduciendo sus consultas antes de comprar y limitándose a un reducido abanico de marcas o establecimientos.

¿En qué queda entonces la soberanía del consumidor? El grado con que se efectivamente se ejerce varía, como habíamos señalado, de uno a otro mercado y de uno a otro consumidor. Depende además de la actitud de las empresas, que pueden favorecerla respetando la competitividad de sus mercados y facilitando información completa sobre sus productos, o dificultarla maniobrando contra la competencia e intentando motivar decisiones de compra irracionales en sus potenciales clientes.

Como lo que se juega en la soberanía del consumidor es la orientación final de la economía hacia el servicio de las personas, importa cuidarla y extenderla. Y, en la medida en que falte, será necesario arbitrar otros mecanismos (por ejemplo, legales) para asegurar los derechos de los consumidores, de los que pasamos a ocuparnos.

b. Los derechos humanos como marco para comprender los derechos de los consumidores

El reconocimiento de la dignidad humana como inherente a la persona, independientemente de otras condiciones de raza, sexo, religión, etc., no es algo que aparezca con toda claridad en la conciencia de la humanidad desde los comienzos. Se va abriendo camino en el seno de sociedades donde están consagradas muchas formas de discriminación que impiden la igualdad de todos los seres humanos. Solo a través de un largo proceso de siglos la dignidad humana ha sido descubierta como condición esencial de toda persona, al tiempo que se han ido explicitando las exigencias inherentes a esa dignidad: tales exigencias han dado lugar a los derechos humanos.

El reconocimiento explícito de los derechos humanos ha sido pues progresivo, en un proceso que se ha prolongado a lo largo de más de dos siglos y que todavía podemos considerar abierto. La humanidad no ha tomado conciencia de estos derechos de forma simultánea, sino como consecuencia de determinadas condiciones históricas. Los derechos que se han ido reconociendo y declarando durante los últimos 250 años, suelen agruparse en tres familias o generaciones.

La primera generación corresponde a la tradición liberal. Bajo su impulso fueron reconocidos los derechos individuales básicos (el derecho a la vida y a la libertad), los derechos de participación política, las garantías procesales y el derecho de propiedad. La revolución francesa (1789) fue pionera con su "Declaración de los derechos del hombre y del ciudadano". Su huella ha quedado en toda la cultura moderna. Según esta tradición, hoy universalmente aceptada, la persona humana solo es tratada con dignidad cuando es tenida por igual a los demás, puede gozar sin molestias de sus bienes, tiene abierta la participación en el gobierno de su sociedad y puede realizar libremente sus proyectos individuales legítimos (en general, aquellos que respetan la misma libertad en los demás). La sociedad, por su parte, debe componerse de ciudadanos libres, iguales entre sí y sometidos tan solo a una ley que recoja la voluntad popular.

La segunda generación está inspirada por los movimientos socialistas y socialdemócratas de finales del siglo XIX y comienzos del XX. Son derechos que quieren garantizar la igualdad efectiva de todos los seres humanos, no solo formalmente sino también en materia de posibilidades materiales de ejercicio de la libertad. Parten de la convicción de que una libertad sin medios materiales para ejercerse no es real. Implican una intervención de los poderes públicos para crear las condiciones sociales de esa igualdad y libertad efectivas. En este grupo se incluyen los derechos sociales, económicos y culturales, entre los que destacan: el derecho al trabajo, el derecho a la educación, el derecho a la sanidad, el derecho a la vivienda, etc. Fueron introducidos en todas las constituciones políticas desde la época que sigue a la primera guerra mundial.

Un hito trascendental en este proceso fue la Declaración Universal de los Derechos Humanos, aprobada por la Organización de las Naciones Unidas el 10 de diciembre de 1948. Es la primera declaración de carácter universal, es decir, para ser aplicada a todos los pueblos del planeta (aunque se exige como condición que sea ratificada por el órgano supremo de gobierno de cada país). En esta declaración se incluyen, conjuntamente, los derechos de la primera y de la segunda generación.

Más recientemente se han formulado otros derechos que obedecen a los problemas específicos de una sociedad mundial cada vez más integrada, donde los grandes problemas requieren la cooperación de todos los pueblos. Por eso se llaman derechos de solidaridad, o también derechos de la tercera generación. No se ha llegado todavía a un consenso mundial sobre ellos, pero hay al menos tres que son reconocidos por todos: el derecho al desarrollo, el derecho al medio ambiente y el derecho a la paz.

Lo más característico de los derechos humanos es que son 'humanos', es decir, corresponden a toda persona por el hecho de serlo. Es lo que se llama el universalismo de los derechos humanos. Esto supone un gran avance en la historia de la humanidad, porque hasta el siglo XVIII los derechos siempre eran de grupos sociales concretos: de la nobleza, del clero... Incluso hoy encontramos que ciertos derechos fundamentales se quieren circunscribir a los ciudadanos o a los residentes legales, excluyendo a los inmigrantes ilegales; y en otras regiones del mundo encontramos también grandes diferencias entre los derechos fundamentales reconocidos a hombres y mujeres, a miembros de distintas castas, tribus, confesiones religiosas, etc. Con todo ello se marcan desigualdades en la dignidad entre unas personas y otras. Los derechos humanos, por el contrario, prescinden de las particularidades de cada colectivo y van a lo más hondo del ser humano: su condición de persona.

Sin embargo, también se habla hoy de derechos de algunos colectivos concretos: de la mujer, del niño, de los pueblos indígenas... ¿Puede considerarse esto una negación del universalismo de los derechos? No, porque con ellos no se pretende reconocer privilegios a un grupo social concreto, sino evitar que esos grupos, por sus condiciones peculiares, se vean privados de los derechos que corresponden a sus miembros en cuanto personas humanas. Son grupos más vulnerables: atenderlos especialmente es una forma de evitar su marginación y garantizar la igual dignidad y el universalismo de los derechos. En este contexto se sitúan los derechos de los consumidores.

c. *Los derechos de los consumidores*

El primero que habló, en el marco de intervenciones públicas, de derechos del consumidor fue el presidente norteamericano J. F. Kennedy en 1962. Dirigiéndose al Congreso de su país, declaró: "todos somos, por definición, consumidores". Y a renglón seguido enumeró los que, según él, eran los cuatro derechos principales del consumidor: derecho a la seguridad (ante los productos que consume y ante la contaminación del medio ambiente); derecho a la elección (libertad para acceder a los productos existentes en el mercado); derecho a la información (como condición para una elección adecuada); derecho a la participación (para que sus intereses en cuanto consumidores sean tenidos en cuenta en la política del país).

Posteriormente, los derechos fundamentales del consumidor fueron formulados en la Carta de Protección del Consumidor del Consejo de Europa (1973). Se sintetizaron en cinco:

- *Derecho a la protección de la salud y seguridad.* Implica que los productos, actividades o servicios no supongan riesgo alguno para la salud o seguridad del consumidor, salvo los admitidos en condiciones normales de utilización. Los riesgos previsibles en un uso normal de los bienes y servicios, teniendo en cuenta también las personas a las que van destinados, deben ser puestos en conocimiento previo de los consumidores y usuarios por medios apropiados, mediante instrucciones o indicaciones sobre el correcto uso o consumo del producto.

- *Derecho a la protección de intereses económicos.* Implica que las condiciones del contrato entre comprador y vendedor sean equitativas. Afecta a las distintas fases de la relación: antes de la compraventa (promoción que se ajuste a la realidad del producto o servicio), en el mismo contrato de compraventa (claridad de contrato, entrega del justificante correspondiente, exclusión de cláusulas abusivas o contra la buena fe), e incluso después de la venta (garantía, servicio postventa).
- *Derecho a la reparación de daños.* Implica que la responsabilidad, en caso de daño o perjuicio para el consumidor y siempre que no sea por negligencia de este, recae sobre el productor o vendedor. Ello se aplica principalmente a productos defectuosos o que no fueron elaborados siguiendo las normas establecidas.
- *Derecho a la información y educación.* Garantiza una información veraz, eficaz y suficiente al consumidor o usuario sobre las características esenciales de los productos o servicios. Constituye una parte del derecho general a la educación, el cual, como derecho social que es, exige políticas del Estado (encaminadas a promover la mayor libertad y racionalidad en el consumo de bienes y la utilización de servicios, a facilitar la comprensión y utilización de la información disponible y a difundir el conocimiento de los derechos y deberes del consumidor y el usuario).
- *Derecho a la representación.* Incluye la posibilidad de crear asociaciones de consumidores y usuarios para la defensa de sus intereses. Tales asociaciones deberán ser oídas, en consulta, cuando se elaboran disposiciones de carácter general relativas a las materias que afecten a los consumidores y usuarios. Así se reconoce la participación de los ciudadanos en la gestión de los asuntos públicos que les afectan en cuanto consumidores.

La Unión Europea ha especificado en gran detalle estos principios en numerosas directivas y reglamentos. El documento legal más comprehensivo es, sin embargo, reciente. Se trata de la directiva 2011/83 del Parlamento Europeo y el Consejo sobre los Derechos de los Consumidores, que incluye como novedad un tratamiento homogéneo en toda la Unión de los derechos de los consumidores en el comercio *on-line*.

7.4. El precio

A lo largo de más de cinco siglos (del XII a mediados del XVIII), la discusión ética en Occidente sobre la relación entre vendedor y comprador se centró en dos cuestiones básicas: la información y el precio. De la primera hemos hablado ya extensamente; ocupémonos ahora del precio.

El problema ético del precio se comprende mejor a partir de algunas nociones de microeconomía elemental. El precio constituye un mecanismo de racionamiento. Supuesto que de un determinado bien o servicio hay una cantidad disponible menor de la que los consumidores desearían en caso de que ese producto se regalara, resulta preciso decidir quiénes lo recibirán y en qué cantidades cada uno. Hay pues que racionar el bien, gestionar su escasez.

Los procedimientos para racionar estos bienes y servicios escasos pueden ser variados. Por ejemplo, un bien escaso pero enteramente gratuito (como solía ser la asistencia sanitaria en España), puede asignarse por orden de llegada. Se organiza una cola de personas que necesitan cierta operación, y se las va atendiendo según la capacidad de sistema sanitario. Las personas no pagan en dinero sino en tiempo de espera para su operación. Pueden imaginarse otros criterios, y combinaciones de ellos. Un ejemplo cinematográfico: en las películas de naufragios, se racionan los puestos en los botes de salvamento bajo el criterio "las mujeres y los niños primero".

Pues bien, el mercado típicamente raciona a través de los precios. Reciben el producto disponible quienes están dispuestos a pagar más por él (porque, a la vez, *quieren* y *pueden* hacerlo), hasta que el producto se acaba. Obviamente, cuanto más barato y abundante sea el bien o servicio, más accesible resultará a los consumidores, en particular a los más pobres que lo querrían pero no pueden comprarlo a precios mayores.

Sin embargo, en el mercado el precio tiene un límite inferior dado por el coste de producción del bien. El coste de producción debe entenderse aquí en sentido integral, esto es, incluyendo la rentabilidad precisa para atraer capital suficiente a la empresa, el coste de investigación, desarrollo e innovación (I+D+i), los costes financieros, la disposición de residuos y la restauración del medio ambiente afectado por la operación productiva, etc. Si quedara producto sin colocar a este coste de producción, se vendería por debajo del coste para liquidar el *stock*, pero a continuación se produciría menos de él, porque lo vendido por debajo del coste genera pérdidas que hacen inviables a las empresas.

Una de las grandes virtudes del mercado de competencia perfecta es que, a largo plazo, en él ese límite inferior es también el límite superior del precio. En esos mercados ideales, quien pretende vender por encima del coste integral de producción pierde sus clientes a favor de otros competidores, ya existentes o nuevas entradas en el mercado. Ningún oferente tiene poder sobre el precio: ellos, como los consumidores, son precio-aceptantes. En consecuencia, se produce la máxima cantidad de producto al precio más bajo económicamente posible, de lo que resulta el máximo servicio posible a la sociedad.

Una de las condiciones del mercado de competencia perfecta es que el bien ofrecido sea homogéneo y sin sustitutos, como notamos en el capítulo 2. Nuestros mercados competitivos se caracterizan, por el contrario, por la variedad de productos cercanos pero diferenciados con que se puede satisfacer cada necesidad. Ello separa en cierta medida incluso los mercados más competitivos de la competencia perfecta. Como resultado, los productores adquieren un cierto poder sobre el producto que ofrecen, la cantidad total producida es algo menor y el abanico de precios más amplio. Pero, por otra parte, la reducción de bienestar social que ello genera es compensada por la variedad de los productos, que enriquece la elección del consumidor.

La situación es distinta en mercados de estructura menos competitiva. Cuando por una u otra razón (protecciones legales como las patentes, grandes economías de escala o de red, barreras de entrada o de salida, etc.) la oferta del mercado se concentra en un solo productor, o en unos pocos capaces de ponerse de acuerdo o competir limitadamente, estos pueden restringir la cantidad disponible del producto para elevar su precio hasta un punto superior en que maximizan sus beneficios. A esa posibilidad de fijar precios por encima del coste de producción se le llama poder monopólico o poder de mercado.

Las consecuencias sociales de su utilización para explotar el mercado son obvias: menos disponibilidad de producto a un precio más alto, con mayor exclusión de quienes tienen menor poder adquisitivo. Se trata de un caso de sacrificio del fin último de la actividad económica –servir a las necesidades y los proyectos humanos– a favor de un fin mediato –la obtención de beneficios– que debería ordenarse a ese fin último pero, en este caso, deja de hacerlo.

En ello se basa la ética del precio. Se trata de un terreno donde eficiencia económica y calidad ética van de la mano: el precio que resulta en mayor eficiencia del mercado es también el más justo. Ese precio se encuentra cerca del coste integral de producción, de manera que facilita un buen balance de variedad y cantidad de productos disponibles para satisfacer cada necesidad, al mismo tiempo que permite financiar la I+D+i del sector y mantener su dinamismo.

El precio puede así ser injusto (y económicamente ineficiente) si se separa sensiblemente del entorno del coste integral de producción por arriba o por abajo. Como acabamos de explicar, puede separarse por arriba en virtud de la explotación del poder de mercado de la empresa que le proporciona detentar posiciones monopólicas u oligopólicas. Entonces tenemos un precio injusto para con los consumidores, particularmente si se trata de bienes básicos difícilmente sustituibles o prescindibles. Algunos bienes de lujo 'requieren', por así decirlo, precios altos para seguir constituyendo símbolos de estatus. La injusticia es entonces más discutible, porque su compra a ese precio es enteramente voluntaria y la persona podría prescindir de ellos sin riesgo para su integración social.

Los precios pueden separarse de lo justo también por debajo, lo que ocurre a veces cuando son fijados por las autoridades; entonces resultan injustos para con las empresas, si son obligadas a asumir pérdidas. Otras veces las pérdidas son asumidas por el Estado, esto es, por los contribuyentes, en forma de subsidio: habrá que preguntarse entonces por la justicia social de la correspondiente transferencia implícita: ¿grava de manera razonable a quienes tienen mayores recursos para facilitar la integración social de los más pobres o, por el contrario, implica una transferencia de recursos de los pobres y las clases medias hacia grupos cercanos al poder?

El bajo precio también resulta injusto cuando es la consecuencia de haber descargado parte del coste integral sobre otros sin compensación adecuada (externalidades negativas medioambientales, sociales...). Se trata de una injusticia hacia esos terceros que soportan costes sin beneficios, realizada juntos por empresa y consumidores.

Injusticias en el precio por arriba y por abajo se encuentran con frecuencia en nuestros mercados. En la mayor parte de los casos, resultan de la radicalización de dos estrategias empresariales contrarias, pero ambas orientadas a la maximización del beneficio, cuando se pierde la motivación de servicio a la sociedad: la estrategia de tallarse un nicho de mercado donde adquirir poder monopólico para subir los precios por encima de lo justo; y la estrategia de 'vender por precio', abaratando el producto no con base en la moderación de los beneficios empresariales o en la innovación productiva, sino en la externalización de parte de los costes hacia el medio ambiente y/o hacia ciertos grupos sociales, como los trabajadores del tercer mundo.

Toda injusticia constituye una violación de los derechos de alguien, que debe ser rectificada y compensada de inmediato por quienes la realizan. Sin embargo, la gravedad de la injusticia depende mucho de a cuántas personas afecte y en qué situación las deje. Por ello, son particularmente graves los precios demasiado altos cuando afectan a los bienes y servicios más necesarios (esto es, los que se necesitan para casi cualquier proyecto humano, como la alimentación, el vestido, la vivienda, los servicios de salud o la educación). Y son particularmente graves los precios demasiado bajos cuando derivan de daños medioambientales que nos afectan a todos o de la explotación de trabajadores pobres.

7.5. Marketing y publicidad

La publicidad constituye uno de los aspectos de la relación entre la empresa y sus usuarios y consumidores más complejos desde el punto de vista ético. Nos aproximaremos a ella a partir del marketing, del que constituye uno de los elementos fundamentales.

a. El marketing como marco de la actividad publicitaria

La importancia del marketing en la economía actual deriva de la abundancia y multiplicidad de productos disponibles, que obligan a la empresa a dedicar cada vez más recursos no tanto a la producción cuanto a dar salida a lo que se produce. Cuando la abundancia no era tanta, el esfuerzo fundamental se centraba en producir, dando por supuesto que todo lo producido tendría salida en el mercado. Entonces la variedad tampoco era tanta, por lo que no resultaba tan importante facilitar el proceso de elección del consumidor a través de la identificación de los productos por marcas.

De la mera función inicial de identificación, la marca ha pasado a convertirse en una suerte de 'contenedor simbólico' del producto. A través de la marca, se asocian con el producto significaciones y valores de todo género. El más obvio es la calidad del producto para sus usos típicos, pero en modo alguno es el único. Los procesos de construcción de marca proyectan sobre el producto también valores personales y sociales que, en muchas ocasiones, poseen un significado moral. Se trata de asociar el producto o línea de productos con elementos que la clientela potencial considera valiosos, para enriquecerlo simbólicamente. Tales asociaciones de valores pueden o no tener fundamento en la funcionalidad del producto, en sus usos típicos como bien o servicio. Volveremos sobre ello más adelante, al tratar de la publicidad.

Por ahora, basta con notar que en la sociedad de consumo contemporánea, en el producto que se ofrece al consumidor las características físicas del bien o servicio y las condiciones económicas para adquirirlo (precio, garantía y otros aspectos contractuales) a menudo vienen acompañadas por características simbólicas asociadas a su marca. La empresa 'ofrece' no solo una cosa a un precio, sino una 'experiencia' personal o colectiva, la entrada a un 'estilo de vida', la realización de algún ansia profunda, etc.

El marketing podría así entenderse como la generación y control por parte de la empresa de una conversación social sobre su marca o marcas y, a través de ellas, sobre sus productos. Esta es, obviamente, una definición que apunta al reconocimiento de la dimensión simbólica del marketing. Definiciones más convencionales son las de la American Marketing Association (AMA). La última propuesta por esta asociación (2008) reza: *Marketing es la actividad, conjunto de instituciones y procesos para crear, comunicar, entregar e intercambiar ofertas que tienen valor para los consumidores, los clientes, los socios y la sociedad en general.*

Las definiciones de la AMA –produce una nueva cada cierto tiempo– tienen cierto carácter autoritativo. No en vano Estados Unidos fue el primer lugar donde se teorizó y sistematizó el marketing, y allí sigue ocurriendo buena parte de la investigación e innovación en este terreno. Por eso resulta muy relevante que, en vez de concentrar su definición meramente en la colocación de bienes y servicios en el mercado, la AMA tome como foco la generación y distribución de valor para todos los involucrados. La expresión elegida (*"... that have value for customers, clients..."*) permite una lectura integral de los valores involucrados en el marketing: no solo valor económico sino también otros elementos valiosos para los clientes y la sociedad, incluidos valores morales.

De hecho, podría discutirse si el marketing se ocupa solo de la elaboración y comunicación de ofertas "que tienen valor" o si en la práctica frecuentemente se trata también de ofertas 'que representan valor', sean o no capaces de realizar el valor representado a través del uso o consumo del producto. Pero esto nos conduce ya al núcleo del problema ético de la publicidad.

b. La publicidad, sus fines y sus medios

La publicidad no tiene buena prensa en la sociedad: se la considera una actividad fundamentalmente engañosa y de la que siempre hay que desconfiar, una amenaza para el consumidor y para el ciudadano en general, un factor perjudicial para la sociedad en cuanto que favorece la superficialidad y el materialismo. Tantas acusaciones parecerían suficientes para rechazar la publicidad por razones exclusivamente éticas. Sin embargo, es conveniente proceder con más prudencia y entrar en el análisis de la función de la publicidad.

Comencemos por una definición. Puede definirse la publicidad como una actividad profesional que tiene por objeto elaborar técnicamente un mensaje y un plan de difusión con la finalidad de provocar en un colectivo determinado una actitud favorable de compra o contratación del producto o servicio de que se trata. Tres aspectos se subrayan en esta definición. En primer lugar, su carácter profesional: no es algo que se deja hoy a la mera intuición o genialidad de los individuos, sino que supone una técnica muy elaborada. En segundo lugar, su contenido comunicativo: la publicidad es, ante todo, una forma de comunicación social, antes incluso de revestirse de sus típicas connotaciones económicas o comerciales. El tercer aspecto es su naturaleza persuasiva: aunque a través de ella se nos suministre una información, es difícil aceptar que el único fin de la publicidad sea informativo (Mahoney 1994).

Sobre estos presupuestos cabe afirmar que el fin de la publicidad es doble: a) dar a conocer al consumidor la existencia de un producto o servicio, sus características y funcionalidades, su precio...; b) fortalecer los motivos de compra, conscientes o no, de forma suficiente para adquirir el producto o contratar el servicio. Esta doble finalidad (informativa y motivadora) no es igualmente valorada por todos. Es mucho más fácil aceptar, desde el punto de vista ético, la publicidad informativa que la motivadora. Por otra parte, resulta harto difícil establecer la frontera entre una y otra. Toda publicidad predominantemente motivadora tiene al menos un elemento informativo (la existencia del producto o la marca), y rara es la publicidad predominantemente informativa que no incluye algún elemento motivador (al menos de diseño).

En la publicidad están implicados dos derechos, que pueden entrar o no en conflicto. Por una parte tenemos el derecho del productor a anunciar lo que produce: es una consecuencia del derecho que la sociedad le concede a producir y vender sus productos; puede considerarse incluso parte de su libertad de expresión. Por otro lado se encuentran los derechos del consumidor y del ciudadano. No podemos olvidar aquel principio ya formulado de que la producción ha de estar al servicio de la persona. Dicho principio alcanza a todas las actividades relacionadas con la producción: por tanto, también a la publicidad. Ningún derecho del productor –o, en este caso, del publicitario– puede ejercerse de forma que atente contra el respeto debido a los destinatarios de la publicidad. En este sentido podríamos formular un primer principio ético de la publicidad: la publicidad será éticamente aceptable siempre que ayude a humanizar a la persona y construir una buena sociedad; y dejará de serlo en la medida en que contribuya a lo contrario.

La publicidad informativa plantea menos problemas que la persuasiva. Incluso responde a un verdadero derecho del ciudadano: el derecho a la información. Pero esta información ha de ser veraz, esa es su condición ética fundamental: es decir, ha de responder a la realidad del producto y a sus características. A este propósito, un problema intrínseco de la publicidad, que ya habíamos mencionado arriba, consiste en que tiende a ocultar los aspectos negativos, riesgos y limitaciones del producto. Si bien no tendría sentido incluir 'la parte mala' del producto en cada pieza publicitaria, la empresa debe asegurarse de que el consumidor la conozca (quizás por otros canales) antes de la decisión de compra.

La publicidad persuasiva, por su parte, se apoya principalmente sobre el carácter simbólico de la marca. Sus problemas éticos derivan de la combinación de dos aspectos: el mensaje que se envía con palabras y otros símbolos; y el tipo de público que recibe ese mensaje.

El mensaje publicitario, cuando no es estrictamente informativo o puramente imperativo ("compre nuestro producto"), posee a menudo la ambigüedad de lo simbólico puesto que, como mencionamos, la marca es un contenedor simbólico del producto. Los símbolos requieren ser interpretados; su significado no es siempre unívoco. En la misma imagen publicitaria en que unos ven una fantasía erótica, otros leen una agresión sexual. La empresa debe hacerse cargo de *todas* las interpretaciones plausibles de los símbolos que utiliza, porque todas ellas constituyen mensajes que está enviando a la sociedad, sea su intención hacerlo o no. Así, si un comercial puede ser entendido en clave racista, la empresa debe suponer que parte del público lo interpretará en esa clave, no importa qué pretenda el creativo. Esto guarda también relación con la diversidad cultural: las interpretaciones plausibles en dos culturas diferentes pueden ser muy distintas. No puede lanzarse el mismo mensaje publicitario a mercados culturalmente lejanos sin preguntarse por la diversidad de interpretaciones a que dará lugar.

La publicidad comercial es probablemente la principal fuente de mensajes dirigidos a la ciudadanía en una sociedad de consumo contemporánea. Ni la familia, ni la escuela, ni el Estado, ni las iglesias, alcanzan al ciudadano con un número siquiera aproximado a los varios cientos de mensajes publicitarios que le impactan en total cada día a través de los más diversos canales. Por ello, respecto a las interpretaciones plausibles de sus mensajes, las empresas deben hacerse una pregunta fundamental: *Cada mensaje, ¿refuerza o erosiona las bases de la vida humana, personal y en común?* Algunas formas en que el mensaje puede resultar deshumanizador o socialmente destructivo en este sentido, son:

- Promueve la inmediatez del disfrute, llamando a la irresponsabilidad en el gasto e incluso sugiriendo el endeudamiento para consumir.
- Promueve el consumo acelerado y la producción de desechos, con la consiguiente irresponsabilidad ecológica.
- Utiliza el humor y la irreverencia para generar deslegitimar las normas y las figuras sociales de autoridad y liderazgo.
- Sexualiza los objetos, las situaciones y las relaciones, llamando a la irresponsabilidad afectivo-sexual y familiar.
- Emplea, y con ello refuerza, estereotipos en alguna manera denigrantes de condiciones humanas o de grupos sociales.
- Propone el bienestar personal como el valor prioritario, por encima de la consideración a los demás y del bien común de la sociedad.
- Banaliza situaciones humanas dramáticas, erosionando los sentimientos espontáneos de empatía, indignación, compasión, solidaridad... que esas situaciones suscitan en personas emocionalmente sanas.

El lector puede completar la lista, a partir de su experiencia como receptor de mensajes publicitarios.

Por otra parte, la interpretación del mensaje publicitario y su impacto final sobre las personas depende en buena medida de quiénes sean los receptores. Los adultos con buena salud mental son capaces, por lo general, de distinguir en cada pieza publicitaria los aspectos sustanciales del producto de los símbolos motivadores, y aunque aprecien estos y en cierta medida los vean como un valor añadido, pueden todavía someter la decisión de compra a un procesamiento racional según sus propios proyectos. Su capacidad crítica les permite evitar el dejarse seducir, si así lo desean.

No ocurre lo mismo, sin embargo, en el caso de las personas en formación. Particularmente los niños, pero también muchos adolescentes y jóvenes, carecen de capacidad crítica suficiente para 'deconstruir' la publicidad e ir al núcleo económico de la propuesta de compra: utilidad/precio, calidad/precio, seguridad/precio, etc. Ello puede ocurrir igualmente a personas adultas que atraviesan algún tipo de crisis interior. Todos ellos resultan mucho más vulnerables a anuncios que utilizan elementos simbólicos para motivar decisiones de compra no sometidas a escrutinio racional.

Estas consideraciones permiten plantear una cuestión de fondo en la ética de la publicidad y del marketing en general: *¿Facilita el discernimiento racional del comprador, o más bien trata de obstaculizar o impedir ese discernimiento excitando pulsiones y emociones básicas para obtener una decisión compulsiva de compra?* Hay algunos indicios de que este segundo es muchas veces el caso:

- La utilización de técnicas de publicidad subliminal, destinadas a pasar por debajo de los umbrales de percepción, y por tanto de la racionalidad de la persona, que no puede evaluar aquello de lo que no es consciente.
- El empleo creciente en la publicidad de conclusiones de psicología conductista (la cual se ocupa principalmente de las reacciones irracionales a los estímulos) y de neurofisiología (estudiando el funcionamiento cerebral bajo el impacto del marketing: el llamado 'neuromarketing').
- Los mensajes publicitarios en que el contenedor simbólico está totalmente disociado del producto físico, de manera que este no constituye en realidad un camino de acceso a los valores significados por los símbolos (por ejemplo, la amistad asociada al consumo de un refresco), o es directamente opuesto (la comunión con la naturaleza a través de un coche).

Este último punto plantea la cuestión de la 'verdad' de los símbolos publicitarios. Esos símbolos no constituyen afirmaciones unívocas de hecho, como ya hemos indicado, por lo que en principio parece que no puede aplicárseles los predicados verdadero o falso. Sin embargo, en muchas de sus interpretaciones, a menudo las pretendidas por la empresa que los emite, tales símbolos pretenden mostrar al producto como una vía de acceso a posibilidades existenciales más amplias y profundas que las inmediatamente derivadas de su uso o consumo.

Una salchicha posee un valor alimenticio determinado, por lo regular no el ideal de los nutricionistas. Pero cuando se la publicita pintando una familia feliz en torno a la salchicha, se quiere asociar ese producto con un valor (la armonía familiar) que va mucho más allá de lo que una salchicha puede ofrecer. Con ello, en cierta medida se miente sobre las potencialidades de la salchicha en cuestión (aunque, qué duda cabe, una familia estará más feliz si tiene salchichas para cenar que si no tiene nada). Esta 'mentira' puede ser más o menos grave dependiendo de la distancia entre el producto y el acceso a los valores con que se pretende asociar. Un perfume probablemente constituya un elemento de éxito sexual en mayor medida que nuestra salchicha constituye un elemento de armonía familiar.

La cuestión ética, sin embargo, va más allá. ¿Qué ocurre en una sociedad en que continuamente –cientos de mensajes diarios sobre cada ciudadano– se proponen objetos de consumo como la vía de acceso a necesidades humanas cuya satisfacción, en realidad, requiere tejer pacientemente relaciones personales y sociales de buena calidad? Es probable que el público termine desviando su atención y su esfuerzo de la construcción de la persona y las relaciones como camino de felicidad, hacia la posesión de objetos de consumo. Esta es, sin duda, la gran mentira acumulativa de la sociedad de consumo, que se propone muy principalmente a través de la publicidad. Su impacto sobre la vida de las personas y sobre la constitución de la cultura no puede ignorarse.

c. *La justificación ética de la publicidad*

Supuestas las críticas a que está sujeta, no estará de más que nos preguntemos por las razones que legitiman la existencia misma de la actividad publicitaria. Veamos algunos argumentos que se invocan más frecuentemente en favor de la publicidad.

Se dice, en primer lugar, que gracias a la publicidad se ponen a disposición del consumidor productos más variados y más baratos. Lo primero es cierto en la medida en que va unido a una mayor información y a unas más amplias posibilidades de elección. Más dudoso es que la publicidad abarate los precios de venta. En primer lugar, porque la publicidad no solo pretende aumentar la demanda del producto, sino hacerla más rígida, esto es, otorgar al productor mayor poder monopólico. Y el poder monopólico, como ya vimos, le permite subir los precios para maximizar beneficios. Por otra parte, si el aumento del consumo (cuando lo haya) puede reducir los costes medios de producción, ello puede ser compensado por el incremento en los costes provocado por la publicidad misma. La publicidad genera una guerra entre productores y obliga a todos a utilizar sus técnicas, aunque solo sea para mantenerse en la competencia. Con lo cual puede suceder que el único efecto de la publicidad sea el de neutralizarse mutuamente los productores, pero a través de un incremento de los costes y de los precios.

Para otros la publicidad es garantía de calidad y tiende a la mejora de los productos gracias a la competencia. Es cierto. Pero hay que contar también con otro efecto de la publicidad: en el marco de esa competencia, la reducción de la calidad constituye a veces una vía fácil para disminuir el tiempo de vida útil de los productos (obsolescencia programada) y aumentar el ritmo de compra. Sin embargo, son muchos los que piensan que la publicidad no es capaz de mantener en el mercado un producto de baja calidad.

En todo caso, el argumento fundamental para justificar la publicidad sigue siendo, como ya se dijo, el derecho de productor a poner los medios para vender sus productos. Pero ninguna de estas razones puede ocultar los efectos negativos de la publicidad sobre la sociedad y los individuos, efectos que requieren establecer criterios éticos y normas legales para el ejercicio de esta actividad.

En la publicidad también se pone de manifiesto una dificultad a la que hemos aludido ya varias veces en este capítulo: la falta de igualdad relativa entre consumidores y productores. Estos últimos utilizan abundantes recursos económicos, técnicas cada vez más perfeccionadas, potentes medios de comunicación social. Los consumidores, por el contrario, no tienen, en cuanto tales consumidores, medios comparables para defender sus intereses colectivos. Por eso, ante la fuerza creciente de la publicidad y su eficacia es preciso fortalecer la conciencia de los consumidores y dotar a estos de organizaciones para la defensa de sus legítimos intereses frente a los productores.

La publicidad puede tener una incidencia negativa también sobre la vida social y las costumbres. Y es que, aunque el consumidor adulto típico puede deconstruir cada mensaje publicitario para llegar a la sustancia del producto que se le ofrece, no puede realizar esa tarea cientos o miles de veces por día. Le faltarían tiempo y energías. Al final, inevitablemente la avalancha de mensajes le arrollará, influyendo en sus valores y en su visión del mundo.

Como escribía Peter Drucker, hoy la empresa tiene que "crear al cliente". Y cabría añadir: al crear al cliente, está también de alguna manera "creando al ciudadano". Esto significa que la publicidad contribuye a crear o configurar un determinado tipo de persona, muy centrada en la satisfacción de necesidades siempre nuevas que va descubriendo. ¿No se está contribuyendo así a que las personas se desarrollen según un patrón en el que los bienes y servicios, más que satisfacerlas, generan nuevas necesidades e insatisfacciones? No en vano, ya en 1932 Charles Kettering, entonces jefe de la Consumer Research Division de General Motors, decía: "Nuestra misión es la creación organizada de insatisfacción".

Tres efectos no deseables de esto se pueden mencionar. Ante todo, fomenta hábitos de intensificación del consumo y, consecuentemente, mueve al despilfarro de los recursos: reduce, en una palabra, la capacidad de disfrute de un determinado bien, respecto al cual tiende a convencer al consumidor de que ha sido superado por otro. En segundo lugar, la publicidad crea necesidades. Algunos discuten tal afirmación con argumentos empíricos de cierta fuerza. Pero, aun aceptando que la publicidad no es omnipotente ni produce todos los efectos imaginados, no puede negarse que en el conjunto de la sociedad sí que desencadena una presión difícil de resistir hacia el consumo. En tercer lugar, la publicidad altera las escalas de valores y, por tanto, incide sobre los modelos sociales, acentuando la dimensión materialista y hedonista de la vida y marginando otros aspectos de mayor alcance:

alienta una visión de la persona que se siente feliz con el consumo de esa constelación de objetos que se le ofrecen, distrayéndola de la verdadera fuente psicológica de felicidad, que se encuentra en la calidad de las relaciones personales y sociales.

d. Algunos criterios éticos para la publicidad

La importancia de la publicidad se confirma por la atención que le presta la legislación de todos los países. En España, por ejemplo, existía un Estatuto de la publicidad ya en 1964. En él se establecían cuatro principios, todavía válidos, que debían ser observados en toda la actividad publicitaria: el principio de legalidad (respeto a los derechos, costumbres, instituciones y leyes); el principio de veracidad (evitar toda deformación de los hechos que conduzca a error); el principio de autenticidad (de forma que toda actividad publicitaria sea fácilmente reconocible como tal); el principio de libre competencia (que facilite la libre elección del consumidor).

La regulación estatal de la publicidad puede complementarse –y de hecho se complementa– con iniciativas de autorregulación. En este caso son los agentes publicitarios quienes elaboran sus propios códigos, porque son ellos los primeros en admitir que su actividad posee una importante repercusión social. La autorregulación tiene algunas ventajas sobre la heterorregulación: la norma que regula el comportamiento deja de ser una imposición externa y se convierte en un principio voluntariamente asumido; además permite llegar a mayores concreciones cuando se reúnen personas que trabajan en cada campo particular de la publicidad.

Ya se trate de normativa jurídica, ya de códigos éticos, hay unos principios que siempre deberán orientar la actividad publicitaria. Como resumen se pueden enumerar los tres que siguen:

- *Veracidad*. La publicidad no puede engañar deliberadamente, distorsionando la verdad, sobreentendiendo cosas ilusorias o silenciando datos y hechos pertinentes. De todos modos, es preciso reconocer lo inevitable de ciertas formas retóricas y exageraciones simbólicas, propias del estilo publicitario, que ya el consumidor sabe interpretar.

- *Respeto a la dignidad de la persona humana.* La publicidad no puede vulnerar el derecho/deber de toda persona de hacer una elección responsable, con prácticas que exploten las pulsiones básicas del ser humano o disminuyan su capacidad de reflexionar y decidir. Este problema se hace más agudo cuando están implicados grupos sociales particularmente vulnerables (niños, jóvenes, adultos poco escolarizados, personas psicológicamente problematizadas, etc.).
- *Responsabilidad social.* La publicidad debe velar por su incidencia en la vida social y en las costumbres. Sería cuestionable, por ejemplo, una publicidad que fomentase un estilo opulento de vida, derrochador de recursos y perjudicial para el medio ambiente; también una publicidad que atentase contra la moral y las sanas costumbres de la sociedad.

7.6. La defensa del consumidor

La desigualdad de poder e información entre productores y consumidores obliga a plantear la cuestión de la defensa del consumidor. El marco económico en que nos movemos no es el de la competencia perfecta, ya que carece de la atomicidad, la transparencia y el libre juego que caracterizan a aquella. Por su parte, el consumidor está en inferioridad, no solo respecto a los complejos procesos de la producción, que no llega a dominar, sino respecto al mismo productor, que posee mucha más información sobre los productos que ofrece.

Pero hay otras manifestaciones de esta indefensión del consumidor. Uno de ellos es el del conflicto permanente que enfrenta a los trabajadores con las empresas (o con el capital). En el pugilato de estos dos grupos por obtener una mayor participación en el valor añadido, es fácil que ninguno de los dos ceda y que ambos mejoren sus posiciones a costa del consumidor. Este, que accede al mercado en forma dispersa y atomizada, no tiene fuerza para hacer frente a quienes actúan a través de poderosas asociaciones con una larga experiencia de lucha.

La indefensión del consumidor depende en gran parte de su carácter masivo, unido a la dispersión con que actúa. El consumidor no es el comprador aislado en un mercado local reducido; es el protagonista de un mercado de masas, objeto de campañas publicitarias y de presiones diversas, a las que apenas tiene capacidad para hacer contrapeso.

Hasta la década de 1950 no se iniciaron en algunos países políticas públicas sistemáticas de defensa del consumidor. La iniciativa privada, en cambio, es, en este campo, anterior en el tiempo y más variada en su actuación. Dentro de su variedad de formas, el movimiento de los consumidores ha sufrido una clara evolución, desde una orientación prioritaria a las reivindicaciones concretas, primero sobre el precio y luego sobre la calidad, hasta una tarea más compleja de información y educación dirigida a todos los ciudadanos. Si en un primer momento se pretendía ante todo restablecer el equilibrio entre productores y consumidores, roto en favor de aquellos, poco a poco se fue evolucionando hacia promover una mayor satisfacción en los consumidores y alcanzar un verdadero desarrollo de la persona humana en todas sus dimensiones.

Esta evolución es una prueba interesante de que el movimiento en defensa del consumidor pretende, en última instancia, defender a la persona misma, recuperarla en su autonomía frente a una sociedad que quiere utilizarla como mero instrumento para el lucro económico. La defensa del consumidor constituye, por tanto, una nueva forma de hacer realidad aquel principio de que la economía ha de estar al servicio del hombre. Su tarea comprende desde las reivindicaciones más inmediatas y la lucha contra cualquier forma de fraude, hasta el esfuerzo por liberar al ciudadano del afán de consumo indiscriminado y devolverle su autonomía. Por eso la defensa del consumidor desemboca en la educación para el consumo, que incluye: la orientación general sobre la economía de mercado; la educación para un consumo racional (no basta tener dinero y comprar para disfrutar); la educación para una selección crítica (ante una oferta tan abundante y variada); la educación para el manejo racional de los recursos económicos y para el ahorro.

Al hablar de educación del consumidor no basta con fijarse en los derechos de este: es preciso atender también a su responsabilidad en cuanto que, con su conducta, acepta ciertas cosas y rechaza otras. Y no vale aquí decir que las decisiones de un ciudadano aislado no tienen repercusión significativa sobre el mercado y los productores. Cuando la conciencia de los consumidores se orienta en una determinada dirección, eso a la larga se deja sentir sobre los productores y les obliga a cambiar su comportamiento. El boicot a ciertos productos como protesta por la utilización de mano de obra infantil para su fabricación, y sus consecuencias sobre las políticas productivas de la empresa, constituye un ejemplo bien conocido.

El consumo responsable implica que el consumidor revise sus criterios de compra atendiendo, no solo a sus legítimas conveniencias (calidad, precio, adecuada relación calidad/precio), sino también a los efectos que la producción de lo que compra tiene sobre otros colectivos o sobre el medio ambiente. Este es un campo que apenas empieza a desbrozarse, pero que ofrece perspectivas muy importantes para sociedades maduras y responsables.

7.7. Apéndice: El comercio justo

Como un complemento de este capítulo, estrechamente relacionado con el punto anterior (el consumo responsable), queremos insertar algunos datos y reflexiones sobre el comercio justo o comercio alternativo, que, con un programa de gran contenido ético, viene ganando importancia con rapidez.

El llamado comercio justo se inserta dentro del movimiento de la economía alternativa, que surge tras el fracaso final del comunismo (1989), desde una actitud crítica hacia el capitalismo, pero ejercida desde dentro de él y aceptándolo, por consiguiente, como sistema hoy por hoy inevitable. Esa actitud crítica desde dentro se concreta en pequeñas realizaciones que descubran una vía nueva para entender la actividad económica.

En cuanto a su contenido, la economía alternativa se caracteriza por dos preocupaciones generales: la social y la ecológica. Sus iniciativas compaginan una doble perspectiva, la local y la mundial. Se guían por aquel criterio de "pensar a escala mundial, actuar a escala local". Esto significa que sus planteamientos son de gran alcance (crítica del capitalismo, etc.), pero luego descienden a iniciativas muy modestas (a primera vista, completamente desproporcionadas con esos planteamientos). De estas iniciativas esperan que sean, a la vez, alternativas y viables.

Para resultar viables, han de insertarse de las relaciones sociales existentes y en el sistema de mercado. Por ello recurren al resultado económico como criterio crítico de su funcionamiento: son administradas y dirigidas como empresas. Pero dan prioridad a sus responsabilidades sociales, y lo hacen poniendo en juego toda su capacidad innovadora para elaborar un producto o prestar un servicio diferente. Confían, además, en que al actuar así están creando un nuevo potencial de satisfacción y están transformando la conducta de las personas como consumidores, como productores o como ciudadanos. Desde la actividad estrictamente económica y siguiendo sus reglas, se pretende inyectar en el sistema social nuevos criterios y nuevas actitudes: una nueva manera de entender las necesidades humanas y su satisfacción o, dicho con otras palabras, un nuevo modelo de desarrollo más humano.

El comercio justo constituye una de las aplicaciones más desarrolladas de la economía alternativa. Junto a él hay que mencionar: la agricultura ecológica, la banca ética, la inversión ética, el microcrédito, y el mismo cooperativismo, la más antigua, nacido en el siglo XIX con idéntica pretensión.

Concretamente el comercio justo es un movimiento internacional que se viene desplegando en los países occidentales en los últimos 50 años. Responde a la doble convicción de que el comercio es esencial para el desarrollo y de que no todos los países se benefician por igual de él. Por eso su objetivo es garantizar que los productores reciban un precio que retribuya equitativamente su aportación a la producción, sin verla recortada por los márgenes de los intermediarios comerciales. Con ello se refuerza la posición económica de los pequeños productores y propietarios de tierra, proporcionándoles una rentabilidad justa de sus productos y la capacidad de invertir en su futuro; pero además se da a los consumidores la opción de comprar sabiendo que el productor no ha sido explotado en el proceso, permitiéndoles adoptar una postura efectiva contra las injusticias del sistema de comercio internacional (Martínez-Orozco 1996; Bowen 1998).

El comercio justo no solo intenta prescindir en lo posible de los intermediarios para que la mayor parte del valor final vaya a manos de los productores del tercer mundo, sino que también fomenta la participación de los trabajadores en el capital, comprando a organizaciones cooperativas de producción y comercialización. Es frecuente, además, que las relaciones comerciales se acompañen de visitas y de otras iniciativas de formación e información, o de hermanamientos. Suele también atenderse especialmente a las condiciones sociales y ecológicas en que se producen las mercancías. Por último, se ofrecen facilidades para la prefinanciación de las operaciones, así como garantías de precio, de compra y de pago.

En el comercio justo aparecen muy claramente las dos dimensiones típicas de la economía alternativa: por una parte, la justicia social, buscada a través de unas relaciones más justas en los intercambios internacionales de mercancías; por otra parte, el desarrollo sostenible, en cuanto preocupación por promover el comercio de aquellos productos más acordes con los criterios de sostenibilidad.

El comercio justo comenzó desde iniciativas de ONG para el desarrollo, creando cauces que sustentaran relaciones comerciales con productores y suministradores de países del tercer mundo. Las organizaciones importadoras se encargaban de identificar y localizar los productos, de importarlos y de venderlos (normalmente en tiendas ad hoc): ellas mismas eran las garantes de que los productos que comercializaban respondían a los criterios del comercio justo. Este sistema de garantías se ha perfeccionado ulteriormente mediante el recurso al etiquetado: etiquetas de 'comercio justo' son concedidas por un organismo de certificación, utilizando criterios armonizados a escala mundial a partir de instrumentos internacionales, tales como los convenios de la OIT y las recomendaciones del Programa 21 de las Naciones Unidas. Entre estos criterios se cuentan: las condiciones de empleo, los controles para evitar la contaminación de ríos y agua potable por plaguicidas, o la protección de los ecosistemas naturales.

El comercio justo es particularmente útil a los productores a pequeña escala (agricultores o artesanos), que viven dispersos en zonas rurales y no producen cantidades suficientes para exportar directamente, lo que les hace depender de intermediarios, tanto para la venta como para el crédito. Entre ellos se vienen formando cooperativas de producción y comercialización, lo que les permite aunar recursos, conocimientos técnicos e instalaciones. Las organizaciones de comercio justo pueden acordar con estas cooperativas precios equitativos y también ofrecerles asistencia técnica.

La Unión Europea ha favorecido con diversas iniciativas el desarrollo del comercio justo. Ya en 1994 fue aprobada una Resolución del Parlamento Europeo con 16 recomendaciones, de las que tres merecen ser destacadas: a) Fomento legal, financiero y de otros tipos de las organizaciones que existen en Europa y de la coordinación entre ellas, favoreciendo sus actividades; b) Apoyo a los socios del Sur para que diversifiquen su producción y se adapten a las normas comunitarias; c) Reconocimiento y protección de un sello de calidad que sirva para distinguir los productos del comercio justo y les facilite un tratamiento preferencial (derechos de aduana, cuotas de importación, etc.).

A esta declaración han seguido otras iniciativas generales y sectoriales de los órganos de legislación y gobierno de la Unión Europea. De especial interés es la resolución 2005/2245(INI) del Parlamento Europeo sobre "Comercio justo y desarrollo" en que se asumen los criterios del movimiento de comercio justo europeo y se propone el desarrollo de una política oficial de comercio justo en toda la Unión (donde, se dice en la misma resolución, ocurre del 60 al 70% del comercio justo global).

En cuanto a su organización internacional, las redes más importantes de comercio justo son: EFTA (European Fair Trade Association), fundación creada en 1987 que representa a doce importadores de nueve países europeos; WFTO (World Fair Trade Organization), nacida en 1989 como una coalición para el fomento del comercio justo y como un foro global de intercambio de información, que en este momento constituye la principal red mundial de comercio justo; y FLO (Fairtrade Labelling Organization), fundada en 1997 y especializada en sellos y certificados de comercio justo (Ceccon y Ceccon 2010).

Hoy el comercio justo va adquiriendo una difusión que quizás no se esperaba hace unos años. En Europa se calcula que los productos de comercio justo se venden en más de 79.000 negocios, de los cuales unos 2.800 son tiendas solidarias que se dedican en exclusiva a ese tipo de productos. Alrededor de 200 importadores proveen esos productos. El crecimiento de las ventas, al menos hasta el comienzo de la crisis de 2007, era rápido: del orden del 30 al 40% anual, alcanzando en 2006 los 1.500 millones de euros, y beneficiando a cuatro millones de personas en el tercer mundo. Estas cifras son un exponente de que la sensibilización ciudadana no deja de aumentar, aunque todavía se manifieste en círculos reducidos. En todo caso, las redes de comercio justo ofrecen una oportunidad de gran valor para el desarrollo de un consumo responsable.

Con ello fomentan y requieren la aparición de una nueva ética del consumidor, mostrando que el mercado responde a demandas con motivación ética: cuando los ciudadanos quieren productos de comercio justo, los productores se organizan para buscar fórmulas efectivas. Esto ocurre también con la inversión ética, la banca ética, etc. Debe pues subrayarse la responsabilidad moral del consumidor o ciudadano, quien ciertamente se encuentra en una situación de asimetría de poder frente a los grandes agentes económicos, pero siempre puede usar la 'soberanía del consumidor' para construir un mundo más humano.

Para pensar y discutir

1. Muchas grandes empresas de bienes de consumo están abandonado la producción para convertirse en gestoras de marca, mientras externalizan la fabricación hacia empresas chinas o de países del tercer mundo. Busca en internet un par de ejemplos de problemas de seguridad en el producto como consecuencia de esas políticas. ¿Cómo gestionó la empresa matriz el problema antes de que se hiciera público? ¿Se anticipó a publicitarlo, o lo hicieron antes los medios de comunicación? Una vez conocido el problema, y amenazada por tanto la construcción de marca, ¿cómo actuó la empresa? ¿Se hubiera podido hacer mejor en cada una de las dos fases?

2. ¿Puedes identificar algunos productos de tu entorno en que la información provista por la empresa a los potenciales consumidores sea insuficiente o engañosa? ¿En qué sentido lo es? ¿Qué consecuencias o riesgos tiene para el consumidor esa carencia informacional? ¿Quién sería, en cada caso, responsable si esas consecuencias o riesgos se materializaran: la empresa, o el consumidor?
3. ¿Hay productos que te parecen demasiado caros o demasiado baratos? ¿Cómo crees que son posibles tales desviaciones del coste integral de producción, en cada caso?
4. Recorre la primera lista propuesta en el apartado 7.5.b ("Algunas formas en que el mensaje puede resultar deshumanizador o socialmente destructivo"). Para cada punto, identifica una pieza publicitaria que, en tu opinión, incurra en el correspondiente problema. ¿Se te ocurre algún otro punto que añadir a la lista?
5. Visita una tienda de comercio justo, si hay alguna en tu ciudad. Examina los productos, y pregunta al dependiente sobre cómo se benefician los productores más vendiendo allí que en tiendas regulares. Pídele también que te hable del tipo de personas que compra en la tienda y sus motivaciones. ¿Concluyes que este modelo está llamado a crecer, o que será siempre algo marginal?

Capítulo 8
La empresa, sus proveedores y competidores

8.1. Introducción

Tratamos en este capítulo de dos *stakeholders* fundamentales de la empresa en el mercado: sus proveedores y sus competidores. Si definimos un *stakeholder* como un agente social que afecta a la operación de la empresa y/o es afectado por ella (Freeman 1984), de manera que hay algo sustancial en juego (*at stake*) en la relación de la empresa con él, tanto proveedores como competidores constituyen *stakeholders* obvios de la empresa.

Sin embargo, es fácil ver que no lo son de la misma manera. La relación con los proveedores ocurre a través de contratos mercantiles, que establecen una colaboración voluntaria directa entre las partes. La relación con los competidores, sin embargo, es más indirecta. Ellos pugnan con nuestra empresa y entre sí por obtener ventaja en los diversos mercados que compartimos: el de los productos finales (del que nos ocupamos en el capítulo 7), el laboral (capítulo 6), el de capital (capítulo 5) y el de insumos para la producción (el mercado de proveedores).

Si la aproximación *stakeholder* a la ética y la responsabilidad social de la empresa, que proponemos en este libro, se basa en el principio de equilibrar todos los intereses legítimos de los *stakeholders* de la empresa a largo plazo, de manera que ninguno de ellos resulte sistemáticamente sacrificado a otros, podríamos preguntarnos si ese principio se aplica a los competidores. ¿Debe la empresa considerar también sus intereses, por definición antagónicos a los nuestros, a la hora de tomar decisiones? Y si no es así, ¿por qué situamos a los competidores junto con los proveedores en el mismo capítulo, cuando es claro que, en virtud de la naturaleza cooperativa de la relación con los proveedores, a estos últimos sí se les aplica el principio de incluir sus intereses en nuestras decisiones?

Siendo la naturaleza de la relación con los competidores tan distinta de las relaciones de colaboración que la empresa entabla con sus proveedores y otros *stakeholders*, ciertamente da lugar a obligaciones éticas de una índole distinta. Esas obligaciones vendrán más centradas en lo que podríamos llamar los 'derechos de competencia' que en la promoción de relaciones gana-gana, por lo general imposibles con los competidores.

Sin embargo, hemos reunido a competidores y proveedores en un solo capítulo porque en ambos casos se trata de relaciones entre empresas (a diferencia de los trabajadores o los consumidores, a los que tomamos como personas individuales) que ocurren fundamentalmente a través del mercado. Otras dimensiones más profundas de la persona, aunque siempre presentes, no saltan a la vista tan inmediatamente en estos dos *stakeholders* como en el caso de los trabajadores o los consumidores. En el estudio de la relación con proveedores y competidores podemos así concentrarnos en esbozar una ética del mercado: de la cooperación y la competencia en él.

Del mercado ya tratamos en el capítulo 2, principalmente desde el punto de vista de la ética social, esto es, de sus virtudes y deficiencias estructurales con vistas a una construcción justa y eficiente de la sociedad. Volveremos ahora brevemente sobre ello para indicar cómo debe ser estudiado en cuanto marco para el tratamiento de la relación con otras empresas. Después, en los apartados 8.3 y 8.4 analizaremos distintos aspectos de la relación con proveedores y competidores, respectivamente.

8.2. Relaciones de mercado

El mercado es reconocido como un mecanismo eficiente para la asignación de los recursos en la economía, en el sentido de que tiende a ajustar la oferta de bienes y servicios a su demanda social, reduciendo tanto los déficit (queda demanda no satisfecha, pero dispuesta a pagar un precio superior al coste de producción) como los superávit de mercancías (queda producto sin vender porque nadie más está dispuesto a pagar siquiera su coste de producción). Otras experiencias alternativas, o no han dado resultado o han sido inaplicables cuando se trata de economías complejas de gran escala. Las economías centralmente planificadas, por ejemplo, se hicieron célebres en países como la Unión Soviética de ayer o la Cuba de hoy, por el desabastecimiento de unos bienes y el desperdicio de otros.

Como habíamos visto en el capítulo 2, los mercados reales resultan tanto más eficientes cuanto más se aproximen al modelo ideal de competencia perfecta, caracterizado por:

- La información perfecta (completa y simétrica) de todos los participantes.
- La ausencia de costes transaccionales.
- La homogeneidad del producto y la ausencia de sustitutos.
- Un número suficientemente grande de oferentes y demandantes, que los vuelve a todos precio-aceptantes.
- La libertad de entrada y salida del mercado para todos los agentes.
- La ausencia de externalidades tanto positivas como negativas.

Más detalles sobre el significado de estas condiciones pueden repasarse en el epígrafe 2.2.a. Algunas aplicaciones de esta idea del valor de la competencia perfecta tuvimos ocasión de verlas en el epígrafe 7.4, al tratar de la ética de los precios al consumidor final.

Por otra parte, al mercado debe reconocérsele que, en virtud de su carácter descentralizado, cada agente queda en libertad de perseguir sus propios proyectos de la manera que considere oportuna. A nadie se obliga a entablar una relación u otra en un mercado libre, sino que las relaciones se efectúan a través de contratos voluntarios de cooperación entre las partes. Si una cierta propuesta no es de nuestro interés, siempre podemos rehusarla.

La limitación más grande del mercado como mecanismo de asignación de bienes y servicios, como ya habíamos notado en el capítulo 2 (y en el capítulo 6 al hablar del salario), es distributiva. El mercado no reconoce a los agentes que carecen de algo de valor suficiente para ofrecer a cambio de lo que necesitan o desean. Como resultado, tienden a beneficiarse más de él quienes más tienen, mientras quedan al margen o con una participación muy limitada las personas y grupos sociales por una u otra razón más pobres. Para estos últimos, la libertad del mercado resulta una formalidad de poco significado práctico, porque no reciben ofertas que puedan aceptar, ni por tanto rechazar. Carecen de lo que habíamos llamado libertad material para operar en el mercado.

Según notamos en el epígrafe 7.4, también respecto a esta deficiencia general de los mercados, el modelo ideal de competencia perfecta es superior a cualquier otra estructura de mercado. En él, el precio se mantiene a largo plazo cerca del coste integral de producción, esto es, del mínimo económicamente sostenible, mientras que la cantidad ofertada llega al máximo posible sin pérdidas. Por ello, los de competencia perfecta son los más inclusivos de todos los mercados, los que ponen más bienes al alcance de personas con menos recursos.

Así pues, si el mercado de competencia perfecta constituye un valor social al que cabe aproximarse por la acción humana, hay que afirmar que acercar cuanto sea posible cada mercado a ese modelo constituye una tarea ética. Sería incoherente reconocer los valores del mercado de competencia perfecta y cerrar los ojos a las prácticas que continuamente procuran alejar los mercados de ese paradigma: eso llevaría a una aceptación fraudulenta de cualquier mercado, queriendo ver en él todas las ventajas que solo se dan en un modelo hipotético, inexistente en realidad.

Un mercado competitivo constituye un tejido complejo de relaciones de cooperación y de competencia. En virtud de las relaciones de cooperación (como las que entabla cada empresa con sus proveedores) se crea valor para los agentes involucrados. En virtud de las relaciones de competencia, ese valor de los agentes particulares resulta en los valores para el conjunto de la sociedad que hemos recontado: eficiencia, libertad, mayor accesibilidad de los bienes y servicios.

La clave de una ética empresarial del mercado consiste, pues, en reconocer el valor social de la competencia perfecta y promoverla con la actividad concreta de la compañía. Sin embargo, esta es una tarea que muchos dejan enteramente al Estado: las empresas tenderían, por su propia naturaleza maximizadora del beneficio, a restringir la competencia para adquirir poder monopólico. Solo el Estado, con los medios coactivos a su disposición, podría hacer respetar unas reglas del juego que aproximen al mercado a la competencia perfecta. Solo el Estado tendría el deber de defender la competencia.

¿Es esto así? Comenzando por el capítulo 1, ya notamos que no tiene por qué serlo. Una concepción sana de la empresa considera el beneficio no como su objetivo final sino como un medio necesario para generar bienes de cooperación recíproca entre individuos y organizaciones; en última instancia, para el servicio de las personas en sus necesidades y proyectos legítimos. El beneficio debe ser procurado por varias razones que ya señalamos (es el indicador de que la empresa atiende eficientemente demandas sociales; constituye una condición de su sostenibilidad económica; se debe en justicia a quienes aportaron el capital), pero la misma empresa debe mantener el orden ético de las prioridades: se trata de obtener ganancias promoviendo el bien social, no a costa de él. Por ello, no todo movimiento que incremente las ganancias es éticamente legítimo. Particularmente, no lo son los movimientos que desnaturalicen las relaciones de cooperación o de competencia en el mercado.

Yendo más lejos: ¿podría en verdad dejarse solo al Estado el cuidado de las condiciones competitivas del mercado, mientras cada empresa por su cuenta trata de restringirlas para aumentar sus ganancias? En realidad, no: sin un compromiso ético por la competitividad del mercado, ¿qué impediría a las empresas más poderosas intentar torcer la mano del Estado a su favor, a través de la corrupción, la influencia política, etc.? ¿O qué impediría a las empresas más sagaces alcanzar acuerdos secretos para limitar la competencia, lejos de la mirada del Estado?

Al fin, el Estado no es omnipotente. No basta que la voluntad general de la sociedad reconozca algo como adecuado al bien social, ni que el Estado lo legisle, para que ello ocurra. Es también necesario el compromiso ético del tejido social, en nuestro caso de los protagonistas del mercado: las empresas. Cuáles son los desafíos de ese compromiso ético en relaciones típicas de cooperación y de competencia, será el tema de los dos próximos epígrafes. En ellos entenderemos la libertad de mercado no como una pura libertad negativa, ausencia de restricciones para actuar, sino como una libertad positiva que se orienta en la consecución simultánea del bien particular y del bien común. Ésa es la libertad que merece el calificativo de humana.

8.3. Relaciones con los proveedores

Las relaciones con los proveedores son relaciones de libre cooperación entre empresas. La clave de su ética estriba en que sean verdaderamente libres y cooperativas, por una parte; y en que los beneficios generados en la relación reviertan en las empresas participantes, sin apropiaciones personales ilegítimas, por otra.

En el subepígrafe 8.3.a, nos ocuparemos del primer aspecto, ofreciendo algunas consideraciones generales sobre el trato a los proveedores, unidas a algunas orientaciones para la actuación. En el segundo subepígrafe estudiaremos el soborno y la extorsión, formas de corrupción en el sector privado, en que un sujeto utiliza su posición de decisión sobre las compras para extraer beneficios personales de la relación entre su empresa y un proveedor. Concluiremos, en el tercer subepígrafe, con algunas ideas sobre la 'zona gris' que constituyen los regalos de empresa que algunos proveedores suelen realizar.

a. *Algunas orientaciones para la actuación*

Como siempre que hablamos del mercado, los problemas surgen cuando una parte tiene una posición dominante sobre la otra, es decir, cuando no hay igualdad de poder entre los contratantes, tan decisiva para que el mercado funcione sin desviaciones. En una sociedad como la nuestra, donde grandes empresas coexisten con innumerables otras de mucho menor tamaño, las situaciones de desigualdad entre las partes no son raras. Pero también puede ser el proveedor el que ocupe una posición de superioridad sobre su cliente e imponga sus condiciones sin compasión.

Para ilustrar las posibles fuentes de esta desigualdad ofrecemos el siguiente cuadro (García Vázquez, 1996):

Circunstancias que incrementan el poder de negociación del proveedor	Circunstancias que incrementan el poder de negociación del comprador
Concentración de la oferta	Concentración de la demanda
El producto objeto de la transacción es diferenciado	El producto objeto de la transacción es estándar o no diferenciado
El comprador es un cliente poco importante para el proveedor	El comprador es un cliente muy importante para el proveedor
El producto objeto de la transacción es un insumo importante para el comprador	El producto objeto de la transacción no es importante para la calidad de los productos o servicios del comprador
Los costes para cambiar de clientes son bajos	El proveedor incurre en costes importantes si pretende cambiar de cliente
El comprador incurre en costes importantes si pretende cambiar de proveedor	Los costes por cambio de proveedor son bajos
El proveedor tiene información total sobre la demanda	El comprador tiene información total sobre la oferta
El proveedor plantea una amenaza creíble de integración hacia adelante	El comprador plantea una amenaza creíble de integración hacia atrás

Ya habíamos mencionado en otros capítulos el tránsito experimentado por el capitalismo de una fase industrial a una post-industrial. En la fase industrial, la función dominante del sistema era la producción. Una vez generado, el producto se colocaba casi por sí solo. Por otra parte, la existencia de economías de escala por la fabricación en serie favorecía la concentración de la producción, por lo que era habitual que productores de gran tamaño proveyeran a distribuidores pequeños y dispersos. Algo así como lo que aún ocurre con los fabricantes de coches y los concesionarios que venden una determinada marca. El poder quedaba entonces del lado del proveedor.

En la etapa post-industrial, la función dominante es el marketing, la capacidad de alcanzar a los consumidores finales. Esa capacidad también conoce economías de escala, en virtud de los sistemas informatizados de gestión de las compras y de las ventas, de los descuentos por volumen, de la publicidad comercial, etc. Por ello, en este momento la concentración de poder en la relación proveedor-cliente ocurre con más frecuencia del lado de los clientes. Es el caso, por ejemplo, de las cadenas de supermercados que distribuyen productos de cientos o miles de empresas agrarias y agroindustriales, cada una de ellas más pequeña que su cliente y dependiente de él para llegar con eficacia al público.

Lo ideal sería que estas asimetrías de poder no existieran. Entonces resultaría mucho más fácil garantizar la justicia de la relación proveedor-cliente. Sin embargo, en el capitalismo tienden a producirse cada vez que aparecen economías de escala más significativas en un lado de la relación que en el otro. Las economías de escala constituyen un hecho tecno-económico sin mayor significación moral, aunque otorguen poderosas ventajas competitivas a las empresas más grandes. Por otra parte, la concentración subsiguiente de uno de los lados de la relación debe ser controlada por el Estado solo cuando se vuelve tan grande que limite la competencia. Esos suelen ser casos extremos. En muchos otros casos, hay competencia suficiente entre unas pocas empresas en uno de los lados de la relación comercial; y sin embargo cada una de ellas tiene gran poder sobre sus contrapartes en el otro lado.

Retomemos el ejemplo de los supermercados. Siete cadenas de supermercados distribuyen el 70% de los alimentos consumidos en España, que provienen de unas 90 mil agroindustrias (y, en último término, de más de 3 millones de agricultores). Es un número suficiente para que haya competencia real entre las cadenas de supermercados, y la hay. Sin embargo, es obvio que para cada una de las 90.000 agroindustrias, el rechazo de una cadena de supermercados significa perder al menos el 10% de sus potenciales clientes. Mientras, para el supermercado probablemente la pérdida de ese proveedor sea poco relevante, salvo quizás que se trate de una marca muy publicitada con una clientela fiel.

Si la concentración en uno de los lados de la relación proveedor-empresa cliente resulta a menudo por la misma lógica del capitalismo; y si el Estado no intervendrá para evitarla sino cuando se haga extrema, ¿significa ello que debemos resignarnos a frecuentes injusticias entre proveedores y sus clientes? No, en realidad. El poder de mercado, como todo otro poder, cabe usarlo de manera justa o injusta. Hacerlo con justicia implica renunciar a utilizarlo para explotar al otro. Veamos qué exigencias éticas conlleva esto en la relación cliente-proveedor, tomando como referencia la posición del comprador, aunque lo que sigue puede aplicarse, con ligeros retoques, a las situaciones en que el proveedor ocupa la posición dominante:

1) *Respetar la organización interna y la proyección exterior de los proveedores.* Cada empresa tiene sus rasgos propios en la forma de organizarse internamente y de establecer sus relaciones externas. Esa realidad no debe ser sometida a los dictados de la empresa que le compra sus productos, como condición para dicha compra.

2) *No perjudicar las marcas de los proveedores.* La marca es la seña de identidad más preciada de muchas empresas, su forma más eficaz de darse a conocer y de mantener la confianza y la fidelidad de los consumidores. Sin embargo, es frecuente que, por ejemplo, las grandes cadenas propongan eliminar la marca del proveedor o sustituirla por la propia (las llamadas 'marcas blancas'). Esto puede constituir un abuso, salvo que se respete la libertad del proveedor, enteramente y sin condicionantes respecto a la posibilidad de vender también con su propia marca en la misma cadena.

3) *Facilitar que los proveedores cumplan la normativa legal que les obliga.* O, al menos, no presionarles para que la incumplan imponiéndoles precios, plazos de entrega, etc., que hagan imposible ese cumplimiento. Como agravante hay que señalar que, en caso de denuncia, toda la responsabilidad recaería sobre el proveedor, mientras que su comprador, que impuso el incumplimiento normativo, quedaría libre de toda acusación.

4) *No extremar las exigencias a los proveedores hasta enfrentarlos con sus competidores.* Los distintos proveedores de un mismo producto compiten entre sí. En esa competencia es también necesario, como en todas las situaciones competitivas, que se observen ciertas reglas. Ahora bien, sería injusto que la empresa actuara, con el fin de obtener mejores precios, de forma que obligue a algún proveedor a violar las reglas de la competencia en relación con los demás proveedores.

5) *Utilizar lealmente la información confidencial.* Cuando una empresa dispone de varios proveedores, es frecuente negociar con ellos en base a las diferencias en las ofertas de cada uno. Esto permite elegir la oferta más ventajosa. Pero no sería correcto utilizar los datos que ofrece un proveedor revelándolos a otro para estimularle a mejorar su oferta. La información de los proveedores en ningún caso debe compartirse con sus competidores.

Como puede verse, estos son principios, por así decirlo, negativos: enuncian de qué maneras no debe usarse el poder del comprador en la relación con su proveedor, para que esa relación sea verdaderamente cooperativa y libre. Podríamos también abrir un horizonte más positivo, con un criterio adicional:

6) *Buscar la alianza con el proveedor.* Abandonamos la perspectiva del corto plazo, en que cuanto mayor sea la presión sobre la contraparte, mayores serán las ventajas que se obtengan, para procurar la cooperación con una perspectiva temporal más dilatada, donde interesa que el producto final mejore siempre en calidad y utilidad gracias a la acción concertada de proveedor y cliente.

En estas alianzas, por ejemplo, el comprador comunica a su proveedor el 'sentir del mercado', orientándole sobre cómo ajustar su producto para que tenga mejor salida, e incluso le ayuda (por ejemplo, con prefinanciamiento) a realizar esos ajustes necesarios; mientras que el proveedor informa a su cliente sobre nuevas ideas y posibilidades de negocio que puede ver desde su contacto más cercano con el origen de los bienes distribuidos. A diferencia de las relaciones de explotación, que son del tipo gana-pierde, aquí cada parte se ocupa intencionalmente de que el otro también gane, para que la alianza continúe dando frutos por largo tiempo.

b. *Los casos de soborno y extorsión*

Muchas veces se habla de comisiones en las relaciones con los proveedores. El uso de esta palabra, sin embargo, se presta a confusión. Existe tipificada en el ordenamiento jurídico la figura de la comisión: es un contrato en que una parte (el comisionista) actúa en nombre de otra (el comitente) y realiza operaciones comerciales por cuenta de aquel a cambio de la comisión previamente pactada. Naturalmente no hay nada que objetar a una práctica así.

Pero cuando se habla de comisiones es más corriente referirse a otro tipo: aquellos pagos, en dinero o en especie, con los que se pretende predisponer en un determinado sentido la voluntad del que los recibe. Suelen distinguirse dos formas: el soborno y la extorsión (Melé 1994).

Mediante el soborno alguien ofrece a otra persona dinero u otro bien con el fin de obtener un provecho para sí. El soborno se puede utilizar en situaciones muy diferentes: políticas (obtener una subvención pública o un permiso), judiciales (obtener una sentencia favorable), administrativas (obtener la adjudicación de un contrato o la recalificación de unos terrenos). A nosotros nos interesan aquí las que afectan a operaciones comerciales en el marco de las relaciones de una empresa con sus proveedores. El ejemplo más típico es quizás el del proveedor que ofrece un dinero al encargado de compras de una empresa para que esta le compre a él sus productos, y no a otros proveedores, aun cuando estos los ofrezcan en mejores condiciones objetivas.

La extorsión, en cambio, no es propiamente un ofrecimiento, sino una exigencia: quien tiene poder de decidir pone como condición que se le dé algo para que la contraparte alcance su objetivo, o para que lo alcance más rápidamente. Siguiendo con el mismo ejemplo anterior, habría extorsión si el jefe de compras de la empresa cliente pide al representante del proveedor un dinero para concederle el negocio, para acelerar el trámite, o incluso para tomar en cuenta su presupuesto en un proceso de licitación.

Como puede verse, tanto en el soborno como en la extorsión la ganancia personal de sujetos privados (el jefe de compras, en nuestros ejemplos) ocurre a costa de las empresas involucradas (en el ejemplo de soborno, a costa de la propia empresa; en el ejemplo de extorsión, a costa del proveedor y, según el caso, también de la propia empresa). Pero este sujeto privado está ligado por un compromiso profesional: es el agente de un principal, la empresa para la que compra, en cuyo interés ha de actuar. Por ello debe aplicársele lo que discutimos sobre el problema de agencia en 5.3: incluso con esquemas de incentivos bien pensados y con severas normas disuasorias, no hay sustituto para su compromiso ético profesional.

Si incumple ese compromiso, viola los derechos morales y contractuales de la empresa que le emplea, contribuye a empeorar el clima de negocios en el sector, y efectúa una acción que no puede desearse racionalmente que todo jefe de compras se sintiera libre de realizar (¿de qué sirve tener un jefe de compras, si no puede confiarse en que buscará la mejor oferta para la empresa?). Desde el punto de vista económico, además, la corrupción constituye siempre una injusticia porque desatiende a los criterios de racionalidad en las decisiones para dejarse llevar por criterios de conveniencia personal: frente a los que ganan, hay otros que pierden lo que en justicia les correspondería si se hubiera actuado correctamente (en nuestro ejemplo, no solo las empresas involucradas, sino también los competidores con mejores ofertas).

Por supuesto, para que la operación se consume, tiene que haber connivencia de las dos partes: si hay un corrupto, debe de haber un corruptor. Por eso es preciso preguntarse por la moralidad de los comportamientos de ambos y determinar el grado de responsabilidad de cada uno, dependiendo de su poder en la relación y de su margen de maniobra para negarse.

En realidad, las palabras soborno y extorsión poseen en el lenguaje corriente una carga peyorativa, lo que implica que la sociedad tiende espontáneamente a descalificarlos. Sin embargo, hay algunos que los aceptan, invocando en su favor que son prácticas tan extendidas que constituyen como un requisito para innumerables operaciones; en este sentido, como se cuenta de antemano con ello, son considerados como un coste normal, como el pago de un 'servicio' o, más simplemente, como un sobresueldo para personas no muy bien pagadas.

¿Hay alguna razón en ello? Discutamos algunos matices de importancia, según la figura de que se trate y la posición del empleado en ella:

1º) *Aceptar un soborno* supone, por lo pronto, caer en una falta de lealtad con la propia empresa, cuyos costes se incrementan en la cuantía del soborno; supone además obtener un beneficio económico al que no se tiene ningún derecho; y supone, sobre todo, cometer una injusticia con otros proveedores que podrían haber hecho ofertas mejores.

2º) *Ofrecer un soborno* es más injustificable, si cabe. Se induce a otro a actuar con deslealtad y de forma injusta. Pero además se violan las reglas de juego de la competencia, queriendo obtener ganancias que no responden a las condiciones objetivas del mercado. Se puede presuponer que el que ofrece un soborno lo hace porque no está seguro de que podría conseguir lo que pretende por las vías legales.

3º) *Extorsionar* nunca podrá justificarse. El extorsionador exige algo a lo que no tiene derecho: unas veces pide dinero por cumplir sencillamente lo que es su obligación profesional; otras veces, peor aún, por hacer algo para lo que tiene poder, pero en lo que no le asiste la razón ni la justicia.

4º) El caso más complejo es el de *ceder a la extorsión*. Concretamente se discute si es lícito ceder cuando se trata de algo a lo que se tiene derecho, pero cuya consecución es costumbre que se acompañe de algún 'lubricante'. En este caso el juicio sería más complejo. Habrá que tener en cuenta los siguientes extremos:

- Que haya imposibilidad práctica de cambiar la situación: no caben denuncias efectivas, ni ante los tribunales ni en los medios de comunicación.
- Que realmente exista extorsión, es decir, que la iniciativa la tome el extorsionador, para no caer en un soborno disimulado.
- Que no se perjudique directamente a otras personas.
- Que exista proporción entre lo que se va a conseguir y los efectos negativos que se siguen de la extorsión: entre estos últimos deben considerarse el enriquecimiento ilícito del extorsionador, el introducir una práctica poco recomendable en la empresa, el contribuir a la corrupción del entorno, etc.
- Que quede constancia de que uno actúa en contra de su voluntad y de su criterio: así conviene hacérselo saber al extorsionador y a aquellas otras personas cercanas que pudieran estar al corriente o llegar a enterarse.
- Que no se menosprecie el valor inherente de erradicar una cultura de la corrupción y sustituirla por otra de la honestidad y la transparencia, así como la necesidad de tener en cuenta esta dimensión también en el comportamiento individual.

c. Las atenciones y los regalos

Tocamos para terminar un punto que está estrechamente unido al anterior: el de los obsequios o atenciones que se tienen a veces con personas con las que se realizan o se van a realizar negocios. La frontera entre el regalo y el soborno no es siempre nítida: por eso hay que actuar con gran finura moral en estos casos.

De entrada debe decirse que el soborno es condición para que la operación económica se realice, mientras que el regalo, en principio, no lo es: más aún, normalmente se recibe con posterioridad y como un signo de agradecimiento, de respeto o de amistad. Sin embargo, cuando la práctica de los regalos se produce entre personas que mantienen frecuentes relaciones comerciales, existe el peligro de que tenga efectos semejantes al puro soborno: en ambos casos puede tratarse de una forma de asegurarse un trato preferencial.

¿Cómo distinguir en la práctica entre un soborno y un regalo? Conviene para ello tener en cuenta al menos dos aspectos: cuál es el motivo de la dádiva y cómo podría influir en el modo de actuación de su destinatario. Pero no es fácil analizar estos extremos con objetividad, sobre todo cuando se presenta la ocasión concreta. Por eso es relativamente frecuente que la empresas y sus ejecutivos manejen ciertas reglas prácticas que pueden resultar de mucha utilidad:

- Absoluto respeto a la política de la empresa, lo que puede hacer necesario dar una negativa clara y directa. Todas las empresas que cuentan con un código de conducta para su personal otorgan un lugar importante a este tipo de conflictos de intereses.
- Tener en cuenta las costumbres que imperan en una región, mercado o sector. En algunas culturas (en África, Latinoamérica o Extremo Oriente) los regalos pueden ser muestra de hospitalidad o de gratitud, de forma que se intercambian pequeños obsequios como preludio normal y necesario para hacer negocios.
- Los regalos no deben exceder de lo que una persona pueda consumir en 24 horas: esta es una regla sin duda convencional, pero muy práctica.

- Declinar su aceptación en caso de duda sobre la intención del regalo. Es una actitud tajante que evita ambigüedades, pero siempre será conveniente explicar la razones del rechazo. Entre ellas pueden contarse el deseo de prevenir conflictos de intereses o la preocupación de dar buen ejemplo, especialmente a los colegas jóvenes o nuevos en la empresa.
- Dejar bien claro, en caso de aceptar el regalo, que ello no afectará en modo alguno a la propia independencia.

En situaciones como esta de los regalos, es prudente no fiarse de uno mismo, por la facilidad con que tendemos a justificar aquello que nos interesa por otros motivos. Por ello será siempre recomendable el consultar a otras personas, de confianza o de experiencia. Y para no dejar todo esto a la voluntad de cada uno, hacen bien las empresas en tener criterios claros y explicitados en sus códigos éticos.

8.4. Relaciones con los competidores

Arriba hemos visto la importancia, tanto práctica como moral, que tiene la competencia en el mercado, pero también nos hemos hecho eco de las amenazas que la acechan. Ahora tenemos la ocasión de profundizar en la competencia centrando nuestra atención en los competidores mismos. Ofreceremos primero algunas reflexiones sobre la competencia como actitud a promover en el mercado, para fijarnos luego en algunos aspectos más particulares y terminar con unos criterios generales de actuación.

a. Competir en el mercado

En términos generales, hay competencia cada vez que dos o más agentes aspiran a ocupar una posición rival, esto es, una posición que no puede ser compartida o repartida entre ellos. Uno de los competidores ganará la posición, y los demás no. La dinámica para decidir quién la alcanza y quién se queda sin ella, es lo que llamamos competencia.

En la vida social son frecuentes las posiciones rivales: salvo raras excepciones, solo una persona puede ser el esposo legal de otra en un momento dado; solo un país puede tener soberanía sobre un determinado territorio; solo un estudiante puede ser el mejor de su curso; solo un tenista gana cada edición de Roland Garros; solo a un vendedor le compraré mi próximo coche. Así encontramos competencia en el terreno afectivo-sexual, en el político, en el militar, en el deportivo..., y ciertamente en el económico.

Una parte importante de la competencia económica ocurre en el mercado. No toda, sin embargo. Por ejemplo, hay también competencia por los contratos del Estado, normalmente regulada según procedimientos de licitación, pero a menudo con ingredientes políticos colaterales. En los mercados, sin embargo, la competencia constituye un ingrediente fundamental, junto con la libre cooperación, como quizás no lo es tanto en las relaciones económicas del Estado. Hay competencia de mercado cada vez que varios agentes (empresas, personas) pretenden ganar una posición rival consistente en el negocio con otro agente (un cliente, un proveedor, un trabajador...), que en principio elegirá al competidor que mejor sirva a su proyecto. Así pues, en el mercado se compite por posiciones rivales que consisten ellas mismas en relaciones de cooperación. Se compite mostrando a la contraparte cuyo favor se quiere ganar, que uno es mejor cooperador para sus proyectos que cualquiera de los demás competidores.

La competencia se ordena, pues, a la libre cooperación en el mercado. De ahí derivan algunos principios éticos de la competencia económica, que se aplican con facilidad a las empresas. Aunque normalmente hay competencia en todos los mercados en que participa la empresa, para fijar las ideas nos concentraremos en la competencia por los clientes, que suele ser la decisiva en muchos negocios:

1º) *La competencia no debe asustarnos*. El miedo es, en general, mal consejero en materias morales porque nos pone psicológicamente en trance de luchar por nuestra supervivencia, lo que parece legitimar acciones que normalmente no aprobaríamos. En los mercados hay en realidad muchas contrapartes (muchos potenciales clientes) con proyectos distintos. Si trabajamos bien, podemos ser los mejores para algunos de ellos en virtud de algunos rasgos nuestros difíciles de imitar, aunque otros competidores ofrezcan condiciones aparentemente irresistibles (como precios muy bajos). Los mercados reales no son terrenos planos en que triunfas completamente o desapareces, sino que permiten muchos 'nichos de mercado' que atienden a clientes con diversas características y proyectos personales, en los cuales empresas muy variadas pueden competir con éxito.

2º) *El objetivo de la competencia no es destruir o absorber al competidor*, sino ganarle una posición concreta. Es preciso que después de cada *round* siga habiendo competidores capaces de desafiarnos, porque de lo contrario se perderían los bienes sociales derivados de la competencia y se vería reducida la libertad de elección de las contrapartes en el mercado. Dicho con otras palabras, el objetivo legítimo de una estrategia de competencia no es alcanzar el monopolio o una posición aplastante en cierto mercado, sino mantenerse competitivo y elegible, con propuestas atractivas que sirvan a los consumidores.

3º) Por exactamente las mismas razones del punto anterior, *el término de la competencia no puede ser un acuerdo oligopolístico para limitar la competencia y repartirse el mercado*. Esos acuerdos no destruyen al competidor (que en realidad deja de serlo) pero sí la competencia, limitando tanto el servicio que el sector ofrece a la sociedad como la libertad de elección de las contrapartes.

4º) *La competencia debe ser leal*, esto es, basada en reglas éticamente aceptables, comunes a todos los competidores sin excepción. Las reglas normales de una competencia civilizada excluyen el daño al competidor en su persona, en sus propiedades o en su fama (por ejemplo, a través de publicidad negativa, tan fácil de hacer anónimamente en internet). Excluye también el sabotaje de sus operaciones o sus productos, el robo de información y el espionaje industrial... No se trata solo de un asunto de respeto de los derechos del otro, que también, sino de algo incluso más de sentido común. Si para ganar una posición rompo las reglas de la competencia, los competidores lo advertirán y se sentirán libres de hacer lo mismo, quizás hasta más. Con ello, las reglas reales de la competencia en ese mercado habrán descendido un peldaño, y acciones que nadie hacía antes de mi violación inicial de las reglas, ahora las realizarán todos. En vez de consolidar una ventaja para mí en el mercado, habré conseguido envilecerlo para todos los competidores, los clientes y la sociedad.

5°) *La competencia es también contra uno mismo.* Para ofrecer a la contraparte un mejor trato que nuestros competidores, tenemos que ofrecerle un mejor trato que nosotros mismos en el pasado, porque los competidores también están intentando mejorar sus ofertas. Ello nos empuja a perfeccionar los procesos, innovar en productos y en condiciones comerciales, a conocer mejor a nuestros clientes para servir mejor a sus necesidades y proyectos... en suma, a convertir nuestra empresa en un instrumento más apto de cooperación social.

6°) *Las ventajas competitivas legítimas se obtienen sirviendo a la vez a otros stakeholders, no explotándolos.* Una empresa inteligente obtiene su viabilidad y su competitividad de relaciones gana-gana con muchos *stakeholders*: accionistas, trabajadores, clientes, proveedores, comunidades, administraciones, la opinión pública... Si para hacerse con un mercado favorece a uno de esos *stakeholders* (por ejemplo, ofrece precios muy bajos a sus clientes) a costa de presionar más allá de lo justo a otros *stakeholders* (trabajadores, proveedores, las comunidades donde está implantada), la empresa destruye las mismas bases de su competitividad. Esta deriva de que todos los *stakeholders* acepten de buena gana cooperar con el proyecto empresarial, para lo que es preciso que la empresa mantenga un equilibrio de largo plazo entre sus intereses contrapuestos. Los *stakeholders* que se sientan explotados reaccionarán contra la empresa (huelgas, denuncias, boicots, retiradas del negocio...). Como es obvio, lo contrario también es cierto: si la empresa eleva su competitividad sobre la base de afinar la cooperación con todos sus *stakeholders*, de manera que estos ganan más gracias a la competitividad acrecida de la empresa, entonces desearán incrementar su cooperación con ella, y así contribuirán a hacerla más competitiva.

7°) *Los competidores que utilicen maniobras contrarias a la competencia leal deben ser expuestos ante la opinión pública* y, si es el caso, denunciados ante las autoridades civiles o penales. Esta, y no imitar al competidor desleal, es la respuesta éticamente correcta ante conductas anticompetitivas de cualquier género. Ya hemos notado que la imitación del competidor desleal desata una 'carrera de ratas' perjudicial para todos. Pero tampoco se puede dejar que un competidor desleal nos quite el negocio sin oposición, no solo por razones obvias de viabilidad de la empresa, sino también porque ello dejaría el mercado a merced de los más inescrupulosos, lo que en sí mismo constituye un mal social.

En síntesis, estos principios de la ética empresarial de la competencia pueden resumirse en dos: debe haber verdadera competencia; y esa competencia debe ser honesta y leal. Cuando ello ocurre, la competencia alimenta la cooperación económica, y de ello se siguen bienes para las empresas, para sus *stakeholders*, y para la sociedad en conjunto.

Pasemos ahora a tratar dos aspectos importantes de la competencia en una sociedad del conocimiento: las patentes y la propiedad intelectual, por una parte; el secreto y el espionaje industrial, por otra.

b. Las patentes y la propiedad intelectual

El sistema de patentes garantiza al inventor poder explotar económicamente su invención durante un tiempo limitado. Quienes desean utilizar ese invento, deben pagar *royalties* al detentador de la patente. Ello encarece los productos que utilizan la patente, y de ahí la limitación temporal: a partir de un cierto número de años, cualquiera puede replicar el invento con lo que la competencia se encargará de bajar su precio.

Nadie dudaría de que el sistema de patentes está éticamente justificado. Supone el concepto de propiedad intelectual: esta, a diferencia de la propiedad corriente sobre bienes materiales, concede un derecho en exclusiva sobre objetos intangibles, sobre ideas, concretamente en nuestro caso sobre invenciones. Su justificación se apoya en razones de carácter particular y general. Para los particulares (para las empresas) las patentes constituyen un estímulo para la investigación y para la innovación. Investigar tiene un coste elevado e implica unos riesgos: nadie estaría dispuesto a incurrir en ello si no tiene ciertas garantías de que podrá beneficiarse de su iniciativa. Es justo, por tanto, que se asegure a una empresa que obtendrá beneficios proporcionados a sus inversiones y a sus riesgos. Y eso, a la larga, resulta también positivo para la sociedad por la misma razón: estimula el progreso por la vía de la innovación. Por todo ello, la protección de patentes está legislada tanto a nivel nacional como internacional.

Sin embargo, no debe ignorarse que las patentes suponen una restricción de la competencia. Como tal, debe ser aceptada dentro de unos límites prudenciales, que la hagan compatible con el bien común. Los propietarios de patentes fácilmente se verán tentados de presionar para que su vigencia se extienda más allá de lo justificado por los costes y riesgos en que incurrieron para desarrollar la invención. Por ello, el régimen de derechos de propiedad intelectual ha de buscar el equilibrio entre los incentivos privados para los innovadores y el interés público de elevar al máximo el acceso a los frutos de la innovación. Este punto de equilibrio no siempre resulta fácil de alcanzar.

El tema es objeto de un fuerte debate a escala mundial. La ocasión inicial la proporcionó el Acuerdo de los Derechos de Propiedad Intelectual relacionados con el Comercio (ADPIC), firmado en el seno de la Organización Mundial del Comercio (OMC), que entró en vigor en 1995. Su objetivo inicial era reprimir el comercio de mercancías falsificadas. Pero pronto se extendió a otros campos, como la programación de computadores y el diseño de circuitos, los productos farmacéuticos y los cultivos transgénicos. Entre los principales efectos de este acuerdo suele citarse el aumento considerable del número de patentes que se inscriben cada año y el hecho de que las solicitudes se concentran en muy pocos países.

Por otra parte, no es nada claro que la investigación esté orientada por las necesidades más urgentes de la humanidad. Más bien, los intereses económicos se imponen a las necesidades. Es comprensible que el alto coste de crear un nuevo producto comercial (a veces hasta 10 años y 300 millones de dólares) haga que las empresas quieran proteger sus innovaciones y asegurarse de cobrar los beneficios; pero es más preocupante que se investiguen preferentemente productos para los mercados de altos ingresos, donde esa inversión resulta más rentable, desatendiendo las carencias, mucho más urgentes, de los pobres. Por ejemplo, se investiga más para las necesidades de los agricultores y consumidores ricos (tomates de mayor duración, frijoles resistentes a los herbicidas, maíz amarillo para alimentar ganado) que para las de los agricultores de los países en desarrollo (aumento del valor nutritivo, resistencia a las enfermedades...) (PNUD 2001).

El resultado de este proceso es que los derechos de propiedad intelectual se están haciendo más estrictos. Un ejemplo dramático se encuentra en una cláusula del ADPIC que prohíbe el desarrollo de genéricos para medicinas patentadas después de 2005. Gracias a que países como Sudáfrica, India o Brasil elaboraron genéricos de los antirretrovirales que se usan para controlar el SIDA, fue posible bajar el precio del tratamiento desde USD 10.000 a USD 300 al año. Ello los hizo accesibles a la sanidad pública de muchos países del tercer mundo, y salvó millones de vidas. Conforme el virus desarrolle resistencia a esos medicamentos, los pacientes ya no podrán usar la siguiente generación de medicinas, posteriores a 2005. Lo mismo ocurrirá con otras enfermedades como el cáncer o la malaria, que también desarrollan resistencias a los fármacos conocidos.

La tendencia legislativa no solo incluye reforzar la protección de los bienes patentados, sino también extender el periodo de las patentes (actualmente 20 años en la Unión Europea) y permitir que se pongan bajo patente ideas que antes no eran patentables. A este propósito es expresivo el debate sobre la patentabilidad del *software* informático, que tuvo lugar en la Unión Europea entre 2002 y 2005, a propósito de la Directiva de Patentes de Software propuesta por la Comisión. En su versión más extrema, inicialmente aprobada en 2004, esa Directiva permitía patentar no solo software sino también algoritmos matemáticos. Ello hubiera dejado a los científicos y a los pequeños desarrolladores de programas prácticamente paralizados, al no saber si algún algoritmo de su creación ya estaba patentado por alguien. Pese a las maniobras políticas, la oposición social consiguió en 2005 que el Parlamento Europeo revirtiera la Directiva en cuestión, y hoy en día el software sigue siendo no patentable en Europa.

Evidentemente, estos procesos tienen sus consecuencias más dramáticas sobre los países en desarrollo, que están sufriendo una creciente exclusión del sector del conocimiento. Como el Programa de Naciones Unidas para el Desarrollo (PNUD 2001) reconoce literalmente, parece que los derechos de propiedad intelectual van demasiado lejos. Eso se pone de manifiesto en hechos como que:

1º) No se respetan los criterios tradicionales para el reconocimiento de patentes, como son la no evidencia y la utilidad industrial (piénsese en las patentes sobre genes, cuya función apenas se conoce, o en las patentes sobre métodos de comercio electrónico...). En este sentido se acusa a las autoridades que conceden las patentes de actuar más como 'proveedores de servicios' a las grandes corporaciones que como órganos fiscalizadores del dominio público.

2º) Las patentes se utilizan con criterios estratégicos: por ejemplo, cuando se aproxima el final del periodo de vigencia de una patente, se introduce un cambio menor en la invención que da lugar a una nueva patente. De este modo, las patentes no son en primer término un resultado de la investigación, sino un insumo para la generación de beneficio económico.

3º) Más grave es que, antes del Acuerdo de 1995, se inscribían patentes sobre los productos finales; hoy se inscriben sobre los procesos. Como hemos notado, en el caso de la industria farmacéutica esta nueva situación no permite ya producir medicamentos genéricos: hoy es obligado recurrir a los titulares de las patentes para obtener las correspondientes licencias, lo que les permite un control todavía mayor sobre la producción. Es verdad que el citado Acuerdo prevé que la concesión de las licencias sea obligatoria en casos de emergencia médica o por razones *antitrust*, pero ello no cubre todas las circunstancias en que la salud pública de los países pobres requeriría el uso masivo de genéricos.

4º) Por último, la legislación de patentes no reconoce los conocimientos y los sistemas tradicionales de propiedad. La diversidad biológica, tan importante para la fabricación de medicamentos, tiene una enorme deuda con tribus indígenas que han sido los seleccionadores, cultivadores, investigadores y protectores de muchas plantas. Ello permitiría a tales tribus reivindicar auténticos derechos de propiedad intelectual, aunque no hayan llevado a cabo planes sistemáticos de investigación ni inversiones cuantiosas. Sin embargo, carecen de protección legal y sus resultados tradicionales pueden ser patentados por otros.

Estos datos sobre la evolución reciente de la protección por patentes, ponen de relieve que no está resuelta la cuestión de armonizar los derechos de las empresas que realizan investigación y desarrollo, con el bien común de la sociedad. El problema adquiere unas dimensiones más preocupantes porque se plantea a escala mundial, donde las diferencias son mayores en el punto de partida. Es pública y conocida la influencia de algunas grandes compañías transnacionales sobre los Estados desarrollados para influir sobre la legislación internacional al respecto.

c. *El secreto industrial y la información sobre los competidores*

Las patentes se refieren a productos o procesos bien definidos, respecto a los cuales es posible concretar con precisión el alcance de un derecho. Pero las empresas manejan otros intangibles sobre los que poseen ciertos derechos mucho más imprecisos y difíciles de definir: datos de la propia actividad y experiencia empresarial, información sobre clientes y proveedores, planes para el futuro, proyectos en fase de elaboración, etc. Todo ello no es objeto de derecho de propiedad en sentido estricto, pero constituyen datos decisivos para competir en el mercado, fruto por lo general del trabajo paciente de mucho tiempo. Ese trabajo es el que permite hablar de un cierto derecho. Como suele reivindicarse un uso restringido de esas informaciones, se habla entonces de derecho al secreto industrial (aunque quizás el término 'secreto industrial' tenga un alcance más reducido, en contextos legales).

Por su carácter difuso, este derecho es difícil no solo de definir, sino también de tutelar. Además, como ocurre siempre con la propiedad del conocimiento (y con la información en general), se trata de un bien cuyo uso no exige la exclusividad, como ocurre con los bienes materiales: puede ser utilizado al mismo tiempo por todas las personas que lo poseen. Por tanto, se puede adquirir sin privar al propietario inicial de su uso, incluso sin que este llegue a advertirlo; es más, se puede adquirir sin pretenderlo siquiera, por pura casualidad.

Por otra parte, la información es una baza esencial para la competencia. De ahí que todo agente económico busque acumular cuantos más datos mejor sobre el mercado y todos los que intervienen en él. ¿Dónde poner los límites entre la aspiración comprensible a obtener datos y el respeto debido al 'secreto' de los competidores?

Los medios para obtener información (y es difícil precisar qué información concretamente: cuanta más, mejor) son muy variados. La experiencia y el conocimiento del sector constituyen factores muy valiosos, así como la intuición. El buceo en bases de datos públicas o privadas (*data mining*) y el acceso a la información disponible en internet se utiliza ahora consuetudinariamente. Y la indagación directa puede ser también eficaz, aunque no carece de riesgos éticos. En el deseo de poner límites a la actividad de 'inteligencia corporativa' sobre los competidores, Green (1994) ha propuesto cuatro criterios sobre prácticas que no están nunca justificadas:

1º) La apropiación de documentos o de otras propiedades tangibles (discos de ordenador, por ejemplo) sin conocimiento de su propietario y en contra de su voluntad: estaríamos ante un robo de bienes tangibles.

2º) El engaño o cualquier otra forma de tergiversación o deformación de la realidad, como vía para acceder a la información.

3º) El intento de influir en las personas a quienes se confía información confidencial induciéndolas a revelarla. Este caso es frecuente y merecerá en seguida una atención especial.

4º) La vigilancia secreta de las actividades y movimientos del otro, en contra de su voluntad.

Ello debe extenderse, por supuesto, a operaciones que involucran personal de la misma empresa espiada, tales como la infiltración de espías en ella como trabajadores permanentes o eventuales; o la contratación de personas de otras empresas para aprovechar la información que han adquirido en ellas. Sin embargo, en una economía post-industrial en que el capital humano importa tanto, resulta difícil establecer la frontera entre suministrar datos sobre la empresa en que uno trabajó antes, y utilizar la experiencia de la producción o el mercado adquirida en ella. Esta situación puede presentarse cuando el trabajador cambia de empresa, y se encuentra detrás de muchos 'fichajes' de altos ejecutivos entre grandes empresas que compiten.

Para completar este punto importa considerar no solo a quien busca información y los criterios éticos que debe observar, sino también a quien la posee y las responsabilidades que de ahí derivan. Se trata de la información de la empresa que se pone en manos de aquellas personas que la necesitan para desarrollar su actividad laboral (como empleados, asesores, proveedores), o se adquiere como consecuencia del desarrollo de esa actividad. Esto es lo que se conoce como información privilegiada.

Desde el punto de vista ético es claro que dicha información solo puede ser utilizada en favor de la empresa; nunca puede ser comunicada a personas ajenas a esta ni empleada en beneficio personal de quien la posee o de sus allegados. Conocer tal información genera, por consiguiente, responsabilidades morales. Quien la posee es responsable de guardar el secreto, por muchas presiones a que esté sometido o tentaciones que padezca.

Y las empresas mismas tienen que asumir eficazmente la protección de este patrimonio intangible, arbitrando mecanismos y normas para su gestión. Esto es tanto más importante cuando los medios para acceder a la información se han sofisticado tanto. Es cierto que al que busca información no le está permitido todo, pero también corresponde a la empresa la responsabilidad de protegerse. En este sentido, unos criterios internos claros (dentro de los códigos de empresa, por ejemplo) serán siempre oportunos, lo mismo que el designar a determinadas personas para suministrar información a quien la solicite desde fuera y para controlar su circulación interna.

8.5. Conclusión: Mercados sanos y eficientes

El examen de los criterios éticos para la relación con proveedores y competidores nos ha permitido notar cómo, efectivamente, la salud ética y la eficiencia van juntas en los mercados.

También nos permite concluir que competencia y cooperación, siendo sin duda claves relacionales muy diferentes, no se oponen en el mercado sino que más bien se trenzan como dos hilos del mismo cordón. La competencia resulta esencial para que la cooperación del mercado produzca todos los bienes individuales y sociales de que es capaz; mientras que la cooperación constituye un prerrequisito de la competencia: en efecto, antes de competir es preciso cooperar para ponerse de acuerdo sobre las reglas de la competencia y que esta resulte justa y estable.

El problema surge cuando algo se desnaturaliza en estos dos mecanismos. Entonces la cooperación es sustituida por la explotación de la parte más débil por la más fuerte; y la competencia degenera en una pelea de caimanes, al final de la cual ella misma muere como consecuencia de la reducción del mercado a un monopolio o un oligopolio. Los mercados dejan entonces de ser verdaderos mecanismos de coordinación descentralizada y libre entre oferentes y demandantes.

Porque esas desvirtuaciones de los mercados no son raras, estos han cobrado mala fama ética entre muchas personas y grupos sociales, como si lo propio del mercado fuera actuar sin consideraciones, solo por afán de lucro. Es tarea de las empresas y sus directivos devolver al mercado el prestigio moral que corresponde a su contribución al bienestar social y al bien común, cuando funciona bien.

Para pensar y discutir

1. ¿Cuáles piensas que son los límites éticos que un comprador puede imponer a su proveedor en términos de diseño del producto, envase, marca, precio, distribución, publicidad y promociones..., esto es, en cada elemento del *marketing-mix*? ¿Conoces o puedes encontrar algún caso reciente de disputa pública entre proveedor y comprador por causa de las presiones del segundo sobre el primero en alguno de estos aspectos?
2. Algunas grandes marcas han tenido problemas como resultado de las acciones de sus proveedores para alcanzar los precios o los estándares de producción que esas marcas les exigían. Es célebre, pero ya antiguo, el caso de Nike y el empleo de niños en Extremo Oriente. Busca en internet algún otro caso más reciente. ¿En qué consistió el problema en ese caso? ¿Cómo hubiera debido actuar el proveedor ante la exigencia de su comprador? ¿Qué hubiera debido evitar hacer el comprador? ¿Quién tiene finalmente más responsabilidad moral en el hecho? ¿Por qué?

3. Visita la página web de la Comisión Nacional de la Competencia (o del correspondiente organismo de defensa de la competencia en tu país). Examina algunas de las sanciones o resoluciones más recientes que haya producido en su función jurisdiccional (en España se ejerce a través del Tribunal de Defensa de la Competencia). ¿Cuál de las condiciones éticas de la competencia se viola en cada caso? ¿Por qué no puede aceptarse tal violación, desde el punto de vista ético, independientemente de lo que diga la ley?
4. Es famoso el caso de SuperLópez, José Ignacio López de Arriortúa, un exitoso ejecutivo de General Motors que fichó por Volkswagen en 1993. SuperLópez se llevó consigo 20 cajas de papeles, mayormente con planes detallados para una factoría de coches pequeños con que GM pensaba competir con VW en el Tercer Mundo. Tras digitalizar los documentos, los destruyó. Aun así, GM supo del robo y demandó a VW, que fue condenada en 1997. Completa la información sobre este caso buscando en internet, y responde: ¿Por qué fue incorrecta la actuación de SuperLópez? ¿Qué consecuencias se seguirían de que cualquier ejecutivo de empresa se sintiera libre de llevarse documentos consigo al cambiar de trabajo? ¿Qué derechos morales de GM se violaron? ¿Por qué fue condenada VW, si el robo lo había cometido SuperLópez?

Capítulo 9
La empresa
y la administración pública

9.1. Introducción

Uno de los *stakeholders* más desatendidos en los textos de ética empresarial es el Estado: las administraciones públicas en sus diferentes niveles funcionales y territoriales. Se trata de la estructura política de la sociedad, del marco global de convivencia mantenido y garantizado por el poder político y por las instituciones que dependen de él.

Esta ausencia quizás podría explicarse porque la empresa considera que toda esta estructura institucional no es un interlocutor con el que se entra en relación, sino un dato objetivo de la realidad que impone ciertas restricciones inevitables (sean normas jurídicas o contribuciones económicas). Acaso ello refleje también un estado de opinión extendido en el mundo económico y empresarial: que el aparato del Estado no es más que un obstáculo para el desarrollo de la empresa, como si estuviéramos ante un juego de suma cero, de forma que aquellos recursos que absorbe el Estado son exactamente los que pierde la iniciativa privada.

Según nuestro punto de vista, en cambio, el Estado y todos sus órganos constituyen un *stakeholder* de enorme importancia, que no solo afecta a la empresa y su actividad, sino que es afectado por ellas. Las relaciones entre administración pública y mundo empresarial configuran un capítulo esencial en la vida de la empresa y de la sociedad toda. Pero esto exige ponerse de acuerdo sobre el papel que se reconoce al Estado en la economía; que será la cuestión a la que dedicaremos la primera parte de este capítulo.

En un segundo momento analizaremos las coordenadas básicas de una ética fiscal. En la tercera expondremos otros aspectos relevantes de las relaciones entre empresa y Estado.

9.2. El papel del Estado en la economía

Esta no es una cuestión de hoy, sino que tiene tras sí una larga historia: la historia de la economía moderna y del capitalismo. El modelo de sistema económico ha sido el centro del debate ideológico, social y político que ha teñido al menos los dos últimos siglos de vida de la sociedad moderna. Es esa historia la que ha permitido que se vaya haciendo la luz sobre tan complejo problema, aunque –como veremos– ninguna solución puede darse como definitiva. Es, pues, un problema siempre abierto y necesitado de respuestas actualizadas, un reto permanente para la humanidad.

a. Capitalismo y socialismo frente a frente

La historia de la economía moderna puede entenderse desde esta confrontación de dos sistemas. Si el capitalismo precede en el tiempo al socialismo, este último nace como una reacción frente a los excesos de aquel. ¿Cuál es el resultado de esta confrontación? En principio puede decirse que un cierto consenso mundial en torno a un modelo mixto de capitalismo. Veamos.

El capitalismo nace de la convergencia de tres fenómenos: uno económico (la acumulación de capital), otro técnico (la revolución industrial) y un tercero ideológico-filosófico (el liberalismo). La acumulación de capital comienza a producirse de una forma significativa en torno al comercio de larga distancia y las operaciones necesarias para financiarlo, que se reinició en Europa en el siglo XIII y conoció una gran expansión desde la época de los grandes descubrimientos geográficos (siglos XV y XVI). Más tarde (siglo XVIII), la revolución industrial modifica los sistemas de producción con la incorporación masiva de la máquina, pero requiere de unos recursos para comprar estos nuevos instrumentos, de los que el trabajador no dispone: nace así el trabajo por cuenta ajena, típico de la economía moderna y del capitalismo. Y todo este sistema solo se consolidará cuando encuentra una ideología que lo apoya y legitima: el liberalismo con su apuesta decidida por la libertad individual y por la propiedad como el principal instrumento suyo. Esta nueva mentalidad, que tanto exalta al individuo particular, verá en el éxito económico una expresión de la capacidad de este y hasta un signo de predilección divina.

Es comprensible que el capitalismo industrial de los comienzos realice con radicalidad las intuiciones más típicas del liberalismo, ya que nacen a la vez como novedades históricas en el terreno de la economía y de las ideas, respectivamente. El aprecio liberal por la libertad individual y por la iniciativa privada se traduce en un modelo económico fundado en el mercado como mecanismo que permite, a través del libre juego de los intereses particulares en la oferta y la demanda, un funcionamiento ágil y flexible de la economía. El mercado ideal es capaz de asignar los recursos de la manera más eficiente posible, respetando además las preferencias y la libertad individuales. El capitalismo industrial se consolida inicialmente como capitalismo liberal, capitalismo de mercado puro, donde al Estado se le reserva solo la función de árbitro que garantiza la seguridad (física y jurídica, con especial interés por la seguridad de la propiedad privada) y el cumplimiento de las reglas del juego. Esta posición forma parte también de la desconfianza radical del liberalismo hacia el poder político en todas sus manifestaciones, como una amenaza para la libertad y la autonomía de los individuos.

El socialismo surge a comienzos del siglo XIX como reacción frente a los excesos del capitalismo liberal. Sus variadas corrientes iniciales coincidirán en su crítica del capitalismo y en la búsqueda de una alternativa. Pronto esta alternativa se concreta en la abolición de la propiedad privada de los medios de producción, en la que se ve el mecanismo fundamental de explotación de las clases obreras. Las primeras corrientes socialistas no tardarán en ceder bajo el impulso irresistible del socialismo inspirado en Carlos Marx. Inicialmente organizado como un gran movimiento social de alcance internacional, terminará por hacer realidad su modelo de sistema económico en la Rusia revolucionaria ya entrado el siglo XX. La alternativa consistirá en eliminar la propiedad privada colectivizando los bienes de producción y creando un órgano de planificación que sustituya al mercado como mecanismo de asignación de los recursos económicos.

Así pues, capitalismo liberal y socialismo comunista son dos opciones radicalmente opuestas en cuanto a la propiedad de los medios de producción y al sistema para la toma de las decisiones económicas. En la idea socialista (hoy todavía realizada en Cuba y Corea del Norte), el Estado asume todas las decisiones económicas fundamentales: qué, quién y con qué recursos se producirá; cuánto recibirá cada cual de qué productos. El mercado es tolerado, más que apreciado, como un mecanismo complementario siempre que siga siendo marginal.

Sin embargo, ya en los años en que el modelo comunista se consolidaba en la Unión Soviética asistimos a una profunda transformación del capitalismo liberal, como consecuencia de las crisis que se producen en él y que llegan a amenazar todo el orden social. Estamos en el periodo entre las dos guerras mundiales, cuando sistemas políticos totalitarios (el nazismo y el fascismo) llegan al poder como consecuencia del malestar social generalizado ante las crisis económicas recurrentes y cada vez más graves.

La respuesta teórica a estas crisis cíclicas fue ofrecida por John Maynard Keynes (1936), el gran economista británico que estudió la depresión de 1929 y se esforzó en mostrar que la única solución a los problemas cíclicos del capitalismo era una intervención estatal, externa al mercado por tanto. El Estado debía actuar sobre la demanda global de la economía en sentido contracíclico: cuando la economía de mercado entra en una espiral descendente de contracción de la demanda-cierre de empresas-desempleo-mayor contracción de la demanda-cierre de más empresas-mayor desempleo, el Estado debe intervenir para revertir esa espiral, regularmente a través de obras públicas financiadas expandiendo la base monetaria. Esta idea ya venía siendo puesta en práctica por algunos países –particularmente Italia, Alemania y Estados Unidos– con buenos resultados. Tras su teorización por Keynes, se convirtió en el enfoque estándar para controlar las crisis cíclicas del capitalismo; y obviamente cambió la concepción del papel del Estado en la economía.

La experiencia de aquellas décadas tan convulsas y los análisis de Keynes abrieron así paso a un sistema económico que buscaba en la intervención del poder político el necesario complemento al mercado, para encauzarlo y reducir sus disfunciones. La intervención del Estado fue ampliando su alcance conforme asumía otros objetivos macroeconómicos (estabilización del crecimiento, fomento de determinadas industrias, igualación de los ingresos). Es el capitalismo mixto, que parecía llamado a sustituir definitivamente al fracasado capitalismo liberal.

En este capitalismo mixto, la fijación de objetivos y medidas de política económica requiere de una discusión de ética social para guiar las decisiones públicas con mayor impacto económico. Política y economía se experimentan como estrechamente entrelazadas, de manera que resulta a la vez posible y necesario discutir para qué diseño de sociedad y cómo debe utilizarse el poder del Estado en la economía. Las diversas teorías sobre la 'justicia social' tratan de dar respuesta a esas preguntas.

Todavía este modelo se perfeccionará bajo la modalidad del llamado Estado social o Estado de bienestar. A la inspiración keynesiana se une ahora el influjo de otro importante economista de la época, Beveridge. Las tareas principales encomendadas al Estado de bienestar se pueden resumir en las siguientes:

- *Intervención estatal en la economía para mantener el pleno empleo* o, al menos, garantizar un alto nivel de ocupación, siguiendo la revisión teórica de Keynes (Estado intervencionista). Esta línea se desarrollará dando lugar a las políticas con que los gobiernos intentan promover el crecimiento económico y el desarrollo.
- *Participación del Estado como árbitro en la negociación entre trabajo y capital*, a través de diversas formas de comisiones tripartitas (patronal, sindicatos, gobierno), y de la legislación laboral y de seguridad social de los trabajadores.
- *Provisión pública de una serie de servicios sociales universales*, incluyendo transferencias para cubrir necesidades sociales básicas de los ciudadanos en una sociedad compleja y cambiante (por ejemplo, educación, asistencia sanitaria, pensiones, ayudas familiares y vivienda). La universalidad implica que estos servicios sociales están dirigidos a todos los grupos de renta, y que el acceso a ellos no depende de los ingresos del beneficiario (Estado providencia).

Este modelo de capitalismo mixto, y su versión más desarrollada del Estado social, tienen una base común: el reconocimiento de que alguna intervención del poder público es necesaria como complemento del mercado. Su ulterior evolución no solo ha consolidado el modelo, sino que ha incrementado progresivamente la presencia del Estado en la economía. Todo ello se tradujo en una creciente estabilidad de las sociedades desarrolladas tras las crisis del primer tercio del siglo XX y en un fuerte consenso en torno a dicho sistema mixto, incluso en muchos países del Tercer Mundo. Ideológicamente ha correspondido al socialismo democrático, a la socialdemocracia y a la democracia cristiana el papel de legitimación de este nuevo modelo, lo que supuso una pérdida del protagonismo para el liberalismo.

b. Caída del colectivismo y crisis del Estado social

Durante la década de 1980 aconteció una cierta ruptura en ese proceso sostenido de desarrollo del Estado social. Tres hechos catalizaron esa ruptura: el fracaso del colectivismo, el proceso de globalización económica, y la crisis del Estado social.

La fulminante caída del colectivismo (1989) dejó en evidencia la inviabilidad del modelo de economía centralizada con eliminación casi total de los mecanismos de mercado. Algunos la interpretaron como triunfo incuestionable del capitalismo, que justificaba además la vuelta a los planteamientos liberales (Fukuyama 1992). Ciertamente hoy no quedan muchos partidarios del socialismo de planificación central o 'comunismo'. Sin embargo, el debate actual no se sitúa en la disyuntiva entre un modelo de mercado puro y otro de planificación centralizada, sino en hasta dónde dar el protagonismo al mercado en la economía y en qué medida complementarlo con la intervención pública. Se trata más de una cuestión de grado que de elección entre dos alternativas excluyentes. Esa polémica está estrechamente relacionada con otra cuestión hoy también muy discutida: la crisis del Estado social.

Desde finales de los años 70 venía renaciendo en Occidente la ideología liberal en forma de 'neoliberalismo', con nuevas elaboraciones de los viejos conceptos del siglo XIX. El neoliberalismo pretendía ser universalmente válido: no solo para los antiguos países comunistas (en algunos de los cuales se aplicó por un tiempo, particularmente en la Rusia post-comunista, con resultados funestos que exigieron abandonarlo a toda prisa), sino también para los países occidentales desarrollados (a partir de que Margaret Thatcher en Gran Bretaña y Ronald Reagan en Estados Unidos se inspiraran en él), e incluso para el Tercer Mundo (donde fue aplicado en muchos países bajo presión del Fondo Monetario Internacional y del Banco Mundial). Una pretensión de validez tan amplia derivaba de las contradicciones que han minado el Estado social, hasta poner en cuestión su viabilidad.

Es cierto que la crisis del Estado social tiene que ver con la globalización, entre cuyos efectos se cuenta el recorte de la capacidad del Estado para actuar en economía dentro de sus fronteras territoriales. Ahora bien, sin negar estas causas exógenas, hay que reconocer que la crisis del Estado social obedece también a causas endógenas derivadas de un excesivo crecimiento del sector público: alta presión fiscal que llega a ser intolerable para la sociedad; ineficiencia en el uso de los recursos; entorpecimiento de la comunicación entre administraciones y con la sociedad; falta de control de la inmensa maquinaria administrativa; corrupción... Al mismo tiempo se da una peligrosa dicotomía entre sociedad y Estado: a este se le encomienda la gestión de los intereses generales de forma tan exclusiva que los ciudadanos quedan liberados para dedicarse de lleno a sus intereses particulares. Todo ello genera un talante ciudadano sorprendentemente anclado en la reivindicación de sus derechos, pero cada vez más incapacitado para asumir sus deberes.

El Estado social parece, pues, haber entrado en un callejón sin salida. En este contexto se reanima el debate clásico sobre el modelo económico, ya no como opción entre dos alternativas extremas (mercado puro-total planificación), sino como búsqueda de un punto de equilibrio mercado-Estado. Frente a la línea liberal, que propugna liberalizar, desregular, reprivatizar, en una palabra, reducir las dimensiones y las funciones del Estado, otras corrientes abogan por un rediseño del Estado que no renuncie a las grandes conquistas del modelo en materia de equilibrio económico, igualdad social y, como consecuencia, de estabilidad política.

Esta discusión está conociendo un nuevo capítulo a propósito de la crisis económica de 2007. Esa crisis fue generada en el sistema financiero privado, sometido a una supervisión pública deficiente influida por ideas neoliberales. Apenas se hizo esfuerzo por regular los complejos productos derivados cuyo volumen llegó a ser en 2008 diez veces el producto anual total del mundo, por razón de una confianza ideológicamente motivada en la capacidad del mercado para distribuir óptimamente los riesgos. Esa confianza demostró estar mal fundada, como es obvio.

Por una parte, ello ha demostrado la necesidad de un rol más activo de los Estados, no solo cada uno individualmente sino también todos juntos a través de acuerdos multilaterales y organismos internacionales, en el control de los mercados financieros. Muchos piensan además que los Estados deben intervenir en sentido contracíclico, a la manera keynesiana, para evitar que la crisis se torne en depresión. Esa ha sido, desde el comienzo, la aproximación estadounidense a la gestión de la crisis.

Pero, por otra parte, esta crisis generada en el sector privado está profundizando la crisis del Estado social, particularmente en Europa. Para evitar un desplome en cadena del sector financiero, los Estados han debido emplear gigantescas sumas de dinero público, endeudándose hasta comprometer su propia solvencia y quedándose sin recursos para financiar políticas contracíclicas. Situados en una espiral descendente parecida a la que esbozamos arriba a propósito de la depresión de 1929, muchos Estados recaudan menos impuestos pero, además de a los bancos, deben atender a más desempleados y menesterosos. Incurren para todo ello en déficit insostenibles. A fin de controlar tales déficit, se plantean severos recortes de gasto que amenazan al Estado social. Nos hallamos así ante una nueva crisis exógena del Estado social, no generada por sus propias limitaciones sino en los malfuncionamientos del mercado financiero.

Obviamente, hay un elemento de injusticia profunda en todo ello hacia los más pobres, que dependen del Estado social para mantener una integración digna en la sociedad. Conforme ellos ven que los recursos necesarios para sostener las pensiones, la salud y la educación públicas se desvían para cubrir los agujeros del sistema financiero, crece la indignación y se deslegitima peligrosamente el sistema político.

c. Las funciones del Estado en la economía: Un replanteamiento

El término rediseño puede ser útil para redefinir las funciones del Estado en la economía, con tal de que lo entendamos en sentido no solo cuantitativo (en cuyo caso deberíamos hablar meramente de recorte, no de rediseño). Es posible que la actividad del Estado tenga que reducir sus dimensiones, pero ésa no es la cuestión esencial. Lo esencial es coordinar mejor lo que corresponde al Estado y a la iniciativa privada.

En primer lugar, pueden enunciarse dos criterios básicos que han de presidir la actuación económica del Estado:

1º) *El Estado ha de complementar a la sociedad y a la iniciativa privada*, pero nunca desmovilizar a una y otra generando esa cómoda actitud de confiarlo todo a los poderes públicos. Algunos critican al Estado social porque generó una sociedad de derechos (mucha conciencia de los derechos y mucha presión para reivindicarlos), pero remisa a reconocer y asumir sus deberes. Esta es quizás una de las principales lecciones de la crisis del Estado social en las pasadas décadas, crisis que lo condujo casi a su inviabilidad.

2º) *El Estado tiene que orientarse por la búsqueda de un equilibrio entre libertad e igualdad para todos*: garantizar la libertad, sí (como exige el liberalismo de todos los tiempos), pero procurando que sea libertad para todos y, por tanto, que haya una igualdad sustancial, al menos como igualdad de oportunidades.

Respecto a las tareas del Estado en este marco se pueden hacer las siguientes indicaciones:

1ª) Ante todo *el Estado tiene que compensar las deficiencias del mercado*, ya sean aquellas que le son sustanciales (no atiende ni a los bienes públicos ni a la demanda insolvente, y puede crear malfuncionamientos cíclicos como burbujas y recesiones), ya las derivadas de la falta de igualdad de los participantes (circunstancia común a casi todos los mercados reales). Esto exige una tarea de regulación, que restrinja los márgenes de la libertad de los agentes en aras de un nivel mínimo de igualdad.

2ª) *El Estado debe garantizar los derechos sociales*, poniendo los medios para que los ciudadanos puedan disfrutar de ellos: derecho al trabajo, a la educación, a una vivienda digna, a la salud, por citar los más importantes. Esta es una de las grandes conquistas de la humanidad a lo largo del siglo XX, expresión institucionalizada del principio básico de solidaridad. A tal conquista no se puede renunciar, aunque quede siempre la cuestión más concreta de determinar con exactitud el alcance de esos derechos en cada sociedad, dependiendo de sus tradiciones, sus recursos económicos, la presión fiscal que está dispuesta a soportar y la voluntad política de sus ciudadanos.

3ª) Las tareas mencionadas tienen por objeto *la orientación general de la economía y una cierta redistribución de recursos* que corrija la distribución (insuficiente por desigual) que hace el mercado. Más problemático es atribuir al Estado funciones directamente productivas, que en otros tiempos sí le fueron encomendadas alegando motivos como la seguridad del territorio, la promoción del desarrollo, o el tratarse de bienes y servicios esenciales, no lucrativos y/o estratégicos. Desde hace dos décadas, los Estados tienden a descargarse de estas tareas, aunque manteniendo algún tipo de control cuando se trata de sectores estratégicos o donde no es posible un mercado realmente competitivo (por ejemplo, en España está fuertemente regulado el sector eléctrico).

Para realizar estas tareas se usan las políticas económicas, cuya dimensión ética, como ya hemos notado, es innegable (en ellas se opta por prioridades que orientan la economía de un país, y por tanto las oportunidades de sus habitantes). Esas políticas presuponen que la sociedad, a través de sus organizaciones y sus representantes políticos, está en condiciones de formular objetivos de interés general. Tal posibilidad es negada por los autores neoliberales para sociedades complejas: solo sociedades primitivas muy simples estarían capacitadas para darse unos objetivos realmente comunes a todos sus miembros (Hayek 1989). El carácter previsor del ser humano, su capacidad de adelantarse al futuro y hacer proyectos, que es expresión de su racionalidad, no es extrapolable a la sociedad: el individualismo liberal, llevado a sus últimas consecuencias, hace imposible una idea de sociedad más allá de la mera suma de los individuos que la componen. Las consecuencias de esto son graves: al negarse la posibilidad de formular objetivos colectivos, no queda más remedio que resignarse ante los resultados del libre juego de los intereses particulares en el mercado.

Para concluir esta síntesis sobre las funciones económicas del Estado, hay que recordar el principio de subsidiaridad, una vieja fórmula de los tratados de ética que ha recobrado actualidad a raíz de los debates para la construcción europea. Según él, en una sociedad debidamente estructurada, las instancias de nivel más alto no deben hacer aquello que las de nivel inferior están capacitadas para realizar, sino que deben concentrarse en lo que no puede hacerse en los niveles inferiores. En concreto, el Estado debe asumir lo que las organizaciones y los grupos sociales no pueden realizar convenientemente, pero debe dejar a estos todo lo que ellos puedan hacer. Una consecuencia de este principio, que pretende un equilibrio en la sociedad para que a cada instancia le sea respetado su campo de acción, es que el Estado no tendrá que hacer directamente lo que en todo caso debe ser garantizado por él, cuando existan iniciativas sociales que lo realicen adecuadamente. Si se entiende así la subsidiaridad, se descarga al Estado de tareas que complican su funcionamiento, pero al mismo tiempo se favorece la movilización de la sociedad: en todo caso corresponde al Estado la responsabilidad de establecer el marco en que todas esas actividades surgidas de la sociedad encuentran su sentido y su coherencia.

Naturalmente, cuando una instancia social no está en capacidad de abordar ciertas cuestiones que la rebasan, el principio de subsidiaridad pide una instancia más alta, más extensa y con mayor poder, para que la acción colectiva siga siendo posible sobre esos problemas y la sociedad no quede indefensa. La globalización plantea desafíos económicos (piénsese en el sistema financiero), sociales (por ejemplo, las migraciones) y medioambientales (como el calentamiento global) que hacen cada vez más patente la necesidad de formas políticas regionales y mundiales, capaces de llegar con efectividad donde los Estados nacionales no pueden.

Por desgracia es muy difícil encontrar ese punto de equilibrio a que invita el principio de subsidiaridad. La praxis del Estado contemporáneo ha venido marcada por una insaciable voracidad fiscal, frecuentemente acompañada por falta de rigor y transparencia en la utilización de los fondos públicos, cuando no de prácticas abiertamente corruptas. Todo esto puede estar relacionado con la complejidad de una administración pública tan desarrollada, pero tiene que ver también con la pugna electoralista por conseguir votos mediante promesas de más gastos. Es esta una trampa de la democracia, que algunos autores han denunciado.

Por eso el debate actual sobre el rediseño del Estado es oportuno, para superar los excesos que se han acumulado sobre él en la fase de expansión del Estado social sin 'tirar el niño junto con el agua de lavarlo', esto es, preservando sus funciones básicas de garante de la estabilidad económica y de la igualdad social de oportunidades.

9.3. Coordenadas básicas de una ética fiscal

A la vista de todo lo dicho sobre las funciones económicas del Estado, es imprescindible plantearse la cuestión de los recursos para financiarlas. Evidentemente tales recursos deben ser transferidos desde la sociedad. Desde el momento en que hemos excluido de la administración pública las tareas estrictamente productivas y de creación de riqueza, estamos aceptando que los recursos necesarios para cumplir sus funciones han de proceder de la sociedad y, más particularmente, del sector productivo.

Esto es tan evidente, que la existencia misma del sistema fiscal apenas exige justificación, así como tampoco la obligación de la sociedad, de los ciudadanos y de las instituciones, de contribuir mediante el pago de los impuestos. Pero todavía deben discutirse dos aspectos: los criterios para distribuir la carga fiscal entre los distintos agentes sociales; y si el volumen total de recursos absorbidos por el Estado no ha crecido más allá de lo razonable conforme asumía más y más funciones.

a. Principios éticos para la distribución de la carga fiscal

Comenzando por la distribución, el debate histórico sobre los criterios más adecuados ha sido largo y prolijo. Dicho debate puede sintetizarse en torno a cuatro criterios sucesivos:

1º) *La equivalencia entre lo que se da y lo que se recibe*. Cada ciudadano debería pagar según el valor de los servicios que recibe del Estado. Esta idea puede ser excluida sin mucha discusión: constituye un criterio de justicia conmutativa adecuado para el mercado, mientras que es específico del Estado no funcionar según la ley de los intercambios equivalentes, sino según el criterio de la equidad para con ciudadanos iguales: a ningún ciudadano se le debe pedir capacidad contributiva para beneficiarse de las prestaciones básicas del Estado. Si se hiciera, los servicios del Estado (incluso aquellos que los liberales reconocen, como la seguridad y la justicia) dejarían de ser universales.

2º) *Igual contribución de cada ciudadano*. Se basa en la idea de que con los impuestos no se paga tanto un servicio concreto como un servicio global. Si se considera que este servicio es igual para todos, cabría proponer que todos los ciudadanos pagasen lo mismo por él: una aportación igual de cada contribuyente. Este criterio tiene la ventaja de su simplicidad (una cantidad fija e igual para todos), que contrasta con la complejidad de nuestros impuestos. Sin embargo, existen razones de peso para renunciar a él: la principal es que no atiende a la distinta situación de los ciudadanos y a su capacidad real de contribuir.

3º) *El principio de la capacidad de pago*. Según él, la contribución sería proporcional a la capacidad económica de cada sujeto tributario, medida esta en términos de renta o de riqueza. Quienes más tienen o más ganan pagarían impuestos más altos: a igual capacidad, igual contribución. Esto implica la misma tasa impositiva para todos los ciudadanos. Ello parece más justo que los criterios anteriores, pero todavía ignora que el esfuerzo real de desprenderse, digamos, del 40% de su renta, es mayor para los más pobres que para los más adinerados.

4º) *El principio de igual esfuerzo*. Parte del convencimiento de que la contribución proporcional supone un sacrificio mayor para el contribuyente de menor capacidad de pago, aunque este pague menos que el de ingresos superiores en términos absolutos. Si se opta, en cambio, por que el pago de los impuestos suponga el mismo esfuerzo fiscal para todos (cociente entre la tasa impositiva que grava a cada uno y su renta bruta), entonces hay que implantar un sistema tributario progresivo, es decir, en el que la cuantía del tributo crezca más que proporcionalmente a la capacidad de pago de los contribuyentes.

La progresividad impositiva implica reconocer al Estado una mayor función de redistribución de la renta que en cualquiera de los otros esquemas. El resultado será una reducción del abanico de rentas: antes de pagar los impuestos las diferencias entre las rentas más altas y las más bajas es mayor que después de pagarlos y una vez que se reciben los servicios que el Estado presta a los ciudadanos (los cuales equivalen a transferencias de renta en especie).

Esta dimensión redistributiva del sistema impositivo debe compaginarse con la función recaudatoria, porque el Estado, independientemente de cómo reparta la carga, necesita obtener una cantidad de recursos suficiente para hacer frente a sus responsabilidades y tareas. Aceptada, entonces, la progresividad impositiva como el criterio ético más adecuado para determinar la aportación de los distintos agentes sociales y económicos, todavía es preciso combinarla con la eficacia recaudatoria.

La progresividad es más fácil de realizar a través de impuestos directos generales (impuestos al ingreso o al patrimonio); pero los indirectos (impuestos al consumo como el IVA) resultan considerablemente más fáciles de recaudar y fiscalizar. Mantener el equilibrio entre progresividad y eficacia recaudatoria requiere combinarlos inteligentemente hasta cubrir las necesidades del Estado. Los esquemas tributarios resultantes han llegado a ser muy complejos, difíciles de entender y evaluar por parte de los ciudadanos.

Ello se agrava porque los gobiernos han buscado en la diversificación de los impuestos una vía para suavizar la percepción de la carga fiscal por parte de la sociedad. Esta diversificación ofrece sin duda nuevas oportunidades para aplicar la progresividad, pero también oscurece el debate y dificulta el consenso en torno a la progresividad efectiva del sistema y, por tanto, a la equidad de este. Un sistema más sencillo reduciría costes de gestión, disminuiría las ocasiones de evasión y de fraude, y facilitaría su control democrático, lo que en sí mismo ya sería deseable.

b. Tendencias impositivas

Partiendo de este hecho de la complejidad de los sistemas fiscales contemporáneos, varias circunstancias están orientando hoy la distribución de la carga tributaria hacia los trabajadores-consumidores:

1. Hemos dicho que el grado de progresividad del sistema fiscal está en función del peso relativo de los impuestos directos de carácter general. Entre ellos se cuentan los que gravan las rentas de las personas físicas y de las sociedades. Sin embargo, las necesidades recaudatorias de los gobiernos han obligado a estos a incrementar la proporción de los impuestos indirectos (que el contribuyente percibe menos), lo que reduce las posibilidades de progresividad.
2. Este problema se agrava por la fuerte competencia internacional de la economía globalizada, que discrimina a las empresas instaladas en los países con mayor presión fiscal. Los gobiernos se ven obligados así a desviar la presión fiscal hacia los sectores o colectivos donde esa competencia sea menos efectiva. Por tal razón algunos llegan a proponer que las empresas queden liberadas de toda imposición directa, para no dañar su competitividad internacional: eso supondría concentrar en las rentas personales, sean del trabajo o del capital, toda la imposición directa. Se garantizaría así que el sector productivo aporte al Estado los recursos necesarios para ejercer sus funciones en beneficio de la sociedad, pero al precio de un incremento de la presión fiscal sobre las rentas personales que la sociedad difícilmente soportaría.
3. También hay dificultades cada vez mayores para mantener el equilibrio entre la fiscalidad que afecta al trabajo y la que afecta al capital. Y es que la liberalización de los mercados

de capital hoy (que no tiene equivalencia en los mercados de trabajo) y la mayor movilidad del capital con relación al trabajo, permiten al capital emigrar allá donde la presión fiscal es menor. En consecuencia, si un gobierno no quiere ahuyentar los capitales, no tendrá más opción que reducir el gravamen sobre ellos. Y no es raro entonces que la alternativa sea la de aumentar la imposición sobre el trabajo, con objeto de que se mantenga el monto total de la recaudación. La presión fiscal se desplaza así del capital hacia el trabajo.

Como consecuencia de esas tres circunstancias, la imposición directa tiende a concentrarse cada vez más en los impuestos sobre el trabajo. A la hora de la verdad, encontramos en Europa y Estados Unidos sistemas tributarios progresivos hasta las rentas altas del trabajo, y fuertemente regresivos en adelante, en los niveles de ingreso donde se concentran las rentas personales del capital. Las grandes fortunas soportan a menudo presiones fiscales muy inferiores a las de los profesionales asalariados.

Por otro lado, tampoco existe hoy un consenso claro en torno a la distribución entre impuestos directos e indirectos. Si durante la época de desarrollo del Estado social fue incrementándose la proporción de los primeros sobre los segundos (como medio para garantizar la progresividad del sistema), hoy se observa la tendencia opuesta: son los impuestos indirectos los que aumentan, es decir, no los que gravan la renta percibida, sino la renta gastada.

Ahora bien, estos tributos, al gravar cada acto de compra por separado, ignoran la situación de cada consumidor. Por eso se consideran regresivos, sobre todo aquellos que pechan los bienes más necesarios: el sacrificio que implica su pago se incrementa a medida que desciende la renta de que dispone el consumidor.

Las razones para mantener la imposición indirecta son variadas: las necesidades recaudatorias del Estado, la conveniencia de diversificar las fuentes impositivas, las ventajas de distribuir mejor la recaudación a lo largo del año, la mayor facilidad de fiscalización, etc. Por eso se mantienen, a pesar de su carácter regresivo.

Además, en las últimas décadas se valora menos la progresividad. Cada vez que el Estado debe subir los impuestos para cuadrar las cuentas, se tiende a incrementar la contribución indirecta, que afecta menos al sector productivo (particularmente al sector exportador; quienes producen para el mercado interno ven reducirse la demanda de sus productos por causa de los impuestos indirectos). Este menor interés por la progresividad es coherente con un enfoque liberal de la economía que prioriza el crecimiento y la creación de empleo a cargo de la iniciativa privada, lo que requiere favorecer el ahorro y la inversión privada en el mercado.

Con esto vemos que el debate sobre la progresividad impositiva remite, a fin de cuentas, al debate sobre el modelo económico deseable: un modelo que confíe esencialmente en el mercado y ponga todo el acento en el crecimiento económico; o un modelo que atienda más a la distribución del producto a través de la intervención de los poderes públicos. Según hemos señalado, al menos en Europa este es un debate de grado, no de alternativas estrictas. En todo caso nos encontramos dentro de un modelo mixto, que no se contenta con el crecimiento ni confía en que sus frutos se distribuirán automáticamente de forma equitativa.

c. El monto total de la recaudación tributaria y su gestión pública

Estas observaciones son suficientes para comprender la complejidad del sistema fiscal, las dificultades para mantener su carácter progresivo y los problemas que plantea su aplicación. A ello hay que añadir ahora otra variable esencial: la cuantía total de la recaudación. Esta vendrá condicionada, ante todo, por el número y magnitud de las tareas que el Estado asuma para satisfacer necesidades de la sociedad. Sabemos que, en el modelo de Estado social, dichas tareas se han incrementado elevando consiguientemente la presión fiscal. Por ejemplo, en España la presión fiscal era de 14,7% del PIB en 1965 y de 35,9% del PIB en 2005. En el mismo periodo, la presión fiscal promedio de los países de la UE-15 subió del 27,8% al 40,2% del PIB (Eurostat 2012). Evidentemente, las repercusiones fiscales de las medidas tomadas a partir de 2008 para salvar bancos y atender a los desempleados por la crisis, van en la dirección de aumentar esa presión: en la mayor parte de los países europeos, los impuestos crecen más deprisa que el producto (el cual en algunos países ha decrecido, de hecho).

En el fondo estamos ante una cuestión de cultura social y de voluntad política: ¿qué necesidades humanas deben ser cubiertas con fondos públicos? ¿Hasta qué nivel concretamente? ¿Cómo se entiende, entonces, la tarea del Estado de hacer realidad los derechos sociales? ¿Qué capacidad de soportar impuestos tiene la sociedad y la empresa? ¿Qué conciencia existe entre los ciudadanos de que todo el sistema fiscal es una forma de institucionalizar la solidaridad en la sociedad? Todas estas son cuestiones de profundo calado ético que una sociedad no debe obviar.

El consenso frente a estas preguntas se ha venido erosionando en las últimas décadas: tras una etapa en que los ciudadanos exigían nuevas prestaciones del sector público pero permitiendo el incremento correspondiente de los impuestos, hemos llegado a un punto en que se reprocha al Estado haber ido demasiado lejos, ahogar al sector privado por los recursos que le retira, y desmovilizar a la sociedad fomentando cierto parasitismo social. Esta situación invita a un debate público y político renovado, para corregir indudables excesos de los gobiernos, muchas veces movidos por presiones electoralistas y luchas entre partidos, pero atendiendo también al objetivo central del modelo social europeo: poner las condiciones básicas de una igualdad de oportunidades en la sociedad.

Este debate se complica por el juicio tan negativo que merece a la opinión pública la administración de los recursos por el sector público. Al Estado se le acusa de gigantismo: en España el número de empleados públicos pasó de 1,3 millones en 1976 a 3,2 millones en 2010 (Sevillano 2012), lo que supone que cada ciudadano debe mantener a doble número de empleados públicos. Se le reprocha también su falta de transparencia, derivada de su complejidad, burocratización y de la proliferación de leyes y reglamentos a menudo incongruentes entre sí. Y finalmente, la población resiente los casos cada vez más numerosos de corrupción. El resultado es una percepción de ineficacia de la gestión pública, que a veces se contrapone a la eficiencia de la iniciativa privada. Esta contraposición debe ser manejada con cautela para no simplificar en exceso, porque también en el sector privado abundan las ineficiencias, los escándalos y las conductas inaceptables, como la crisis de 2007 ha venido revelando.

En todo caso, los problemas de una administración pública hiperdesarrollada no pueden ignorarse. Sus consecuencias son de enorme gravedad: debilitan la voluntad contributiva del ciudadano, justifican cualquier práctica de evasión de impuestos, reducen la credibilidad de los gobernantes, y ponen en peligro la misma legitimidad del sistema democrático. Ante estos hechos, tan reales, es difícil exagerar la responsabilidad de la clase política en general y de los gobiernos en particular, pero también de la sociedad civil en su tarea ineludible de controlar a los poderes políticos. Porque, en última instancia, la calidad ética del Estado deriva de la calidad ética de la sociedad y sus organizaciones civiles, entre las que se cuentan las empresas.

9.4. La relación de la empresa con el Estado

Para sistematizar la relación de las empresas con las administraciones públicas, podemos pensar en términos de 'empresa ciudadana', esto es, la empresa que actúa como un buen ciudadano corporativo dentro de las sociedades en las que opera. ¿Cuáles son los deberes básicos de este buen ciudadano, adecuados a su naturaleza de organización económica con fines de lucro? Veámoslos en un orden semejante al de los deberes de cualquier ciudadano:

a. Reconocer y cumplir la ley democrática

Sobre la relación entre ética y legalidad civil ya hemos hablado en capítulos anteriores. Aquí bastará notar que la ley debe cuidar el interés general, el cual no necesariamente coincide con el interés particular de cada empresa. Resultaría muy sospechoso que la ley fuera siempre en la dirección más conveniente para el empresariado: sería señal de que consagra y reproduce un desequilibrio de intereses entre capital y trabajo, empresa y consumidores, empresa y medio ambiente, etc. Probablemente se trataría de una ley injusta.

Cumplir la ley no significa que cada empresa, cada industria, o el conjunto del empresariado, deban estar contentos con la legislación vigente. Basta con que respeten en su letra y su intención, como indicamos al hablar del principio de legalidad, sin intentar eludirla usando el poder o la capacidad económica del capital. En una sociedad democrática, el descontento no se expresa a través del incumplimiento de la ley, sino de la participación política para modificarla en el sentido deseado. Y, ciertamente, tanto las asociaciones empresariales como muchos empresarios individuales desarrollan una vida política intensa.

Las condiciones éticas de esa participación política pueden resumirse en dos:

- *La argumentación de las posiciones empresariales debe hacerse en nombre del bien general de la sociedad.* Como nodos de relaciones de cooperación social que son, las empresas aportan mucho a la sociedad; según hemos visto, no solo en términos económicos sino en general como posibilitadoras de proyectos humanizadores de todos sus *stakeholders*. Por supuesto, la visión del bien común que las empresas tengan puede ser diferente a la de otros actores sociales (digamos, los sindicatos o las ONG). Eso es precisamente lo que alimenta el debate democrático, cuyo foco consiste en determinar qué resulta realmente mejor para la sociedad. Pero aquellas propuestas legislativas que no puedan ser defendidas razonablemente en nombre del bien general de la sociedad, no deberían ser promovidas por las empresas (ni por ningún otro actor social). De acuerdo a lo expuesto en el capítulo 8, ello ocurriría, por ejemplo, con iniciativas de cambios legales tendentes a restringir la competencia en el mercado.
- *La participación política empresarial debe respetar el derecho a participar de otros actores sociales.* Esta es la clave de la política democrática, así que no necesita mucha justificación. Pero cuando uno se involucra en la competencia política desde intereses bien definidos y con medios poderosos, hay siempre un riesgo de utilizar ese poder para silenciar a la contraparte o ganar ventajas no nacidas del juego democrático. Algunas maneras en que algunas empresas han sido acusadas de hacer esto, son: (i) corromper gobiernos de países con débil institucionalidad democrática, o cambiarlos promoviendo

golpes de Estado; (ii) utilizar el financiamiento de los partidos políticos y las ofertas personales a gobernantes, parlamentarios y jueces; (iii) vetar o limitar el acceso a los grandes medios privados de comunicación a movimientos sociales y políticos contrarios a los intereses empresariales; (iv) sobornar (o eliminar) a dirigentes de esos movimientos cuando amenazaban llegar a ser efectivos; (v) introducir personas de hecho vinculadas a intereses empresariales en importantes cargos de decisión (técnicos o políticos) de las administraciones públicas.

Bajo las dos condiciones éticas fundamentales que preceden, y evitando las tentaciones correspondientes, la vía política está éticamente abierta para que también las empresas influyan el proceso legislativo democrático.

b. Respetar la integridad del Estado y sus funcionarios

La corrupción administrativa (en que agentes privados realizan pagos 'extraoficiales' a funcionarios públicos) constituye un poderoso destructor de la eficacia y la legitimidad del Estado. Como del Estado depende buena parte del bien general de la sociedad, corromper a funcionarios u organismos públicos debe merecer un juicio más severo que la mera corrupción que ocurre dentro del sector privado, de la que nos ocupamos en el capítulo 8.

El terreno resulta a menudo resbaladizo desde el punto de vista ético para las empresas que compiten por contratos públicos, deben obtener licencias del Estado para operar, o están sometidas a algún tipo de regulación económica (por ejemplo, controles de precios o de divisas). No es raro que el problema trascienda a la debilidad moral de un empleado público concreto que extorsiona a la empresa o se manifiesta dispuesto a 'agilizar' el trámite por un dinerito. A veces, algún tipo de pago 'extraoficial' a funcionarios es consuetudinario en todo un sector, de manera que quien no paga tiene pocas posibilidades de seguir en él. Puede ocurrir incluso que forme parte de una cultura social de 'compartir' los beneficios con quien nos ayuda a obtenerlos... a costa, obviamente, del conjunto de la ciudadanía, que ve encarecerse los bienes públicos y descomponerse las instituciones (Tanzi 1998).

Este tipo de prácticas no son raras ni siquiera en Europa, pero resultan más comunes en muchas regiones del Tercer Mundo, por lo que afectan también a las empresas occidentales conforme estas se internacionalizan. Para tratar con los aspectos 'informales' del negocio, es frecuente que estas empresas empleen gestores locales que pasan minutas desproporcionadas en las que van incluidos sobornos, pagos de extorsiones, y otros desembolsos difíciles de clasificar y justificar. Tratan con ello de eludir las duras legislaciones contra la corrupción empresarial en el extranjero que algunos países, como Alemania o Estados Unidos, han promulgado, en buena coherencia con el enfoque de construcción institucional que dan a su ayuda al desarrollo.

Sea cual sea el contexto de negocios, los conceptos y criterios que propusimos en el capítulo 8 para la corrupción dentro de las empresas se aplican igualmente a la corrupción administrativa. Respetar la integridad del Estado y sus funcionarios, plantearse el pagar solo cuando uno es indiscutiblemente la víctima de una extorsión y no el generador de la corrupción, y, si es necesario, hacerlo solo en los términos que allí discutimos, constituyen obligaciones éticas de las empresas.

c. *Pagar los impuestos y contribuciones*

Como buen ciudadano, la empresa debe pagar los impuestos que le correspondan según la ley. Esto debe ser obvio a partir de lo discutido en epígrafes anteriores sobre la fiscalidad. Además, sobre la empresa recaen algunas contribuciones específicas, de las cuales las más importantes derivan de las leyes laborales y financian parcialmente la seguridad social de los trabajadores.

Evidentemente, tanto impuestos como contribuciones pesan sobre los costes de la empresa, por lo que en principio disminuyen su competitividad frente a compañías de otros países con menor presión fiscal. Sin embargo, al mismo tiempo, financian bienes y servicios públicos de los que también se beneficia la empresa. Más aún, si son bien administrados por el Estado, contribuyen al desarrollo social, el equilibrio económico y la estabilidad política de la sociedad. Como la empresa no deriva su competitividad únicamente de los costes, sino también del respaldo que recibe de sus diversos *stakeholders*, una sociedad más desarrollada y armónica, aunque resulte más cara, puede ofrecer a las empresas un soporte más eficaz en la competencia internacional. Ello explica la paradoja de que algunas de las compañías más competitivas del mundo nacieron y se desarrollaron, hasta el momento de su internacionalización, en países de alta presión fiscal como los del norte de Europa.

El gasto público en servicios no debe ser conceptuado todo él como consumo final. Si se hace bien, posee un componente importante de inversión social capaz de rendir frutos económicos cuando es aprovechada por las empresas. Piénsese, por ejemplo, en las ventajas para el tejido productivo de una educación pública de calidad y de una salud pública que promueva la vitalidad física e intelectual de los trabajadores.

Se trata, en último término, de hallar un equilibrio adecuado entre carga fiscal sobre las empresas, por una parte; y bienes públicos de los cuales las empresas también extraen competitividad, por otra. Exprimir a las empresas en nombre del bien social hasta debilitarlas, acabaría privando a la sociedad de su principal instrumento productivo. Por el contrario, escatimar el financiamiento de los bienes públicos fundamentales para fomentar el desarrollo empresarial, acabaría privando a las empresas de la base social sólida que precisamente necesitan para desarrollarse.

d. Colaborar activamente con el Estado en la promoción del bien público

Una empresa que opere de manera eficiente en lo económico, inteligente en lo ético, y respetando la competencia del mercado, contribuye con ello ya al interés público. Por su eficiencia económica, ayuda a optimizar lo que la sociedad puede hacer con los recursos disponibles en cada momento; en virtud de su inteligencia ética, acierta a equilibrar los intereses de todos los *stakeholders* generando así más cooperación social; y por su respeto de la competencia fomenta la innovación y la libertad de elegir, que constituyen en último término un patrimonio social.

Sin embargo, el concepto de 'empresa ciudadana' va un paso más allá de esta contribución al bien común y del cumplimiento de los deberes legales que hemos enumerado en este mismo epígrafe. Incluye una preocupación explícita y concretada en la operación de la empresa de ayudar al Estado promoviendo los bienes públicos sobre los que se asienta la convivencia.

En efecto, la empresa –como toda institución social, y con más razón incluso, dado su peso específico en la sociedad– no solo debe reconocer pasivamente al Estado esa función de velar por los intereses generales de la sociedad, sino que debe contribuir activamente a ellos. Es correcto en principio distinguir entre lo público y lo privado, o entre intereses generales e intereses particulares. Lo que no resulta tan correcto es atribuir toda responsabilidad sobre lo público exclusivamente al Estado, eximiendo al sector privado y a la sociedad de cualquier función en este campo: tal postura, favorecida quizás por el desarrollo del Estado social, ha terminado por volverse contra él problematizando su viabilidad y agravando su crisis. Es importante, entonces, recordar aquí lo dicho más arriba sobre la subsidiaridad del Estado, que le obliga, no a hacerlo todo (todo lo que corresponde a su función de velar por los intereses generales), sino a garantizar que todo se haga.

Las empresas, en virtud de la relevancia social y del poder que han venido adquiriendo, constituyen socios imprescindibles del Estado en la tarea de producir el bien general. El Estado debe invitarlas a ello, y ellas deben aceptar la invitación como buenas ciudadanas.

9.5. Conclusión: Un talante ético de la relación con las administraciones públicas

Podemos condensar lo discutido en este capítulo extrayendo algunas ideas sobre la inspiración ética que ha de regir esas relaciones:

- Una empresa inteligente desde el punto de vista ético reconoce el vínculo constitutivo entre su propio bien y el del tejido social sobre el que se asienta.
- Por ello, la empresa ha de reconocer y aceptar la función del Estado de velar por los intereses generales de la sociedad, admitiendo que en ocasiones estos entrarán en conflicto con los intereses particulares de la empresa, a corto plazo.

- La empresa puede entenderse a sí misma como un actor en el proceso legislativo, siempre que su actuación sea en verdad democrática: encaminada a promover una visión razonable del bien común, y respetuosa de los demás actores sociales presentes.
- Reconocer la misión social del Estado implica aceptar su competencia para cobrar impuestos con los que financiar el cumplimiento de esa misión, sin ver en ello un mero obstáculo a la actividad productiva y empresarial.
- E implica también asumir que la empresa privada será una fuente principal de los recursos del Estado, que en otro caso comportarían un carga fiscal insoportable para las rentas personales.
- Las contribuciones sociales que la empresa ha de liquidar deben ser vistas como una colaboración al mantenimiento del Estado social y una garantía de los derechos sociales, lo que no impide combatir los efectos perniciosos de estos derechos cuando son mal entendidos por sus beneficiarios.
- El cumplimiento de las normas fiscales debe verse también desde la perspectiva de la competencia entre empresas, puesto que el fraude o la evasión en el pago de impuestos o de cotizaciones sociales constituye un atentado contra la competencia leal: ahora bien, la frecuencia de esas prácticas por parte de otras empresas no debe ser una justificación para imitarlas, sino un acicate para combatirlas en las instancias competentes.
- La empresa debe apreciar el enorme valor social de la igualdad de todos los ciudadanos ante la ley y de la existencia de instituciones públicas de buena calidad moral. Por ese motivo, se abstendrá de cualquier forma de corrupción administrativa que implique una contribución de la empresa a destruir la calidad moral de las instituciones.
- Como síntesis final, la preocupación efectiva por los intereses generales de la sociedad es también responsabilidad de la empresa. Aunque la persecución de dichos intereses no constituya su tarea primaria y específica, le corresponde no atentar directamente contra ellos y apoyarlos indirectamente,

sin excluir el llegar a asumirlos a veces como propios en colaboración con el Estado.

Para pensar y discutir

1. La siguiente tabla recoge los datos de EUROSTAT sobre presión fiscal (porcentaje del producto interno recaudado en impuestos) para 2010 en algunos países de nuestro entorno:

Unión Europea (27 países)	39.6	España	32.9
Área Euro	40.3	Holanda	39.5
Bélgica	46.4	Austria	43.7
Bulgaria	27.4	Polonia	31.8
Dinamarca	48.5	Portugal	34.8
Alemania	39.5	Rumanía	28.1
Irlanda	29.8	Finlandia	42.3
Grecia	33.2	Suecia	46.3
Francia	44.5	Reino Unido	37.4
Italia	42.6	Noruega	42.9

¿Notas alguna relación entre grado de desarrollo y presión fiscal? ¿Y entre competitividad internacional de las empresas del respectivo país y presión fiscal? A la vista de lo discutido en el capítulo, ¿qué tipos de opciones éticas de cada país crees que hay detrás de esas diferencias? Responde esa pregunta en especial para los países que conozcas directamente.

2. ¿Cómo es, a grandes rasgos, el sistema impositivo de tu país? ¿Te parece justo o injusto? ¿Por qué? ¿En qué aspectos lo mejorarías para que reflejara mejor los principios éticos y las restricciones prácticas que hemos expuesto en este capítulo?

3. Busca en internet información sobre el proceso a la empresa Siemens en Alemania (año 2007) bajo la ley que persigue la corrupción de empresas alemanas en el extranjero. Reúne los hechos, prestando especial atención a la actuación de la empresa en Argentina. ¿Qué consecuencias económicas tu-

vo para ese país? ¿Qué consecuencias políticas crees que se pudieron derivar para la legitimidad de las autoridades argentinas? ¿Cómo afectó la actuación de Siemens a la competencia internacional? ¿Quién crees que, en un caso como ese, tiene más responsabilidad moral, independientemente de los aspectos legales: el corruptor o el corrompido?

4. ¿Puedes poner ejemplos de empresas explícita y consistentemente comprometidas en la colaboración con el Estado para promover el bien general? ¿Cómo realizan esa colaboración? ¿Cómo la coordinan con la acción del Estado?

Capítulo 10
La empresa
y el medio ambiente

10.1. Introducción

Los problemas relativos al medio ambiente son hoy innumerables. La sensibilidad hacia ellos está en aumento. Pero la ética del medio ambiente está haciéndose. Por tanto, su aplicación al mundo de la empresa está aún más 'en mantillas'.

Comenzaremos recordando las etapas de esta sensibilización mundial hacia cuestiones medioambientales. Continuaremos con una breve descripción panorámica que intente sistematizar los problemas más importantes. Ofreceremos a continuación los principales enfoques que se han dado a la ética ecológica y estudiaremos algunas de sus aplicaciones a la empresa. Por último, nos detendremos en los planteamientos más radicales de la ética ecológica, que expresan el alcance de esta nueva sensibilidad y ponen de relieve problemas importantes de la economía en el momento actual.

10.2. Hacia una sensibilización en temas medioambientales

La historia de esta sensibilización comienza cuando la humanidad cobra conciencia de que los recursos naturales no renovables, o incluso renovables (por ejemplo, los productos agrícolas), pueden llegar a ser insuficientes para responder a las necesidades de todos los habitantes del planeta. Tal insuficiencia viene determinada por dos fenómenos de nuestro tiempo: el rápido crecimiento demográfico mundial y el modelo de desarrollo económico que se ha impuesto.

Respecto a la población mundial, baste decir que en último siglo ha crecido a un ritmo hasta entonces desconocido, como consecuencia de la reducción de las tasas de mortalidad infantil y del aumento de la esperanza de vida. Con unos simples datos se podrá comprobar. Se estima que nuestra especie existe desde hace unos 150.000 años, pero solo hacia el año 1800 la población llegó a los 1.000 millones de habitantes. A partir de entonces el crecimiento es espectacular (INED 2012):

- Se tarda unos 127 años en llegar a los 2.000 millones (1927).
- Se tarda unos 33 años en llegar a los 3.000 millones (1960).
- Se tarda 14 años en llegar a los 4.000 millones (1974).
- Se tarda 13 años en llegar a los 5.000 millones (1987).
- Se tarda 12 años en llegar a los 6.000 millones (1999).
- Se tarda otros 12 años en llegar a los 7.000 millones (2011).

Como es obvio por la serie anterior, la tasa de crecimiento se está reduciendo desde mediados de la década de 1980. Las predicciones de Naciones Unidas han tenido que ser corregidas varias veces, por lo general a la baja. En 2011, su *World Population Prospects* estimaba en el escenario medio una población de 9.306 millones de habitantes en 2050 y de 10.125 millones en 2100.

El modelo económico vigente, por su parte, implica un alto nivel de utilización de recursos naturales, tanto renovables como no renovables. Se trata de un modelo que radicaliza el valor de la capacidad del ser humano para dominar la naturaleza, sin considerar bien los posibles daños irreparables que esta puede sufrir. Por otra parte, para mantener el ritmo de crecimiento económico se estimula fuertemente la demanda de objetos de consumo físicos y de energía, lo que tiene un impacto medioambiental alto. Si a esto se añade la aspiración, lícita y comprensible, de los países en vías de desarrollo de alcanzar un bienestar semejante al de los países desarrollados, debemos preguntarnos si el planeta resistirá a esta presión sobre sus recursos.

Todas estas cuestiones han sido objeto de recientes debates para procurar concretar el alcance real de tales amenazas. Si en lo demográfico la alarma parece reducirse porque los datos apuntan a un cambio de tendencia, no ocurre lo mismo con el deterioro del medio ambiente y el temor al agotamiento de los recursos. Algunos hitos importantes de este proceso de sensibilización son los que recorremos a continuación.

a. Informe al Club de Roma: Los límites del crecimiento (1971)

Ya en 1968 la preocupación de un grupo de personalidades de todo el planeta por estos grandes problemas que amenazaban a la humanidad dio origen a una institución que ha ganado indudable protagonismo en estas cuestiones: el Club de Roma. Su creación obedecía a un doble objetivo: abrir un foro de debate ayudándose de expertos, y sensibilizar a la opinión pública mundial.

El Club de Roma encargó al Instituto Tecnológico de Massachusetts (MIT) un estudio sobre las posibilidades de mantener indefinidamente el crecimiento económico en el mundo. Los resultados de este estudio, dirigido por Donella Meadows y Jay Forrester, fueron publicados en 1971 en el Informe al Club de Roma. Su objetivo era definir los obstáculos y los límites físicos que podían frenar o detener definitivamente el crecimiento de la población mundial o de la actividad productiva. Se estudiaron para ello cinco variables relacionadas con el desarrollo: crecimiento de la población, disponibilidad y tasa de utilización de los recursos naturales, crecimiento del capital industrial, producción de alimentos, y contaminación. Analizando las interrelaciones entre ellas, se llegaba a la conclusión de que, al ritmo de aquel momento, se produciría un colapso en la humanidad antes del año 2100. Se proponía, en consecuencia, abandonar este modelo de desarrollo hasta estabilizar la población y la producción industrial (llegar al crecimiento cero).

El estudio recibió muchas críticas, sobre todo porque consideraba el mundo como un único sistema, sin contemplar de forma diferenciada las distintas regiones. Como respuesta a estas críticas apareció en 1975 un segundo informe, firmado por Mesarovic y Pestel. Pero ya el primer Informe fue un aldabonazo al optimismo desarrollista de aquellos años, que llamaba la atención sobre la escasez de recursos del planeta y la necesidad de utilizarlos responsablemente. El Informe hacía además una advertencia: cuanto más se retrasara la toma de decisiones, más difícil sería cambiar la tendencia y más graves resultarían las consecuencias.

El primer Informe fue el grito de alarma sobre la supervivencia misma del planeta, a la vista del creciente agotamiento de los recursos naturales (aunque todavía no había tenido lugar la primera crisis del petróleo) y los catastróficos impactos medioambientales, ambos producidos por el modelo económico dominante.

b. Conferencia de las Naciones Unidas sobre el Medio Humano (Estocolmo, 1972)

Fue la primera iniciativa de la ONU para abordar estos problemas, que no solo preocupaban cada vez más a la humanidad, sino que, además, comenzaban a enfrentar ya a los países industrializados con los países en vías de desarrollo. El tema de la Conferencia ("el medio humano") aclara el objetivo de la misma: analizar las características del medio natural en que vivimos y que afectan a las condiciones de la vida humana.

Como preparación de la Conferencia se encargó un informe sobre el tema en el que participaron más de un centenar de científicos de todo el mundo, de cuya redacción final se responsabilizaron René Dubos y Barbara Ward (1972): con el título de *Una sola Tierra*, se tradujo a diez lenguas y fue puesto a disposición de todos los delegados en la Conferencia.

La Conferencia se celebró en Estocolmo en 1972. En ella se aprobó una Declaración final de 26 principios y 103 recomendaciones, que refleja bien la percepción de los problemas en aquellos momentos. Dicha Declaración se abre con lo que podría llamarse una visión ecológica del mundo:

> El hombre es a la vez obra y artífice del medio que lo rodea, el cual le da el sustento material y le brinda la oportunidad de desarrollarse intelectual, moral, social y espiritualmente. En la larga y tortuosa evolución de la raza humana en este planeta se ha llegado a una etapa en que, gracias a la rápida aceleración de la ciencia y la tecnología, el hombre ha adquirido el poder de transformar, de innumerables maneras y en una escala sin precedentes, cuanto lo rodea. Los dos aspectos del medio humano, el natural y el artificial, son esenciales para el bienestar del hombre y para el goce de los derechos humanos fundamentales, incluso el derecho a la vida misma.

La humanidad necesita del medio natural y es, a la vez, su principal artífice. Sin embargo, la enorme capacidad de transformarlo que ha desarrollado y el crecimiento acelerado de la población mundial en las últimas décadas son dos factores que se conjugan para despertar serias preocupaciones. Como la Declaración reconoce:

> Vemos multiplicarse las pruebas del daño causado por el hombre en muchas regiones de la Tierra: niveles peligrosos de contaminación del agua, el aire, la tierra y los seres vivos; grandes trastornos del equilibrio ecológico de la biosfera; destrucción y agotamiento de recursos insustituibles y graves deficiencias, nocivas para la salud física, mental y social del hombre, en el medio por él creado, especialmente en aquel en que vive y trabaja.

La constatación de estos hechos sirve de acicate para que la Conferencia haga una primera formulación de lo que luego se conocerá como derecho al medio ambiente:

> El hombre tiene el derecho fundamental a la libertad, la igualdad y el disfrute de condiciones de vida adecuadas en un medio de calidad tal que le permita llevar una vida digna y gozar de bienestar, y tiene la solemne obligación de proteger y mejorar el medio para las generaciones presentes y futuras.

Este derecho debe conducir a la humanidad a plantearse su responsabilidad en el tratamiento conveniente del planeta y sus recursos. Sin embargo, el alcance de esta responsabilidad fue pronto objeto de discusión: los países menos desarrollados acusaban a los industrializados de querer ahora utilizar los argumentos del medio ambiente para cerrarles el paso hacia un desarrollo como el que ellos disfrutaban ya. Además subrayaban que la mayor fuente de deterioro del medio humano es la pobreza.

Una cosa sí era clara en la conciencia de todos los participantes: se reconocía el carácter mundial de la problemática ecológica y, consecuentemente, la necesidad de una amplia colaboración entre las naciones y de la adopción de medidas por parte de las organizaciones internacionales, que fueran en interés de todos. Como propuesta más englobante se aprobó la creación de un Programa Mundial sobre el Medio Ambiente, patrocinado por las Naciones Unidas y destinado a asegurar, a nivel internacional, la protección del entorno.

Los resultados de la Conferencia deben medirse, más que por los compromisos de los gobiernos participantes, por la toma de conciencia en torno a una problemática emergente que relacionaba industrialización, desarrollo tecnológico, crecimiento demográfico, pobreza y deterioro del medio ambiente. La compleja relación entre estos fenómenos exigía un estudio más atento y un compromiso más decidido de cooperación entre todos los gobiernos.

c. Informe Brundtland (1987): El concepto de desarrollo sostenible

Este informe se inserta en el debate sobre la relación entre medio ambiente y desarrollo, desde la conciencia creciente de que el desarrollo tiene que contar con los límites ineludibles del medio ambiente y de los recursos naturales. Fue elaborado por la Comisión Mundial del Medio Ambiente y Desarrollo de las Naciones Unidas, por encargo del Secretario General de esta organización. El informe final fue publicado en 1987. Aunque su título era *Nuestro Futuro Común*, se le conoce como Informe Brundtland por el nombre de la Primera Ministra de Noruega que lo coordinó e impulsó.

Este informe consagró un nuevo concepto, que habría de tener una importante aplicación muy pocos años después: el *desarrollo sostenible*. En su punto de partida ya se subraya cómo el desarrollo actual genera pobreza y deterioro del medio ambiente:

> Muchas tendencias del desarrollo actual hacen que sea cada vez mayor el número de personas pobres y vulnerables, al mismo tiempo que deterioran el medio ambiente. ¿Cómo puede ser tal desarrollo de utilidad para el siglo venidero, que duplicará el número de habitantes y deberá valerse del mismo medio ambiente? La conciencia de estos hechos amplió nuestra visión del desarrollo. Dejamos de verlo en el contexto restringido del crecimiento económico de los países en desarrollo y nos dimos cuenta de que hacía falta una nueva vía que sostuviera el progreso humano no solo en ciertos lugares y durante ciertos años, sino en todo el planeta y hasta un futuro lejano. De este modo el 'desarrollo sostenible' se convierte en un objetivo no solo de las naciones 'en desarrollo', sino también de las naciones industriales. (10)

Desde estos presupuestos el desarrollo sostenible queda definido así:

> Está en manos de la humanidad hacer que el desarrollo sea sostenible, es decir, asegurar que satisfaga las necesidades del presente sin comprometer la capacidad de las futuras generaciones para satisfacer las propias. (27)

Quizás el mensaje más dramático que va implícito en este concepto consiste en poner en cuestión la viabilidad del modelo clásico de desarrollo como crecimiento económico sin límites, que ha presidido la evolución económica de los países industrializados: el planeta no podría soportar el ritmo de consumo de recursos naturales que implica ese desarrollo de los países más ricos si se pretendiera extenderlo a todos. Pero tampoco se puede concluir que los países menos desarrollados deban cargar con las consecuencias de esta imposibilidad y resignarse a no realizar nunca sus aspiraciones de bienestar.

d. Programa de Naciones Unidas para el Desarrollo: Desarrollo humano

Naturalmente la renuncia al desarrollo en sentido clásico constituye una propuesta difícil de aceptar. Pero ello llama más bien a revisar qué estamos entendiendo por desarrollo. En tal sentido, los Informes del Programa de Naciones Unidas para el Desarrollo (PNUD) propusieron por estos años un nuevo concepto: *desarrollo humano*. Supone también un examen crítico del modelo vigente de desarrollo, pero atendiendo ahora no a la viabilidad del modelo mismo, sino a sus consecuencias para la existencia de las personas. En el fondo, se plantea la cuestión: ¿realmente conduce ese modelo de desarrollo basado en el crecimiento de los bienes disponibles, especialmente de los bienes materiales, a una mayor felicidad humana, a una mejor calidad de vida?

Ya el Banco Mundial, en su Informe sobre el Desarrollo Mundial de 1991, daba una respuesta negativa a esta pregunta al proponer un enfoque alternativo:

El desarrollo económico se define en este Informe como el mejoramiento sostenible del nivel de vida, el cual comprende consumo material, educación, salud y protección del medio ambiente. En su sentido más amplio, la definición comprende también otros trascendentes aspectos conexos, principalmente la mayor igualdad de oportunidades, la libertad política y las libertades civiles. Por consiguiente el objetivo global del desarrollo es el dotar de mayores derechos económicos, políticos y civiles a todos los seres humanos, sin distinción de sexo, grupo étnico, religión, raza, región o país.

Más claramente lo expresa el Informe sobre Desarrollo Humano 1991 del PNUD:

El verdadero objetivo del desarrollo es ampliar las oportunidades del progreso de los individuos. El ingreso es un aspecto de estas oportunidades –un aspecto de suma importancia–, pero no lo es todo en la existencia humana. Igualmente importantes pueden ser la salud, la educación, un buen entorno físico y la libertad, para no mencionar sino unos cuantos componentes del bienestar.

El PNUD ha avanzado en esta dirección elaborando indicadores de desarrollo que sustituyan a los tradicionales (siempre relacionados con los recursos económicos por habitante: la renta per cápita, por ejemplo). El más conocido es el Índice del Desarrollo Humano (IDH), definido en función de tres variables: la capacidad adquisitiva (ingreso per cápita corregido con un coeficiente que responde al nivel medio de precios de cada país); el nivel educativo (combinando la media de años de estudios de los mayores de 25 años con los años de instrucción esperados para quienes nazcan ahora); y la salud (mediante la esperanza de vida al nacer). Los detalles técnicos de este índice se han ido perfeccionando en sucesivos informes del PNUD. También se ha trabajado en otros índices complementarios, como el Índice de Pobreza Multidimensional o el Índice de Desigualdad de Género.

A lo largo de más de dos décadas, el PNUD ha producido informes anuales sobre Desarrollo Humano donde se van actualizando y siguiendo estos índices, al mismo tiempo que se pone el IDH en relación con alguna realidad crucial para el desarrollo. En particular, el Informe 2011 se titula: *Sostenibilidad y equidad: un futuro mejor para todos*, y en él se afirma:

> Una doble perspectiva muestra de qué manera la degradación ambiental intensifica la desigualdad mediante su impacto adverso en las personas de menores recursos y la forma en que las desigualdades en desarrollo humano profundizan el deterioro ambiental.
>
> El desarrollo humano, que implica expandir las opciones de la gente, se basa en la existencia de recursos naturales compartidos. Para promoverlo, es necesario velar por la sostenibilidad local, nacional y mundial, proceso que puede –y debe– hacerse fomentando la equidad y el empoderamiento.
>
> Al avanzar hacia mayor sostenibilidad ambiental, intentamos asegurar que se tengan plenamente en cuenta las aspiraciones de los pobres de una vida mejor, y al mismo tiempo, apuntamos a vías que permitan que la gente, las comunidades, los países y la comunidad internacional propicien la sostenibilidad y la equidad de modos que se refuercen entre sí.

f. La cumbre de Río de Janeiro sobre medio ambiente y desarrollo (1992)

Esta fue la III Conferencia de Naciones Unidas sobre Medio Ambiente y Desarrollo. Incluso en su título se explicita la relación, que ya estaba implícita en Estocolmo, entre medio ambiente y desarrollo. Además, al tratarse de una Conferencia de Naciones Unidas y no solo de un congreso de expertos, se dieron cita los responsables gubernamentales de numerosos países (178 en aquella ocasión). Esto implica que se trataba no solo de discutir y analizar estudios técnicos, sino de tomar decisiones y asumir compromisos gubernamentales. Es cierto que la Cumbre de Río (como fue conocida) resultó decepcionante para muchos en cuanto a compromisos concretos, pero la resonancia del evento contribuyó a una mayor sensibilización en torno a problemas medioambientales que ya no pueden ser afrontados, ni siquiera planteados adecuadamente, más que desde la cooperación de todos los países y gobiernos.

En la *Declaración de Río* o *Carta de la Tierra* (el texto más significativo de los cinco que aprobó la Conferencia) se enuncian 27 grandes principios para una buena gestión de los recursos del planeta. En ella se reconoce que el estilo de desarrollo dominante no es viable porque produce no solo desigualdades e injusticias, sino también una intensa degradación ecológica. Al mismo tiempo se admite que los países desarrollados tienen una deuda ambiental generada durante muchos años, y que deben asumir su responsabilidad para combatir el deterioro medioambiental con medios tecnológicos y financieros.

La Carta de la Tierra vino acompañada de un documento más extenso llamado *Agenda 21 (o Programa 21)*, que consideraba los diversos aspectos económicos, sociales y medioambientales del desarrollo sostenible, y analizaba en detalle cada uno de los procesos de deterioro ecológico en curso: sobre la atmósfera, las tierras, las aguas, la biosfera… El mismo año de la Conferencia de Río, Naciones Unidas creó en su seno una Comisión de Desarrollo Sostenible. Y para hacer seguimiento de las conclusiones de Río y de la Agenda 21, se han celebrado otras dos conferencias del mismo calado: Johannesburgo 2002, y Río de Janeiro 2012.

g. La Conferencia sobre el calentamiento global (Kyoto 1997)

Dentro de la creciente preocupación ante las alteraciones climáticas que han afectado recientemente a todo el orbe, se convocó en 1997 una conferencia de Naciones Unidas para establecer un Protocolo para el cumplimiento de la Convención Marco de las Naciones Unidas sobre el Cambio Climático, que había sido aprobada en Nueva York el 9 de mayo de 1992. Participaron delegados de 159 naciones.

Entre los acuerdos centrales contenidos en dicho Protocolo, hay que mencionar la reducción por parte de 38 países industrializados de sus emisiones de "gases efecto invernadero": dichos gases, entre los que se destaca el dióxido de carbono, producido por la combustión de petróleo, carbón y gas, capturan las radiaciones solares en la atmósfera y elevan las temperaturas medias modificando el clima mundial. La Unión Europea en su conjunto se comprometió a reducir dichas emisiones en 8% para el año 2008 en relación a los niveles alcanzados en 1990; Estados Unidos y Japón se comprometieron a una reducción del 7% y 6%, respectivamente. Los restantes 21 países industrializados tendrían metas similares durante el período 2008-2012. Estos compromisos suponían una reducción media del 5% en los niveles de emisión en 2012, respecto a 1990.

Dos cuestiones dividieron esencialmente a los participantes en la cumbre de Kyoto. Uno fue la propuesta de los Estados Unidos para que países en vías de desarrollo (como China, India, Brasil, México, etc.) adoptasen ya medidas significativas de reducción de gases efecto invernadero. El Tercer Mundo se oponía arguyendo que la responsabilidad inicial es de los países desarrollados, emisores mayoritarios de dichos gases (tan solo los Estados Unidos, con un 4% de la población del planeta, emite el 25% del total mundial –UNFCC 2012–). La segunda gran diferencia se centró en la propuesta, también estadounidense, de aplicar entre los países un sistema comercialmente negociable de "cuotas contaminantes" (*pollution credits*), semejante al usado por los propios Estados Unidos para reducir emisiones de sus plantas generadoras de energía eléctrica: ahora fue la Unión Europea el principal oponente, a la que apoyaron los grupos ecologistas en general. Finalmente, la propuesta americana se aprobó, y hoy existe un mercado de 'derechos de emisión' entre los países.

Con todo y ello, en 2001 el presidente George W. Bush anunció el retiro de Estados Unidos del Protocolo porque el mismo imponía costosas obligaciones a su país y no a las naciones en desarrollo como China e India, que en pocos años producirían más gases invernadero que el país americano. Canadá abandonó a su vez el Protocolo en 2011, para no gastar en derechos de emisión o pagar las multas derivadas de su incumplimiento. Canadá alegó que el Protocolo ya no es útil porque los grandes países emisores (particularmente Estados Unidos, China e India) no están en él.

Por lo demás, el cumplimiento de los límites de emisiones propuestos en el Protocolo de Kyoto ha sido en general precario, con algunas excepciones como Alemania o el Reino Unido. España, por su parte, rebasó ampliamente las emisiones permitidas hasta 2008 (MAAMA 2012), por lo que debió comprar los correspondientes derechos de emisión a otros países. La crisis económica que comenzó aquí ese año, sin embargo, está acercándonos a los objetivos pautados para el año 2012, debido a la caída tanto de la producción como del consumo. Si el considerable desarrollo de las energías limpias que está teniendo lugar en nuestro país resultara finalmente sostenible desde el punto de vista económico (esto es, si pudiera continuar sin subsidios públicos masivos), España mejoraría su posición a este respecto.

La Conferencia de Kyoto 1997 ha tenido seguimiento en otras reuniones internacionales: recientemente las de Bali (2007), Copenhague (2009), Cancún (2010) y Durban (2011). En todas ellas, Naciones Unidas ha intentado dotar de nueva operatividad al Protocolo de Kyoto, con poco éxito, aunque al menos en Durban se haya logrado evitar la extinción del Protocolo en 2012, abriendo una nueva fase de cumplimiento, con objetivos más limitados, hasta 2020.

Los resultados tanto medioambientales como políticos del proceso de Kyoto han sido, por tanto, pobres hasta ahora. En ello, sin duda, han influido mucho los intereses económicos privados con capacidad para presionar a algunos gobiernos clave. Los costes de cumplir Kyoto resultan en una pérdida de competitividad internacional, a no ser que los competidores también estén comprometidos con el cumplimiento del Protocolo. Una vez que China, India y Estados Unidos (que suman la mitad de la población mundial, y no la mitad menos contaminante) se autoexcluyeron del proceso, resulta más difícil para los demás continuar.

Sin embargo, el proceso de Kyoto ha tenido importantes efectos de concienciación entre la población mundial y de movilización de las organizaciones civiles en torno al problema del cambio climático. Parte de ese efecto se puede atribuir a los Informes del Panel Internacional sobre Cambio Climático (IPCC), un grupo de expertos de primera línea creado por Naciones Unidas en 1988, que revisa sistemáticamente la literatura científica sobre cambio climático y propone acciones para disminuir el impacto de la actividad humana sobre él.

Aunque el proceso de Kyoto puede llevar al pesimismo respecto a las posibilidades de acción global sobre temas medioambientales, hay un contraejemplo que ayuda a mitigar ese pesimismo. En 1985 se descubrió que venía abriéndose aceleradamente sobre la Antártida, desde 1976, un gran agujero en la capa de ozono que rodea y protege a la Tierra de las peligrosas radiaciones UV solares. Los científicos señalaron como principal culpable a los compuestos cloro-fluo-carbonados (CFC), unos gases industriales de amplio uso como refrigerantes y propelentes de sprays. Algunos países, cuyos científicos habían detectado el impacto de estos gases sobre la capa de ozono en los '70, venían tomando ya medidas unilaterales para limitar su emisión de CFC (esta vez con Estados Unidos a la cabeza). En 1985 una Conferencia de Naciones Unidas en Viena acordó un marco de negociación entre los productores de CFC para reducir drásticamente las emisiones. Ese marco se concretó en el Protocolo de Montreal (1987), donde se vencieron las resistencias de la Unión Europea. El Protocolo se cumplió y los CFC han sido sustituidos en sus usos industriales por gases no dañinos. Como consecuencia, desde hace años la capa de ozono viene recuperándose y el agujero de la Antártida se va cerrando (PNUMA 2007). Ya no se oye hablar de la destrucción de la capa de ozono, porque la acción internacional coordinada ha conseguido resolver, al menos, ese problema.

h. Algunas conclusiones

Un resumen de todo el proceso que hemos recorrido destacando sus principales logros, podría expresarse en las siguientes proposiciones:

1º) La creciente sensibilización sobre los problemas medioambientales es un dato innegable, si se tienen en cuenta no solo los hechos recordados aquí, sino la abundante literatura que va viendo la luz y las numerosas iniciativas de acción que surgen. Aunque no todas son del mismo valor ni merecen la misma credibilidad, el conjunto refleja la actualidad del problema como algo que inquieta a nuestro mundo.

2º) Dicha sensibilización ha llevado a un análisis muy rico de la relación del medio ambiente, no solo con el crecimiento demográfico y la industrialización, sino también con el modelo de desarrollo, el concepto de desarrollo y la realidad de la pobreza. Todo esto ha suministrado nuevos enfoques teóricos y prácticos.

3º) La sensibilización ha permitido también clarificar nuevos conceptos que tienen un alto valor ético. Nos referimos al derecho al medio ambiente y a los conceptos de desarrollo sostenible y de desarrollo humano, que suponen un nuevo enfoque ético del desarrollo.

4º) La sensibilización ha conducido, por último, al reconocimiento de que estos problemas son de tales dimensiones que requieren un enfoque global (no parcial ni local) y estrategias que impliquen a todos los gobiernos con sus políticas y sus recursos.

Naturalmente esta última circunstancia no exime a los ciudadanos y a las empresas de sus responsabilidades particulares, sino que obliga a revisar muchos hábitos y comportamientos asumidos con total naturalidad.

10.3. Las dimensiones más significativas del problema ecológico

Un repaso rápido de la *Agenda 21* de la Conferencia de Río nos muestra la variedad de los problemas ecológicos que la acción humana está produciendo en nuestra era industrial. Para formarnos una visión de conjunto, los agruparemos aquí en tres categorías:

- la *contaminación* consiste en introducir en el entorno, de forma no pretendida, sustancias perjudícales como consecuencia de los procesos de producción o del uso de los bienes.
- el *agotamiento de recursos* supone que estos son limitados y que su consumo sin restricciones puede resultar a la larga insostenible.
- la *inducción de desequilibrios sistémicos* tiene lugar cuando la acción humana afecta de tal modo al conjunto interconectado de la biosfera que esta amenaza desequilibrarse con efectos catastróficos.

Veamos algunos casos significativos en cada categoría.

a. La contaminación del medio ambiente y sus formas

La contaminación del aire es principalmente producto de la actividad industrial y del uso de combustibles fósiles para generar energía (transporte, calefacción…). Se hace visible en las capas de *smog* que gravitan sobre las grandes ciudades, con especial gravedad en las megaurbes de los países en desarrollo (como Santiago de Chile, Lima, El Cairo, Karachi, Shanghai o Mumbay). La Organización Mundial de la Salud estimaba en 2011 que unos dos millones de personas mueren anualmente por enfermedades derivadas de esta contaminación, y que con solo controlar los niveles de partículas en suspensión, podría evitarse la mitad de esas muertes. El control de la contaminación atmosférica urbana resulta de la mayor importancia si se tiene en cuenta que un 50% de la población mundial vive ya en ciudades, proporción que alcanzará casi tres cuartos para el año 2050. Prácticamente todo ese crecimiento urbano ocurrirá en el Tercer Mundo (UN-ESA 2011).

La contaminación del agua es consecuencia de usar mares y ríos como vertederos de los desechos de la producción o del consumo. Tales desechos constituyen una amenaza para la vida acuática y para la vida humana. Este tipo de contaminación puede ser puntual (cuando es consecuencia de un accidente: por ejemplo, un petrolero que encalla y vierte su carga en el mar) o difusa. Esta última es más peligrosa en la medida en que resulta menos perceptible para los instrumentos de medición y a la simple observación.

Otra forma de contaminación es producida por sustancias tóxicas de uso agrícola generalizado, como son los herbicidas y los plaguicidas, y algunos minerales empleados en la industria o la minería, como el arsénico o el mercurio. Se trata de sustancias que producen envenenamientos irreversibles, incluso la muerte. Con frecuencia estas sustancias pasan al aire, las aguas o los terrenos, desde donde pueden ser absorbidas por la población directamente o a través de los alimentos. La contaminación por minerales pesados resulta especialmente severa en algunas ciudades mineras, como Dzerzinsk (Rusia), Haina (República Dominicana), Kabwe (Zambia), La Oroya (Perú), o Linden (China).

La contaminación se produce igualmente por los desechos sólidos o basura que generan nuestras sociedades (sobre todo las áreas urbanas) y que llegan a saturar los lugares donde se almacenan. Muchas grandes ciudades del Tercer Mundo carecen aún de un sistema eficiente de recogida y disposición de los desechos sólidos, por lo que estos permanecen largo tiempo en la calle y se constituyen en amenazas inmediatas para salud pública. Incluso en los países desarrollados, el reciclaje de estos desechos es todavía muy escaso, en comparación con el ritmo al que se acumulan. Por ejemplo, según cifras de EUROSTAT(2009), en el año 2005 España reciclaba apenas el 13% de la basura recogida por los municipios, y el conjunto de la Unión Europea, solo el 22%.

Otro caso alarmante es el de los residuos nucleares. Se trata de materiales radiactivos (variedades de uranio, plutonio, cesio, etc.) derivados del funcionamiento de plantas nucleares. Estas sustancias emiten radiaciones que pueden afectar a la salud humana (produciendo cáncer o perturbaciones genéticas) hasta llegar a provocar la muerte. Aparte de algunos accidentes catastróficos (como Chernobyl en la Ucrania soviética o Fukushima en Japón) en los que se liberan grandes cantidades de materias radiactivas, pequeñas cantidades se liberan también en el funcionamiento normal de esas instalaciones nucleares, cuando se transportan materias nucleares, o cuando se desechan inadecuadamente sustancias radioactivas de uso médico. Tras los atentados de septiembre de 2001 contra los Estados Unidos y el tsunami sufrido por Japón en 2010, ha aumentado el temor por la vulnerabilidad de las instalaciones nucleares a *shocks* externos.

b. El agotamiento de los recursos naturales

Los recursos naturales pueden clasificarse en renovables y no renovables. Estos últimos son generados por el planeta en la escala geológica del tiempo, lo que hace que la cantidad total disponible para la humanidad esté dada y no pueda aumentarse; los primeros, por el contrario, se generan o regeneran en una escala temporal de magnitudes semejantes a la de la vida humana (meses, años, décadas, etc.).

Los recursos no renovables más problemáticos son los combustibles fósiles (petróleo, gas, carbón) y algunos minerales, particularmente los que se usan para extraer metales. Su demanda viene acelerándose por el crecimiento sostenido de las grandes economías emergentes, donde se están formando clases medias del mismo tamaño que las que existían hasta ahora en los países desarrollados. Esas clases medias aspiran a niveles de consumo material parecidos a los de Occidente, Japón, etc., y van acercándose a ellos.

Los expertos estiman que ya a finales del s. XX alcanzamos el pico de la producción de petróleo y que a lo largo del s. XXI se alcanzarán sucesivamente los del gas natural, el cobre, el aluminio, el carbón y el hierro (Valero y Valero 2009). A partir de esos picos, la producción global empezará a caer por razón del agotamiento de los respectivos materiales. Esa perspectiva está moviendo a algunos países, particularmente China, a adquirir derechos sobre minas y yacimientos por todo el mundo. Todo ello está produciendo un significativo encarecimiento de combustibles y minerales, que los aleja de la disponibilidad de las poblaciones pobres. Por solo poner un ejemplo, el crudo Brent se vendía en el mercado internacional a USD 11,91 en agosto de 1998, y diez veces más caro en términos nominales (USD 113,36) en el primer trimestre de 2012 (cinco veces más caro descontando la inflación)[1]. La urgencia de buscar fuentes alternativas de energía (mejor si son renovables) es obvia.

En el caso de los recursos renovables (o hasta cierto punto renovables) los problemas se plantean cuando el ritmo de su utilización supera a la capacidad regenerativa de la naturaleza. Nos fijaremos solo en algunos de ellos: el agua potable, las tierras cultivables, los bosques, la fauna marina, y la biodiversidad terrestre.

Respecto al agua dulce, que constituye no más del 3% del agua existente en el planeta, plantea principalmente problemas de distribución, que se agudizan por las sequías resultado del cambio climático, el desecamiento de los lagos por la extracción indiscriminada, la contaminación de los cursos de agua superficiales y los acuíferos, y su uso en grandes cantidades en operaciones industriales. En 2012, unos 880 millones de personas tenían problemas graves de carencia de agua potable y de enfermedades infantiles relacionadas con la mala calidad del agua[2]. De ellos, 450 millones están en Asia y 330 millones en África. El agua ha sido ya causa de algunas guerras (como el conflicto entre Siria e Israel por los Altos del Golán), y podría generar otras en el futuro, según la demanda crece en todo el mundo y su disponibilidad se ve amenazada en algunas regiones.

---

1. http://www.eia.gov/dnav/pet/pet_pri_spt_s1_d.htm (16/09/2012).
2. http://www.wssinfo.org/fileadmin/user_upload/resources/Press-Release-English.pdf (16/09/2012).

La demanda de productos agrícolas también está subiendo rápidamente conforme la población se incrementa, conforme se derivan combustibles de algunos cereales, y conforme las nuevas clases medias de las economías emergentes incluyen más proteínas de origen animal en su dieta (producir cada caloría de carne requiere unas 7 calorías de alimento vegetal). Queda además pendiente la cuestión de los 925 millones de personas que sufren malnutrición en todo el mundo[3], quienes se ven especialmente afectados por el alza de los precios de alimentos básicos como los cereales. Desde ese punto de partida, el IFAD (Fondo de Desarrollo Agrícola de Naciones Unidas) ha estimado que será necesario haber duplicado la producción de alimentos en los países en desarrollo para 2050. Sin embargo, el mismo organismo estima que un 40% de la tierra arable del mundo está degradada en alguna medida, sea por contaminación química, sea por el impacto de la progresiva desertificación. El uso de organismos genéticamente modificados parece la única salida adecuada a la escala del problema, pero hay temores razonables sobre su impacto tanto sobre la biosfera (¿qué pasará con las especies 'naturales' cuando haya polinización cruzada?) como sobre las comunidades agrícolas tradicionales (que perderán el control sobre sus semillas).

Más preocupante aún por el ritmo del deterioro es el problema de la destrucción de las áreas forestales, de las que depende en sustancia tanto la producción de oxígeno como la regulación de las lluvias y por tanto de los ríos de donde se obtiene el agua potable. Los bosques son talados para utilizar la madera en construcción, fabricación de muebles y como fuente de energía; y también para abrir espacio para cultivos y ganadería. Por otra parte, la protección legal de los bosques funciona de manera muy desigual en el mundo. Mientras África pierde el 0.64% de su masa forestal cada año y América Latina el 0.50%, Asia, América del Norte y Europa han revertido el proceso: se advierten pequeñas pero sostenidas recuperaciones (FAO 2010b). El problema de África preocupa por su impacto sobre las poblaciones rurales y sobre la desertificación; mientras que en América Latina quizás se juegue el futuro de la humanidad si no se detiene la destrucción de la

---

3. http://www.wfp.org/hunger/stats (16/09/2012).

Amazonía, la principal masa forestal del mundo, de la que depende en buena medida el suministro de oxígeno a la atmósfera. En 2011, las observaciones desde los satélites mostraron que solo ese año se habían destruido algo más de 6.400 km² de selva amazónica[4] (aproximadamente la extensión de la provincia española de Tarragona), aunque en los últimos años se observa una reducción consistente de la tasa de destrucción.

Finalmente, mencionaremos la cuestión de la biodiversidad, empezando por las especies marinas. En 1952, se pescaron en los mares menos de 19 millones de toneladas; en 2008 fueron casi 80 millones de toneladas, según el Informe 2010 de la FAO sobre pesca y acuicultura. No solo ha crecido la población mundial, sino también el consumo per cápita de pescado, que en 2008 alcanzó los 17 kg por persona, el máximo de la serie estadística. Según el mismo Informe, la proporción de especies marinas sobreexplotadas ha pasado del 10% en 1974 al 32% en 2008. Algunas de ellas, como el bacalao canadiense, parecen haberse extinguido. El agotamiento de los grandes caladeros oceánicos ha estabilizado las capturas en ellos desde hace casi 20 años, de manera que el incremento del volumen de pescado disponible se debe principalmente a la acuicultura, que proporciona ya más del 35% del pescado utilizado en el mundo. Se trata de un tránsito semejante al que ocurrió en tierra con el paso de la caza a la ganadería. Si se gestiona de manera medioambientalmente correcta, evitando el deterioro de las costas y la introducción por accidente de especies depredadoras, la acuicultura podría resolver, al menos, el problema de la despoblación de los océanos.

Una última forma de agotamiento de los recursos viene dada por la extinción de especies vegetales y animales. A lo largo de la existencia del planeta son muchas las especies que han desaparecido como consecuencia de su incapacidad para adaptarse al medio. Recientemente, sin embargo, es la actividad humana la principal causante de la extinción, o de la amenaza de extinción, para muchas especies. En algunos casos, se trata de la caza indiscriminada con propósitos lucrativos; con más frecuencia, sin embargo, la extinción ocurre por la destrucción del hábitat de las

---

4. http://www.obt.inpe.br/prodes/index.php (16/09/2012).

especies por causa de su colonización o su contaminación por el hombre. Las cifras son muy variables, según las fuentes, pero hay consenso en que el fenómeno se ha acelerado en las últimas décadas, faltando recursos legales para controlarlo precisamente en las regiones del mundo que albergan mayor biodiversidad.

c. Los desequilibrios sistémicos en gran escala

La reflexión sobre el deterioro del medio ambiente nos obliga a plantearnos el riesgo de que la humanidad esté en el umbral de generar macrodesequilibrios que afecten a toda la biosfera como sistema. Mientras cada uno de los problemas de contaminación y agotamiento de recursos que hemos mencionado arriba parece un asunto en sí mismo, controlable con medidas adecuadas de mayor o menor extensión e intensidad, lo cierto es que la biosfera forma un todo interconectado. Sistemas complejos como ese pueden alcanzar un punto crítico al que sigan desequilibrios catastróficos e irreversibles. De hecho, el peligro de que nos encontremos en el umbral de uno de esos puntos críticos, constituye el principal mensaje del Panel Internacional de Expertos sobre Cambio Climático. No es solo que ciertos gases producidos por el hombre estén calentando la atmósfera, sino que ello puede a su vez desertificar las tierras, descongelar los glaciares y modificar las corrientes marinas, en un proceso que se refuerce a sí mismo y no tenga ya vuelta atrás, ni aun controlando, demasiado tarde, las emisiones de los gases con efecto invernadero.

Aunque no estamos ciertos de dónde se encuentra ese punto crítico, nuestra obligación ética de justicia con quienes tendrían menos recursos para hacer frente a la catástrofe, y con las generaciones venideras, nos llama a retomar el 'principio de responsabilidad' del filósofo alemán Hans Jonas: *Actúa siempre de manera que los efectos de tu acción sean compatibles con la permanencia de una vida humana auténtica en la Tierra.* Ello implica acercarse con un respetuoso temor a las posibles consecuencias de nuestra actividad económica sobre el planeta, de manera de explorar bien los riesgos medioambientales no solo locales, sino también globales, de cualquier iniciativa de alto impacto, en sí misma o como resultado de su repetición masiva en un mundo con 7000 millones de habitantes. Y en caso de que nuestra ciencia nos deje en duda sobre la envergadura de esos riesgos, mejor, por responsabilidad, no tomarlos.

10.4. La responsabilidad de la empresa en relación con el medio ambiente

Si el deterioro del medio ambiente se realiza por la doble vía de la producción y el consumo, es evidente que la empresa tiene una fuerte responsabilidad en un campo y otro: no solo porque ella realiza la mayor parte de la producción, sino también por su incidencia en los hábitos de consumo de la sociedad.

a. La internalización de todos los costes

La primera responsabilidad medioambiental de la empresa se refiere a los sistemas de producción que emplea. Antes de que surgiera la inquietud por el medio ambiente, la empresa se aprovechaba de la abundancia de recursos como forma de abaratar los costes. Por ejemplo, no tenía razón para ahorrar las materias primas porque la abundancia de estas mantenía sus costes relativamente bajos: le resultaba más caro establecer mecanismos para no despilfarrar que pagar un plus por esas materias. Y tampoco se preocupaba por los residuos de la producción, que fácilmente podían ser eliminados abandonándolos a la intemperie, arrojándolos a ríos o mares, o lanzándolos a la atmósferas como humos. La capacidad de la naturaleza para soportar dichas prácticas se daba por supuesta; y mientras la industria humana se mantuvo en dimensiones relativamente modestas, en efecto, la degradación del medio resultaba imperceptible.

Esta praxis está en sintonía con el análisis económico neoclásico, tal como lo formulara por ejemplo Léon Walras. Según el planteamiento de este, para que un bien pudiera ser integrado en el sistema económico debía ser apropiable, intercambiable, valorable y productible. El medio ambiente, al no reunir estas características, no podía ser considerado como variable en el cálculo económico, ni por tanto en la decisión de los agentes económicos.

Sin embargo, con el crecimiento demográfico, la industrialización y la urbanización, llegó el día en que los niveles de contaminación hicieron tomar conciencia de que el medio ambiente era afectado por el sistema económico. Para procesar ese efecto, se recurrió al concepto de externalidad, que ya hemos mencionado en otros lugares del libro. Recordemos que las externalidades consisten en ciertos efectos, que pueden ser favorables o desfavorables, producidos por un agente económico (un individuo o una empresa) sobre la producción, renta, ocio, riqueza o bienestar de otro u otros agentes económicos, pero de tales características que la técnica actual, las costumbres, o las leyes no permiten pagar o cobrar un precio por el beneficio o daño causado por ellos. Se trata de efectos no compensados en el mercado, exteriores a él; de ahí el término 'externalidad'.

La contaminación constituye una externalidad ambiental de efectos negativos, pero solo desde el momento en que es posible identificar al agente económico perjudicado; y esto empezó a ocurrir cuando se hicieron perceptibles los daños que se seguían para el entorno. Las externalidades negativas suponen, en principio, una injusticia, porque alguien sufre un mal que le es impuesto sin compensación, para que otros se beneficien.

Además, estas externalidades reducen la eficiencia del sistema económico. La empresa contaminante realiza su cálculo económico (beneficio/coste) con una cifra de los costes totales menor a la real, por lo cual tenderá a producir más que el óptimo económico y a venderlo más barato. Como consecuencia, se consumirá también más del producto que el óptimo. En efecto, la externalidad negativa supone que una parte de los costes totales de producción no son asumidos por el productor como costes privados suyos, sino descargados como costes sociales sobre terceros, por los que ni la empresa ni sus consumidores pagan. En este caso, la empresa vende más y los consumidores pagan menos que el óptimo a costa de la contaminación del medio ambiente, que recae también sobre quienes no se benefician ni de la producción ni del consumo del producto.

La solución a este problema, tanto desde el punto de vista ético (es lo justo) como desde el punto de vista económico (es lo eficiente) consiste en que la empresa asuma sus costes integrales de producción ('internalice' las externalidades negativas) y los cargue completos a sus clientes. En el caso de la contaminación, ello requiere devolver el aire, el agua y los sólidos tomados del medio ambiente en condiciones suficientemente buenas como para que la naturaleza pueda reabsorberlos sin problemas y no supongan costes o daños para terceros.

Una solución alternativa consiste en que el Estado se encargue de los residuos utilizando para ello los impuestos que cobra a las empresas. Se trata de una solución menos eficiente y menos justa, por la dificultad para establecer una buena correlación entre la contaminación producida por cada empresa y los impuestos que ella paga. Si, como suele ocurrir, la empresa paga los mismos impuestos contamine mucho o poco, desaparece el incentivo para contaminar menos.

En un contexto competitivo, la internalización de los costes medioambientales reducirá la competitividad de la empresa que la realice frente a las demás. Por eso, suele considerarse necesaria una regulación estatal que obligue a todas las empresas del mismo sector a reducir o suprimir por completo las externalidades medioambientales, de manera que ninguna pueda obtener ventajas competitivas de contaminar. Y como las normativas públicas no siempre funcionan a la perfección, es necesario también que la población esté atenta a los costes medioambientales ocultos en los productos que consume, tomando sus decisiones de compra no solo a partir del precio sino también del esfuerzo del productor por conservar el medio ambiente. Mercados como el de la agricultura y la ganadería orgánicas responden a este interés de una parte creciente de la población.

No pueden ignorarse las dificultades prácticas de la aplicación del enfoque de internalización de costes, voluntaria o forzada, en teoría tan convincente. Dos al menos conviene destacar: no es fácil determinar con exactitud el valor de esos costes sociales, ni siquiera los efectos perjudiciales sobre el medio ambiente de las actividades productivas, teniendo en cuenta, además, que algunos de estos costes solo se manifestarán en un tiempo posterior, a veces muy posterior; tampoco es fácil traducir en normas estas exigencias ni garantizar su cumplimiento. Esto nos lleva a plantear otras dimensiones de la responsabilidad medioambiental de las empresas.

b. Ampliando el horizonte: Las motivaciones de esta responsabilidad hacia el entorno

Antes de hablar de motivaciones no estará de más recordar algunas objeciones que se formulan desde el mundo empresarial para asumir voluntariamente compromisos con el entorno. Suele decirse que el cuidado del medio ambiente no es responsabilidad de la empresa por dos series de razones: una se refiere a las competencias del Estado y otra a la presión de los consumidores. En ambos casos se remite la responsabilidad última a instancias ajenas a la empresa.

Se dice, en primer lugar, que el cuidado del medio ambiente es responsabilidad del Estado, para lo que resulta preciso que establezca una normativa que obligue a todas las empresas. No niegan el problema medioambiental, pero reducen al mínimo lo que la empresa puede hacer por sí misma. Y lo justifican por la presión de la competencia, que acabamos de mencionar: en una economía tan competitiva, el control de los costes es esencial para dar salida a los productos; aceptar costes más altos por razones medioambientales es optar por una situación de desventaja frente a los competidores. Solo si esos costes son impuestos a todos los que compiten en un mismo mercado, puede garantizarse cierto nivel de respeto al medio ambiente.

Sin embargo, este razonamiento no valora suficientemente dos circunstancias. Ante todo, la competencia no se restringe hoy a los límites geográficos que controla un Estado: la globalización reduce la eficacia de cualquier normativa legal porque es fácil eludirla, trasladando las instalaciones productivas a países con legislación más tolerante para luego importar los productos desde esos países. Pero, además, resulta problemático confiar la observancia de ciertos principios éticos a la coacción de la ley: cuando solo se actúa por presión normativa, parece natural aprovechar las muchas imperfecciones del sistema legal para eludir la norma.

En otros casos la responsabilidad no se asigna a los poderes públicos, sino a los consumidores y la sociedad en general. Se dice: la empresa produce según la demanda de la sociedad. Su función es la satisfacción de las necesidades de los ciudadanos, y cuanto más adecuadamente responda a eso, mayor será su reconocimiento social y más alta será su tasa de beneficios. Por tanto, la empresa solo debe asumir el esfuerzo de conservación de la naturaleza por el que la sociedad esté dispuesta a pagar, esto es, aquel que aumente sus beneficios.

De nuevo este argumento nos remite, como el primero, a las exigencias de la competencia, que restringe considerablemente los márgenes de libertad de toda actividad empresarial. Sin embargo, estas restricciones no suelen ser tan absolutas como a veces se pretende: si no, ¿qué oportunidades tiene la empresa de abrirse camino en el mercado y de consolidarse en él? ¿Cabría pensar la variable medioambiental como elemento clave para conseguir una mayor competitividad? En todo caso, tampoco hay que admitir sin matices la afirmación de que la empresa actúa siempre bajo los dictados de la demanda. Más bien hay que reconocer la reciprocidad de la relación entre empresa y consumidores: si la empresa no puede ignorar la demanda de estos, también tiene capacidad para influir sobre ella y modificarla en función de otros intereses (de la empresa misma normalmente y, ¿por qué no?, del medio ambiente).

Todo esto nos lleva a preguntarnos cuáles pueden ser las motivaciones de la empresa para asumir la dimensión medioambiental. Cabría identificar cuatro niveles, que describimos a continuación (Payne – Raiborn 2001; Barrio Juárez 2000):

1ª) *El cumplimiento de la ley*. Se reconoce que el medio ambiente no es un bien libre y que los recursos naturales no existen en cantidades ilimitadas, pero se subraya que los costes de controlar la contaminación son mayores que los beneficios a corto plazo. Por eso se mantiene que la única forma de preservar el entorno es la legislación del Estado, con tal que esta obligue por igual a todos los agentes económicos. En este caso, la ley es una restricción a la libertad de actuación empresarial. Pero no hay una asunción positiva de la causa medioambiental, sino solo respeto a la normativa establecida.

2ª) *Los beneficios a corto plazo*. Sin negar el valor de la normativa medioambiental, se comprende que ciertas actividades cuidadosas con el entorno pueden ser beneficiosas para la empresa, incluso a corto plazo: bien sea porque reducen los costes, bien porque mejoran su imagen, respondiendo a una cierta demanda social de sectores más sensibles a estas cuestiones. Por esa razón muchas empresas están dispuestas a instalar dispositivos para el control de la contaminación que van más allá de lo estrictamente exigido por las normas.

3ª) *Los beneficios a largo plazo*. Ahora se trata ya de una postura claramente proactiva, de adelantarse al futuro, tomando iniciativas que solo con el paso del tiempo serán reconocidas como beneficiosas y valoradas por los consumidores. Las empresas que se sitúan en este nivel están dispuestas a asumir inversiones medioambientales cuyos resultados (en términos económicos o de prestigio social) solo se percibirán a largo plazo. El medio ambiente se considera, por consiguiente, como una verdadera oportunidad de negocio: la demanda de instrumentos para controlar o reducir el nivel de contaminación o de productos menos agresivos para la naturaleza ofrece amplias posibilidades a las empresas con talante innovador. Pero además estas estrategias se valoran como una aportación positiva al bienestar de la sociedad en general.

4ª) *El valor en sí del medio ambiente*. En este caso el desarrollo sostenible se incorpora como un elemento esencial de la estrategia de la organización. No se trata ya de iniciativas parciales o puntuales, sino de una dimensión que inspira todo el funcionamiento de la empresa. El compromiso con el medio ambiente forma parte de la cultura de la organización, la cual vive su responsabilidad medioambiental en relación con el mundo de los negocios, con la sociedad y con la supervivencia del planeta. Esta responsabilidad se traduce en iniciativas que pretenden sensibilizar en esta línea a todos los *stakeholders*, en especial sus clientes y proveedores, ante los que la empresa adopta una postura activa. Una estrategia así redundará, indiscutiblemente, en beneficio de la imagen de la empresa, más allá incluso de sus clientes directos.

En realidad estas distintas posturas no son excluyentes. Van de menos a más, pero cada una de ellas incluye las precedentes. El análisis de las mismas permite comprender que las razones que una empresa tiene para incorporar los valores medioambientales inciden sobre su comportamiento: no se quedan en meras tomas de posición teóricas, sino que condicionan la actividad cotidiana de las empresas.

c. De las motivaciones a la práctica: Algunas sugerencias

Cuando una empresa integra de lleno en su estrategia el respeto al medio ambiente, encuentra innumerables campos de actuación. A título de ejemplo, enumeraros algunos:

- *Evaluación del impacto ambiental.* Su objeto es calcular los costes ambientales de cualquier decisión o proyecto. Tradicionalmente se han considerado estos cálculos como un freno al desarrollo: hoy se los ve como una garantía de desarrollo a largo plazo.
- *Tecnologías "limpias" de contaminación cero.* Se trata de controlar el proceso mismo de producción para reducir al máximo la contaminación (en el límite, buscando contaminación cero). En general, es más barato producir limpio que descontaminar: lo primero solo aumenta los costes entre un 2 y un 5%, mientras que descontaminar (humos, olores, efluentes, etc.) puede llegar a suponer entre el 10 y el 15% del total de los costes de producción.
- *Productos biológicamente neutros.* Son productos que no producen alteración química del medio en que se depositan. Se trata de hacer un seguimiento del producto una vez salido del proceso productivo y preocuparse de que el desecho final no produzca daños significativos.
- *Reciclado y reutilización.* El coste económico de las materias primas y el coste ecológico de los residuos fomentan los 'procesos cerrados o redondos', en que los desechos no son tales ya que se reincorporan al proceso de producción. Admiten dos variantes: reutilización, si la propia planta vuelve a introducir los desechos como nueva materia prima (por ejemplo, aguas o energía residual); reciclado, si los residuos son transformados para obtener productos nuevos (abonos, papel).

- *Desviación de consumos.* Se pretende con ello buscar sustitutivos a aquellos productos más agresivos para la naturaleza, y desviar el consumo hacia ellos.
- *Mejoras tecnológicas* que buscan disminuir el impacto sobre el medio ambiente de los procesos productivos, reduciendo los contaminantes y aumentando la eficiencia en el uso de materiales y energía. Un ejemplo: ¿podrían los cultivos de invernadero o los hidropónicos liberar muchas tierras marginales, susceptibles de ser reconvertidas en áreas silvestres o forestales?
- *Mecenazgo industrial.* No basta preservar, también hay que restaurar. Y son cada vez más las instituciones que destinan fondos a la restauración de la naturaleza (preservar animales en peligro de extinción, recuperar áreas boscosas, etc.). Con ello no solo mejoran su imagen empresarial, sino que contribuyen a saldar parte de deuda que la sociedad tiene contraída con el medio ambiente.

10.5. Hacia un replanteamiento más de raíz

Los planteamientos que preceden suponen un avance considerable en la incorporación efectiva de la variable medioambiental en la gestión de empresa. Sin embargo, la reflexión sobre estos temas ha permitido enfoques mucho más radicales. Es cierto que no son –al menos, de momento– susceptibles de aplicaciones prácticas tan inmediatas. En este sentido se podrán tachar de excesivamente teóricos o utópicos. Pero tienen la virtualidad de tomar distancia respecto a la praxis dominante en nuestra sociedad, y eso siempre debe ser considerado con interés por la ética, que debe sobrepasar la mera funcionalidad social (adaptada a las coordenadas fundamentales según las cuales funciona nuestra sociedad) para cuestionar los presupuestos subyacentes.

Esta nueva aproximación al tema puede concretarse en la contraposición, hoy admitida por muchos autores, entre economía ambiental y economía ecológica. La *economía ambiental* corresponde a los enfoques que hemos reflejado en el apartado anterior. Piensa que el origen de los problemas está en el hecho de que los recursos naturales no tengan precio. Por eso propone imputar valores monetarios a las externalidades medioambientales, de forma que puedan incorporarse al análisis coste-beneficio y al proceso de decisión económica. En el fondo, lo que se hace es extender la aplicación de la teoría neoclásica a los problemas medioambientales, siempre con la intención de alcanzar un verdadero óptimo económico. Para ello compara los daños que esté sufriendo el medio ambiente como consecuencia de una actividad económica, con los beneficios privados que se siguen de esa actividad.

La limitación más grave de este enfoque estriba en su carácter estrictamente económico: como solo se manejan costes y beneficios monetarizados de los agentes económicos, es imposible incluir otras circunstancias como la capacidad asimilativa del ecosistema. En último término, la economía ambiental se apoya en el convencimiento de que el mercado constituye el mejor instrumento para la asignación adecuada de los recursos, aunque reconoce que precisa de ciertas correcciones para evitar mal funcionamientos como la externalización de los costes medioambientales. Por lo demás, el mercado funciona en general bien, y podemos confiar en él sin temor.

La llamada *economía ecológica*, nacida como crítica a la corriente anterior, tiene un marcado carácter polémico. Sus propuestas parten de la revisión de algunos conceptos y enfoques clave de la economía convencional. Hay en ella, en primer lugar, una crítica al concepto de crecimiento económico y a la idea de que ese sea el mejor indicador del bienestar humano y social. En este punto coincide con muchos otros (por ejemplo, con el PNUD, como hemos tenido ocasión de ver al analizar el concepto de desarrollo humano).

Algunas aportaciones son, sin embargo, originales. Entre ellas destaca, por ejemplo, la propuesta de índices alternativos para medir el bienestar, que introducen el concepto de coste social, descontando del producto nacional aquellas partidas que no suponen aumento neto del bienestar público sino consecuencias de una previa creación de malestar (por ejemplo, los gastos para reducir el crimen o la contaminación). Con esto se está criticando implícitamente también el supuesto de que el bienestar dependa solo de la producción, y se está poniendo en cuestión la apuesta por un crecimiento ilimitado, propia de los planteamientos económicos convencionales.

Otra propuesta interesante consiste en incluir la huella ecológica (*ecological footprint*) en nuevos índices de bienestar económico. La huella ecológica es una estimación de la superficie terrestre que sería necesaria para suministrar los recursos naturales y disponer de los desechos de una cierta actividad económica de manera sostenible, esto es, de acuerdo a la capacidad de regeneración de la naturaleza. La Global Footprint Network (2012) estima que esa huella se encuentra ya en el orden de 1,5 planetas Tierra, lo que significa que para sostener el actual nivel de impacto de la actividad económica sobre los recursos y la capacidad de reabsorción de desechos, necesitaríamos un planeta y medio como el que tenemos. Por su parte, la New Economics Foundation publica el Happy Planet Index (HPI), un índice semejante al IDH del PNUD pero combinando el bienestar económico, la expectativa de vida y la huella ecológica. Al introducir este tercer factor, el HPI refleja la sostenibilidad de los modos de vida y producción de cada país, un elemento que el PNUD no ha incluido en su índice, aunque sí lo discuta en sus informes. El cambio en los resultados es dramático: mientras según el Informe 2011 del PNUD, Estados Unidos es el 4º país con mayor desarrollo humano del mundo, según el HPI 2012, en términos de bienestar sostenible ocupa el puesto 105 de 155 países estudiados.

Por otra parte, la economía ecológica critica también la monetización de los cálculos productivos, porque solo refleja parte del proceso económico. Por ello se propone sustituir las unidades monetarias en el cálculo de costes y beneficios por unidades físicas, lo que implica admitir que la economía no es una ciencia autónoma capaz de encontrar en ella misma todos los datos necesarios para tomar decisiones, sino que recibe su punto de partida de fuera de ella, de consideraciones guiadas por una lógica diferente. Aquí radica una de las discrepancias esenciales con la economía ambiental. Por ejemplo, cuando se trata de la contaminación de un río, no basta con calcular los costes sociales de la misma y compararlos con los beneficios, como haría la economía ambiental; habría que estimar los parámetros físicos aceptables para el río (por razones ecológicas y geográficas) y determinar los excesos de contaminantes que se vierten a dicho río, para distribuir luego las necesarias disminuciones de vertidos entre los distintos agentes afectados. Solo en este último paso cabría reintroducir el cálculo económico.

Se hace además una crítica del concepto neoclásico de la externalidad como situación económica excepcional, en el marco de relaciones económicas regularmente canalizadas por el mercado o el Estado. Ese concepto es acusado de ignorar la realidad de los procesos naturales para concentrarse en el valor de cambio de los bienes, desconociendo la realidad natural de la energía y otros recursos de la naturaleza. Los recursos naturales sufren una serie de transformaciones (como consecuencia de la actividad productiva, pero también de otros procesos) al término de los cuales vuelven al medio ambiente en forma de residuos. Por consiguiente, la externalidad no es algo esporádico, sino permanente, intrínseco a los procesos naturales. Por otra parte, la necesidad de identificar un agente económico responsable de la externalidad negativa y otros agentes que la sufran, implica que esta solo se controla cuando ambos existen de manera bien definida, lo que limita mucho la posibilidad de evitar, o al menos reducir, daños ecológicos cuyos sujetos humanos actuantes o pacientes no son tan claros.

En todas estas ideas subyace una crítica al mercado y a la confianza excesiva en sus posibilidades. El mercado nunca podrá captar bien la dimensión física de la actividad económica. Esta dimensión, tan esencial en un mundo de recursos naturales limitados, no cabe en el sistema de cálculo monetizado que hace funcionar al mercado.

El presupuesto básico de la economía ecológica –frente a la que hemos llamado economía ambiental– es, entonces, que la economía ha de integrarse en la ecología puesto que no es más que un subsistema abierto de la biosfera, de la que depende. Por eso debe funcionar de la forma más parecida posible a como funciona el medio ambiente (reciclado, ahorro energético). Dicho de otra manera, la economía debe incorporar desde su mismo punto de partida el concepto de ecosistema. Por tal se entiende un conjunto interrelacionado e interdependiente de organismos y entornos, de forma que las actividades de cada uno afectan a todos los demás componentes y que la supervivencia de unos depende de la supervivencia de los otros. Todos los ecosistemas parciales se integran en un gran ecosistema que es el planeta Tierra.

Desde esta perspectiva, la economía constituye solo un subsistema abierto, dentro de un ecosistema finito y cerrado: por consiguiente, los objetos económicos, antes de ser tales, son recursos naturales; y cuando dejan de serlo (porque pierden su valor de cambio), se convierten en residuos naturales. Esta consideración física y natural de los recursos es más englobante que la propia de la economía.

Las empresas, por su parte, al estar insertas en este ecosistema mundial, dependen también del entorno natural, del que obtienen recursos materiales y energía para desarrollar su actividad, y al que vierten sus residuos. El cálculo económico no puede olvidar la dimensión física de esta relación, reduciéndolo todo a magnitudes monetarias.

Esta nueva vía de la economía ecológica para abordar la relación del ser humano con la naturaleza tiene exigencias éticas que han dado lugar a diferentes enfoques. Solo sugerimos dos planteamientos que han suscitado recientemente no pocos debates: uno más radical, otro más antropocéntrico.

Según un primer enfoque, más radical, el ecosistema terrestre y todos los elementos que lo componen constituye un valor en sí que debe ser respetado por el ser humano. Una ética utilitarista hablaría entonces de evitar el dolor a los animales, sobre todo cuando este es innecesario. Una ética de los derechos, por su parte, no tendría reparos en llegar a hablar incluso de derechos de los animales, aunque estos quedarían supeditados siempre a los derechos humanos. Este último enfoque, sin embargo, no es aceptado por muchos autores, que rechazan la aplicabilidad del concepto de derechos fuera del ámbito de lo humano.

Un segundo enfoque, más antropocéntrico, subrayaría que los auténticos valores no pueden ser sino personales: por tanto, todo tiene que ser referido al ser humano, a su derecho a la vida, más específicamente, al derecho a una vida digna de la condición humana para la generación presente y las futuras. Aquí tendría plena cabida el derecho, ya mencionado, de todo ser humano a un medio ambiente limpio, en virtud del cual habría que combatir la contaminación. Pero como todos los derechos humanos, tampoco este es absoluto: es decir, no se puede deducir de ahí que haya que eliminar toda contaminación, cosa que resultaría poco operativa, si no imposible. Por eso el reconocimiento del derecho al medio ambiente no resuelve todos los problemas, sino que nos obliga a estudiar los conflictos que se generan entre este y otros derechos humanos. Esta es siempre la tarea de la ética.

10.6. Conclusión: El servicio a la vida en el planeta

La discusión de este capítulo extiende el horizonte ético-económico en que debe pensarse la empresa. Ya al comienzo del libro habíamos mencionado que la finalidad última de la actividad empresarial es el servicio a los proyectos legítimos de las personas, y que ese servicio es el que justifica los beneficios empresariales. En capítulos sucesivos nos hemos detenido en los principales *stakeholders* de la empresa, analizando los riesgos y tentaciones, pero también las virtudes y potencialidades de la empresa en su tarea ética de equilibrar a largo plazo los intereses contrapuestos de esos *stakeholders*, para producir finalmente tanto relaciones provechosas de cooperación con todos ellos como el máximo bien social de que sea capaz.

La perspectiva ecológica nos permite extender esa tarea ética hacia el horizonte de futuro en que se juega la sostenibilidad de los modos humanos de vida. En esa perspectiva, ya no puede excluirse la consideración del medio ambiente físico, que constituye el soporte de todo posible proyecto personal. Si la empresa va a servir efectivamente a las personas, es preciso que asuma una responsabilidad activa por el servicio a la vida en el planeta y, en consecuencia, por la conservación y restauración del medio ambiente.

La responsabilidad medioambiental no corresponde en exclusiva a la empresa. Particularmente importante es que sea asumida también por el Estado y por los consumidores. Sin embargo, como hemos notado a lo largo del libro, el centro de poder económico y cultural en el mundo contemporáneo no se encuentra ya en los Estados nacionales, menos aún en las poblaciones, sino precisamente en las empresas, particularmente en las grandes corporaciones transnacionales capaces de innovar en tecnología, de influir sobre las decisiones políticas, de modelar la mente de los consumidores. Del ejercicio que hagan de su poder, dependerá seguramente el porvenir de la Humanidad.

Esa responsabilidad moral de la empresa por el futuro, como ha debido quedar manifiesto a lo largo de este libro, no se limita meramente a los directivos. La empresa no se sostiene a sí misma, sino que es sostenida por la acción conjunta de todos sus *stakeholders*. Accionistas, trabajadores, proveedores, competidores, consumidores y usuarios, comunidades locales, administraciones públicas..., pueden ayudar a conducir al tejido empresarial en una dirección u otra. Dependerá de qué acciones empresariales apoyen y a cuáles nieguen su colaboración. Se trata pues, de una responsabilidad moral compartida, en la que cada uno de nosotros tiene su parte.

Para pensar y discutir

1. ¿Qué fenómenos de degradación medioambiental conoces por experiencia directa? ¿Qué responsabilidad tienen las empresas en ellos? ¿Qué responsabilidad corresponde a los consumidores? ¿Cuál al Estado? ¿Qué medidas podría tomar cada uno de estos actores para detener la degradación y restaurar el medio ambiente en cada caso concreto?
2. Investiga en internet algunos grandes fenómenos de destrucción de ecosistemas causada por el hombre, por ejemplo la deforestación de la Amazonía o la desecación del Mar de Aral. Describe primero el proceso ecológico y después la dinámica económica que ha ocasionado esos fenómenos. En cada caso, ello no ocurrió de un día para otro. Los respectivos Estados tuvieron que advertirlo. ¿Por qué no actuaron para detener el proceso? ¿Qué intereses y presiones políticas han sido denunciados como paralizadores de la acción del Estado?

3. ¿Por qué razones crees que el Protocolo de Montreal resultó efectivo para detener la emisión de CFC y controlar el problema de la destrucción de la capa de ozono, mientras que el Protocolo de Kyoto no está resultando efectivo para detener los gases con efecto invernadero y controlar el calentamiento global? ¿Qué nos dice ello sobre las condiciones para el éxito de la acción internacional en materia medioambiental? ¿Qué papel piensas que han desempeñado las grandes compañías afectadas en cada caso? ¿Qué responsabilidad deberían asumir frente a los procesos de negociación medioambiental sobre problemas globales?
4. Localiza en las respectivas páginas web el último ejemplar del Informe de Desarrollo Humano del PNUD (hdr.undp.org) y del Happy Planet Index Report (www.happyplanetindex.org). Busca en cada uno de ellos algunos países que conozcas personalmente, o por alguna otra razón te interesen. Compara sus posiciones según el IDH y el HPI. Si son muy distintas, ¿cómo se explica la diferencia? ¿Qué implicaciones éticas crees que tiene? ¿Cuál de los dos índices te parece más adecuado como reflejo de la calidad de vida sostenible? ¿Por qué?
5. Muchas páginas en internet permiten estimar la huella ecológica personal. Una en español es ofrecida por la Fundación Vida Sostenible (www.vidasostenible.org). En inglés puedes ver la de la Global Footprint Network (www.footprintnetwork.org). Haz el test con tus propios datos reales. ¿Qué conclusiones puedes sacar sobre la sostenibilidad de tu estilo de vida, en un mundo de 7.000 millones de personas?

Bibliografía

Bibliografía reciente en español

Ofrecemos aquí un breve recuento de algunos libros sobre Ética empresarial y RSE publicados en España desde el año 2001 hasta la fecha de entrega de esta edición. Por razones de espacio, nos limitamos a libros de carácter general, esto es, no concentrados en un solo aspecto de la actividad empresarial, y que ofrecen un desarrollo compacto, excluyendo por tanto compilaciones de artículos, actas de congresos y semejantes. En la segunda parte de la Bibliografía se mencionan las referencias citadas en esta obra, sin repetir las ya contenidas aquí.

ÁLVAREZ RIVAS, D. Y DE LA TORRE, J. (2002), *¿Empresas des-almadas? Una visión ética del mundo empresarial*. Dykison, Madrid – 269 pp. El libro recorre en detalle los problemas éticos que se plantean respecto a cada uno de los principales *stakeholders* de la empresa. Con una organización esquemática de las ideas, una maquetación muy clara, y con casos ilustrativos de los principales puntos, resulta muy pedagógico.

ARRIETA HERAS, B. Y DE LA CRUZ AYUSO, C. (2005), La dimensión ética de la responsabilidad social. Universidad de Deusto, Bilbao – 152 pp. En tres partes, ofrece primero una conceptualización de la RSE, después una discusión de algunas herramientas de aplicación, y finalmente una profundización en que se destacan elementos tanto éticos como económicos.

CASADO CAÑEQUE, F. (2006), *La RSE ante el espejo. Carencias, complejos y expectativas de la empresa responsable en el siglo XXI.* Prensas Universitarias de Zaragoza. s 152 pp. Propone la tesis de la necesidad de integrar la RSE en la gestión de la empresa, para lo cual trata de manera crítica el concepto, la historia y las herramientas de la RSE.

FRANCÉS, P. (2004), *Ética de los negocios: Innovación y responsabilidad.* Desclée De Brouwer, Bilbao, 175 pp. – Breve obra que, partiendo de los conceptos de gestión de la reputación, ciudadanía corporativa y RSC, desgrana la idea de ética empresarial y presenta sus instrumentos.

GARCÍA MARZÁ, D. (2004), *Ética empresarial: del diálogo a la confianza.* Trotta, Madrid, 290 pp. – Vincula con gran profundidad pero de manera accesible la construcción de confianza en la vida empresarial con la ética del diálogo. A partir de ahí, ofrece una visión de algunos grandes temas de ética empresarial: contrato moral y legitimidad, RSC, enfoque *stakeholder*, responsabilidad ecológica. Termina con una fundamentada presentación de los principales instrumentos empresariales de gestión de la confianza.

GOROSQUIETA, J. (1999), *Ética de la empresa: Teoría y casos prácticos.* Mensajero, Bilbao, 2ª ed., 439 pp. – Aborda desde la perspectiva ética católica las principales cuestiones de la ética empresarial, presentando previamente a cada una de ellas los aspectos económicos relevantes. Presta gran atención a la ética financiera. Contiene 120 pp. de casos, en su mayor parte tomados de la prensa.

GUILLÉN PARRA, M. (2006), *Ética en las organizaciones. Construyendo la confianza.* Pearson, Madrid, 357 pp. – Texto general de ética de las organizaciones, construido de manera que resulta fácilmente referible a la empresa. Desde una comprensión clásica de la ética (orientada tanto por los mínimos del deber como por los máximos de la excelencia), se tratan en detalle temas como el trabajo en las organizaciones, la toma de decisiones, la motivación y el liderazgo, la calidad ética y la responsabilidad social de las organizaciones. Cada capítulo contiene un caso y varias preguntas para trabajar, junto con sugerencias para lectura.

LABRADA RUBIO, V. (2010), *Ética en los negocios*. ESIC, Madrid, 250 pp. – Libro de ética empresarial en tres partes. La primera incluye un resumen de la historia del pensamiento ético y algunas bases de antropología moral. La segunda parte trata temas generales de ética organizacional y profesional, tales como: mercado y beneficios, calidad y cultura empresarial, dirección y liderazgo, códigos de conducta. La tercera parte aplica los principios desarrollados en las dos anteriores a la vida interna de la empresa, su relación con la sociedad, y el gobierno corporativo.

MORENO, A., URIARTE, L.M. Y TOPA, G. (2010), *La responsabilidad social empresarial. Oportunidades estratégicas, organizativas y de recursos humanos*. Pirámide, Madrid, 299 pp. – En sus tres partes se trata de la RSE vista desde la sociedad, desde la empresa como organización, y desde los profesionales que la llevan adelante en la empresa, vinculándola a las teorías pertinentes de las ciencias empresariales. Cada parte termina con algunas preguntas, páginas web y videos sugeridos para el trabajo personal.

NAVARRO GARCÍA, F. (2012), *Responsabilidad Social Corporativa: Teoría y práctica*. ESIC, Madrid, 2ª ed., 447 pp. – Comienza presentando una concepción de la RSC que sigue el enfoque *stakeholder*, y relacionándola con la ética. La segunda parte recoge el marco político-empresarial actual de la RSC, tanto a nivel nacional como internacional (normas, declaraciones, iniciativas). Finalmente, discute una amplia variedad de cuestiones de ética empresarial y RSC aplicadas principalmente a las relaciones, directas o indirectas, de la empresa con los países en vías de desarrollo. Texto orientado a la práctica, con abundante ilustración estadística.

OLCESE, A., RODRÍGUEZ, M.A. Y ALFARO, J. (2008), *Manual de la empresa responsable y sostenible*. McGraw-Hill, Madrid, 362 pp. – Libro muy rico en referencias a las teorías de la empresa, su organización y gestión; menos explícito en la conexión con las teorías éticas. Su primera parte se ocupa de los fundamentos de la responsabilidad corporativa (RC) y la sostenibilidad, incluyendo una discusión sobre las estructuras adecuadas de gobierno empresarial. La segunda parte se ocupa de diversos aspectos de la gestión responsable: recursos humanos, innovación, reputación, cadena de aprovisionamiento, finanzas, negocios en la base de la pirámide, comunicación. La tercera parte trata del contexto social de la RC en cuanto a normativas aplicables y a iniciativas propias de las empresas. La última parte aborda la medición de la RC.

PRAT, M. Y ARROYO, A. M. (2004), *40 casos de ética empresarial.* Universidad Pontificia Comillas, Madrid, 166 pp. – Casos de ética empresarial, la mayor parte de ellos reales, con variado grado de detalle. Cada caso viene acompañado de una serie de pasos (preguntas sucesivas) para discutirlo. Bastante concentrado en temas financieros y contables.

SASIA, P.M. (2004), *La empresa a contracorriente. Cuestiones de ética empresarial.* Mensajero-Alboan, Bilbao, 190 pp. – Texto que concentra su atención en los aspectos de la ética empresarial y la RSE más relevantes desde el punto de vista de la crítica al sistema y la proposición de alternativas. Por ello se ocupa especialmente de la propiedad de la empresa, el ejercicio del poder en ella, el lugar de los trabajadores, y los problemas de justicia que se plantean en las relaciones con proveedores, consumidores y medio ambiente. Cada capítulo termina con unas preguntas para trabajar.

VELASQUEZ, M.G. (2006), *Ética en los negocios. Conceptos y casos.* Pearson, México, D.F., 448 pp. - Libro de texto extenso, muy rico en casos y ejemplos reales, fundamentalmente de los Estados Unidos o de empresas americanas. Dividido en cuatro partes. La primera presenta la ética general aplicable a los negocios. La segunda se ocupa de las grandes cuestiones éticas que brotan del sistema económico y de las estructuras de mercado. La tercera trata de las relaciones de la empresa con su entorno exterior: medio ambiente y clientes. Por último, la cuarta parte se ocupa de las relaciones internas de la empresa, centradas en sus trabajadores.

Referencias citadas

ALBERT, M. (1993), *Capitalismo contra capitalismo*, Paidós, Buenos Aires.

BARRIO JUÁREZ, F. A. (2000), "El medio ambiente en la sociedad de mercado: de la gestión medioambiental al control del impacto ambiental", *Cuadernos Realidades Sociales* 55-56 (enero), 45-60.

BERGER, P. L. Y LUCKMANN, TH. (1972), *La construcción social de la realidad*, Amorrortu, Buenos Aires.

BERLE, A. A. AND MEANS, G. C. (1932), *The modern Corporation and Private property*, MacMillan, New York.

BOLLÉ, P. (1997), "El trabajo a tiempo parcial, ¿libertad o trampa?", *Revista Internacional del Trabajo* 116, 605-628.

BOWEN, B. (1998), *"Let's go Fair!"*. *Comercio justo: historia principios y funcionamiento*, en: Anuario 1998, 22-39.

BRUNDTLAND, G. H. (1989), *Nuestro futuro común*, Alianza Editorial, Madrid.

CASTELLS, M. (1997), *La Era de la Información. Economía, Sociedad y Cultura*: Vol.1 *La sociedad red*. y Vol. 3 *Fin de Milenio, 369 - 344*, Alianza Editorial, Madrid.

CECCON ROCHA, B. Y CECCON. E. (2010). "La red de comercio justo y sus principales actores." *Investigaciones Geográficas*(71): 88-101.

CHRYSSIDES, G. D. Y KALER, J. H. (1996), *An Introduction to Business Ethics*, International Thomson Business Press, London.

COMISIÓN DE LAS COMUNIDADES EUROPEAS (1991), *Fomentar un marco europeo para la responsabilidad social de las empresas. Libro verde*. Bruselas.

COMISIÓN EUROPEA (1999), "Comunicación al Consejo relativa al comercio justo", Bruselas, 29.11.1999 / COM(1999)619 final.

COMISIÓN NACIONAL DEL MERCADO DE VALORES (CNMV 1998), *Informe sobre el Consejo de Administración (Comisión Olivencia)*. Madrid.

Comisión Nacional del Mercado de Valores (CNMV 2006), *Código unificado de Buen Gobierno de las Sociedades Cotizadas*. Madrid.

Comisión Nacional del Mercado de Valores (CNMV 2010), *Informe anual de Gobierno Corporativo de las compañías del Ibex-35*. Madrid.

Córdova, E. (1986), "Del empleo total al trabajo atípico: ¿hacia un viraje en la evolución de las relaciones laborales?", *Revista Internacional del Trabajo* 105, 431-449.

Cortina, A. (1994), "Ética de la empresa", en: Cortina A., (ed.), *Ética de la empresa. Claves para una nueva cultura empresarial*. Trotta, Madrid 1994, 75-94.

Dirección General de Industria y de la Pyme (DGIPyME 2012), *Retrato de la PYME 2012*. Madrid.

Drucker, P. F. (1993), *La sociedad poscapitalista*. Apóstrofe, Barcelona.

Drummond, J. y Bain, B. (1994). *Managing business*. Butterworth-Heinemann, Oxford.

Dubos, R. – Ward, B.(1972), *Una sola Tierra. El cuidado y conservación de un pequeño planeta*, Fondo de Cultura Económica, México.

Estefanía, J. (1990), *Aquí no puede ocurrir. El nuevo espíritu del capitalismo*, Taurus, Madrid.

Etxeberría, X. (2002), *Temas básicos de ética*. Desclée De Brouwer, Bilbao.

EUROSTAT (2009), *EU as a Recycling Society – Present recycling levels of Municipal Waste and Construction & Demolition Waste in the EU*. Working paper 2/2009.

EUROSTAT (2012), *Taxation trends in the European Union. Data for the EU member states, Iceland and Norway*.

Evan, W. M. y Freeman, R. E. (1996), "A Stakeholder theory of modern corporation: Kantian capitalism", en: Chryssides – Kaler (1996), 254-266.

FAO (2010a), *El estado mundial de la pesca y la acuicultura 2010.* Roma.

FAO (2010b), *Global Forest Resources Assessment 2010.* Rome.

FERNÁNDEZ FERNÁNDEZ, J. L. (1996), *Ética para empresarios y directivos*, Esic Editorial, Madrid, 2ª edición.

FERNÁNDEZ FERNÁNDEZ, JOSÉ LUIS (2007): "¿Por qué y cómo gestionar la ética organizativo-empresarial?", en BAJO, A. Y VILLAGRA, N.: *Evolución conceptual y práctica de una gestión responsable. Memoria Académica 2006-2007.* Univ. Pontificia Comillas.

FREEMAN, R. E. (1984), *Strategic Management: a Stakeholder Approach*, Boston 1984.

FRIEDMAN, M. (1970), "The social responsabilility of business is to increase its profits", The New York Times Magazine (September 13).

FRIEDMAN, M. (1966), *Capitalismo y libertad*, Rialp, Madrid.

FUKUYAMA, F (1992), *El fin de la historia y el último hombre*, Planeta, Barcelona.

GARCÍA MORENCOS, E. (1993), "Los clientes, consumidores y usuarios", en: AA. VV. (1993), 143-153.

GARCÍA VÁZQUEZ, J. M. (1996), "Integración vertical, poder de negociación y competitividad", *Esic-Market* (enero-marzo).

GLOBAL FOOTPRINT NETWORK (2012), *2011 Annual Report.*

GONZÁLEZ FABRE, R. (2005), *Ética y Economía. Una Ética para economistas y entendidos en Economía*, Desclée De Brouwer, Bilbao.

GREEN, R. M. (1994), *The Ethical Manager. A New Method for Business Ethics*, Macmillan Publishing Company, New York.

HAYEK, F. (1989). "El atavismo de la justicia social." Estudios Públicos(36): 181-193.

HAYEK, F. (1990), *La fatal arrogancia*, Unión Editorial, Madrid.

HORTAL, A.(2002), *Ética general de las profesiones*, Desclée De Brouwer, Bilbao.

HORTAL, A. Y ETXEBERRÍA, X. (2011), *Profesionales y vida pública*, Desclée De Brouwer, Bilbao.

IFAD (2012), *Informe anual 2011*. Roma.

INSTITUTE NATIONAL D'ÉTUDES DÉMOGRAPHIQUES, INED (2012), "La población mundial", http://www.ined.fr/flash/popu2/ES/INED_ANIM.swf (16/09/2012)

JONAS, H. (2008), *El principio de responsabilidad. Ensayo de una ética para la civilización tecnológica*. Herder, Madrid.

KANT, E. (1995), *Fundamentación de la metafísica de las costumbres*, Cap 2°, Espasa Calpe-Edición de Martínez Velasco, L., Madrid.

LOZANO, J. M. (1999), *Ética y empresa*, Trotta, Madrid.

LOZANO AGUILAR, J. F. (2007). "Códigos éticos y auditorías éticas." *Veritas* II(17): 225-251.

LOZANO AGUILAR, J. F. (2004). *Códigos éticos para el mundo empresarial*. Trotta, Madrid.

MAHONEY, J. (1994), "Advertising and Sponsorship", en: DRUMMOND Y BAIN (1994), 127-133.

MARCHAND, L. Y DEL RÍO, A. (2008). "Gestión cultural de la diversidad en las organizaciones." *Ciencias Sociales Online* V(1): 53-70.

MARTÍNEZ-OROZCO, S. (1996), *Comercio justo, consumo responsable*, Intermón, Barcelona.

MEADOWS, D. Y FORRESTER, J. (1972), *Los límites del crecimiento. Informe al Club de Roma sobre el predicamento de la humanidad*, Fondo de Cultura Económica, México.

MELÉ, D. (Coord.) (1996), *Ética en el gobierno de la empresa. V Coloquio de Ética Empresarial y Económica*, Eunsa, Pamplona

MELÉ, D. (2000), *Raíces Éticas del liderazgo,* Eunsa, Pamplona

MELÉ D. (Coord.) (1998), *Ética en dirección comercial y publicidad. VII Coloquio de ética empresarial y económica*, Eunsa, Pamplona.

MELÉ, D. (Ed.) (1994), *Ética, mercado y negocios. II Coloquio de ética empresarial y económica*, Eunsa, Pamplona.

MESAROVIC, M. Y PESTEL, E. (1975), *La humanidad en la encrucijada. Segundo Informe al Club de Roma*, Fondo de Cultura Económica, México.

Ministerio de Agricultura, Alimentación y Medio Ambiente (MAAMA) (2012), *Inventario de gases de efecto invernadero de España*. Madrid.

MUÑIZ FERRER, M., LABRADOR FERNÁNDEZ, J. ET AL. (2012). *Internacionalización y capital humano*. Madrid, Universidad Pontificia Comillas – Cassidian.

NAVARRO, V., TORRES LÓPEZ, J., GARRIDO, A. (2011). *Hay alternativas: propuestas para crear empleo y bienestar social en España*. ATTAC España, Madrid.

NEW ECONOMICS FOUNDATION (2012), *Happy Planet Index: 2012 Report*. Londres.

ORTIZ CHAPARRO, F. (1997), "El teletrabajo: Un nuevo mundo laboral y social", *Sociedad y Utopía* n. 9, 107-118.

PARLAMENTO EUROPEO (1994), *Resolución sobre comercio justo y alternativo entre el Norte y el Sur* (DOC 44 de 14.2.1994).

PAYNE, D. M. Y RAIBORN, C. L. (2001), "Sustainable Development: The Ethics Support the Economics", *Journal of Business Ethics* 32, 157-168.

PFEFFER, J. Y SALANCIK, G. R. (1978), *The external control for Organizations. A Resource Dependence Perspective,* Harper & Row, New York.

POWELL, W. AND DIMAGGIO, P. J. (1991), *The New Institutionalism in Organizational Analisys,* The University of Chicago Press, Chicago.

PROGRAMA DE LAS NACIONES UNIDAS PARA EL DESARROLLO (PNUD 1999), *Informe sobre desarrollo humano 1999. La mundialización con rostro humano,* Nueva York – Madrid.

PROGRAMA DE LAS NACIONES UNIDAS PARA EL DESARROLLO (PNUD 2001), *Informe sobre desarrollo humano 2001. Poner el adelanto tecnológico al servicio del desarrollo humano,* Nueva York – Madrid.

Programa de las Naciones Unidas para el Desarrollo (PNUD 2011). *Informe sobre el desarrollo humano 2011: sostenibilidad y equidad*. Mundi-Prensa Libros, Madrid.

Programa de las Naciones Unidas para el Medio Ambiente (PNUMA 2007), *El arte de la diplomacia. La celebración de los veinte años del Protocolo de Montreal*. Nairobi.

Rifkin, J. (1996), *El fin del trabajo. Nuevas tecnologías contra puestos de trabajo. El nacimiento de una nueva era*, Paidós, Barcelona.

Sauquet, A. y Lozano J.M. (1999) "Integrating Business and Ethical Values Through Practitioner Dialogue", *Journal of Business Ethics*, 22, n° 3 November II, 203 – 217.

Sevillano (2012), "Empleados públicos", en http://javiersevillano.es/empleados-publicos.htm (16/09/2012).

Solís Céspedes, J.L. (2006). "El Código Conthe: claves del buen gobierno". *Estrategia Financiera*, n° 231, septiembre, pp. 50-55.

Tanzi, V. (1998), *Corruption Around the World: Causes, Consequences, Scope and Cures*, IMF Working Paper.

United Nations Department of Economic and Social Affairs (UNESA 2011), *World Urbanization Prospects. The 2011 Revision*. New York.

United Nations Framework Convention on Climate Change (UNFCC 2012), "GHG Data, Global Map", http://maps.unfccc.int/di/map/ (16/09/2012).

Valero, A. y Valero, A. "El agotamiento de la 'gran mina Tierra'", *Revista El Ecologista* n° 63, http://www.ecologistasenaccion.org/article21247.html (16/09/2012)

Zubiri, X.(1986), *Sobre el hombre, Revista de Occidente*, Madrid.

Ética para corruptos
Una forma de prevenir la corrupción en los gobiernos y administraciones públicas

Óscar Diego Bautista

ISBN: 978-84-330-2315-5

Ética para corruptos indaga sobre las causas que impulsan a gobernantes y funcionarios de la administración a realizar prácticas corruptas; también destaca la importancia de la ética en el servicio público para hacer frente a la pandemia de la corrupción y a los diversos contravalores que infectan la vida pública, mostrando que la ética en el servicio público es posible, y que su aplicación mediante una política de Estado es, además, rentable.

El libro, por su relevancia social, resulta de interés para diversos perfiles profesionales: políticos y funcionarios públicos, quienes viven y padecen las prácticas corruptas; investigadores y profesores de disciplinas tales como Derecho, Política, Administración Pública, Relaciones Internacionales, Sociología, entre otras; y para estudiantes y ciudadanos en general, cuya formación como aspirantes a ocupar cuadros en política será más sólida si se acompaña de valores éticos de servicio público.

Ética y deporte

José Luis Pérez Triviño

ISBN: 978-84-330-2532-6

El deporte es una de las actividades más importantes en las sociedades contemporáneas, no solo por la cantidad de ciudadanos que lo practican, como amateurs o profesionales, sino también por su repercusión mediática y económica, sin olvidar su trascendencia social como mecanismo de identificación colectiva.

El presente libro ofrece un panorama amplio de los principales *problemas éticos* que rodean el *deporte profesional*: dopaje, violencia, discriminación sexual, nacionalismo, tensión entre juego limpio y competitividad. Igualmente encontramos en esta obra un análisis de la implicación para la salud de los deportistas y para su integridad moral de los recientes desarrollos tecnológicos en favor del mejoramiento físico: dopaje genético, prótesis, aparición de los cyborgdeportistas y la posibilidad de los deportistas híbridos.

ÉTICA DE LAS PROFESIONES

Equipo coordinador de la colección
**José Luis Fernández, Ildefonso Camacho
Galo Bilbao y José Sols**

Temas básicos de ética (4ª ed.)
Xabier Etxeberria

Ética profesional de la enfermería (2ª ed.)
Julio Vielva Asejo

Ética del trabajo social
Francisco J. Bermejo Escobar

Ética general de las profesiones (3ª ed.)
Augusto Hortal Alonso

Ética de la ayuda humanitaria
Xabier Etxeberria

Ética del profesional de la comunicación
Arantza Echaniz y Juan Pagola

Ética y economía. Una ética para economistas y entendidos en economía
Raúl González Fabre, S.I.

Ética de las profesiones jurídicas
Miguel Grande Yáñez. Con la colaboración de Joaquín Almonguera Carreres y Julio Jiménez Escobar

Ética para ingenieros (2ª ed.)
Galo Bilbao, Javier Fuertes y José Mª Guibert

Ética profesional de traductores e intérpretes
Augusto Hortal Alonso

Ética profesional de los profesores (2ª ed.)
Emilio Martínez Navarro

Profesionales y vida pública
Xabier Etxeberria y Augusto Hortal Alonso (Eds.)

Ética y responsabilidad empresarial
Ildefonso Camacho Laraña, José Luis Fernández Fernández, Raúl González Fabre y Josep Miralles Massanés